项目管理工程硕士规划教材

工程项目组织

王孟钧　主编
朱宏亮　主审

中国建筑工业出版社

图书在版编目(CIP)数据

工程项目组织/王孟钧主编. —北京：中国建筑工业出版社，2010.12
（项目管理工程硕士规划教材）
ISBN 978-7-112-12751-1

Ⅰ.①工… Ⅱ.①王… Ⅲ.①基本建设项目—项目管理 Ⅳ.①F284

中国版本图书馆CIP数据核字(2010)第254942号

本书基于工程项目组织管理的主要内容，围绕"如何建立合理的组织并良性运行"这一主线展开论述，全书共分七章：工程项目组织概述、工程项目组织规划、工程项目组织结构设计、工程项目组织运行、工程项目文化、工程项目组织绩效、工程项目组织的变革与创新。

本书具有一定的前瞻性、系统性和指导性，可作为高等院校项目管理相关专业研究生的辅助教材，也可作为政府、投资、工程管理等专业人员从事工程项目组织管理的参考书。

* * *

责任编辑：张　晶　牛　松
责任设计：董建平
责任校对：陈晶晶　王雪竹

项目管理工程硕士规划教材
工程项目组织
王孟钧　主编
朱宏亮　主审

*

中国建筑工业出版社出版、发行(北京西郊百万庄)
各地新华书店、建筑书店经销
北京天成排版公司制版
北京市密东印刷有限公司印刷

*

开本：787×1092毫米　1/16　印张：12½　字数：312千字
2011年2月第一版　2011年2月第一次印刷
定价：**27.00**元
ISBN 978-7-112-12751-1
(20023)

版权所有　翻印必究
如有印装质量问题，可寄本社退换
（邮政编码　100037）

项目管理工程硕士规划教材编审委员会

主　任：
　　李京文　中国工程院院士
　　　　　　中国社会科学院学部委员、学部主席团成员
　　何继善　中国工程院院士　中南大学教授

副主任：
　　丁士昭　全国高校工程管理专业评估委员会主任
　　　　　　同济大学教授
　　王守清　全国项目管理领域工程硕士教育协作组组长
　　　　　　清华大学教授
　　任　宏　全国高校工程管理专业指导委员会主任
　　　　　　重庆大学教授

委　员：（按姓氏笔画排序）

丁烈云	华中师范大学教授	王孟钧	中南大学教授
王要武	哈尔滨工业大学教授	王雪青	天津大学教授
乐　云	同济大学教授	田金信	哈尔滨工业大学教授
成　虎	东南大学教授	刘长滨	北京建筑工程学院教授
刘伊生	北京交通大学教授	刘贵文	重庆大学副教授
刘晓君	西安建筑科技大学教授	李启明	东南大学教授
何佰洲	北京建筑工程学院教授	何清华	同济大学副教授
张仕廉	重庆大学教授	张连营	天津大学教授
陈　健	哈尔滨工业大学副教授	陈建国	同济大学教授
陈起俊	山东建筑大学教授	赵世强	北京建筑工程学院教授
骆汉宾	华中科技大学教授	陶　萍	哈尔滨工业大学副教授
黄梯云	哈尔滨工业大学教授	曹吉鸣	同济大学教授
蒋国瑞	北京工业大学教授		

序一

近年来，随着经济的快速发展和新型工业化进程的加快，我国各级各类建设项目迅速增加，建设项目资金投入不断增长，近几年我国年固定资产投资额已均在10万亿元以上。但在建设行业蓬勃发展的今天，由于种种原因，有些项目并不成功，在质量、成本或进度上不能完全实现建设目标，造成了一定的资源浪费和经济损失。据调查，造成项目失败的主要原因之一是管理工作跟不上形势要求，特别是项目管理工作不到位。为了提高管理水平，建设领域迫切需要大量既精通专业知识又具备管理能力的项目管理人才。因此，为建设行业培养一大批专业基础扎实、专业技能强、综合素质高、具备现代项目管理能力的复合型、创新型、开拓型人才是高等院校和企业培训部门所面临的艰巨且迫切的任务。

为满足社会对项目管理人才的需求，从2003年开始，我国相继有100多所高校开设了项目管理工程硕士专业学位教育。该项目主要培养对象是具有某一领域的工程技术背景且在实践中从事项目管理工作的工程人员，期望他们通过对项目管理知识的系统学习、结合自身的工作经验，针对工程项目管理中存在的重大问题、重点问题或热点问题作为自己的毕业设计进行研究，这不仅可以很好地提高学员的项目管理能力，也为有效解决工程项目实际中的问题奠定了基础，因此受到了社会的广泛欢迎。本专业学位教育的快速发展，为工程领域培养高层次项目管理人才拓宽了有效的途径。

项目管理工程硕士教育作为一个新兴的领域，开展的时间比较短，各方面经验不足，因此，到目前为止，国内还没有一套能很好满足教学需要的教材。大家知道，项目本身是一个内涵十分广泛的概念，不同类型的项目不仅技术背景截然不同，其管理的内外环境也有很大差异，因此试图满足所有类型项目管理教学需要的教材往往达不到预期效果。同时有些教材在编写的过程中忽视了工程硕士教育的工程背景及实践特征，常常重理论、轻实践，案例针对性差、内容更新缓慢，用于实际教学，效果往往不尽如人意。

鉴于此，中国建筑工业出版社在充分调研的基础上，组织了国内高校及企业界数十位从事项目管理教学、研究及实际工作的专家，历时近两年，编写了这套项目管理工程硕士规划教材。在教材规划及编写过程中，既强调了项目管理知识的系统性，又特别考虑了教材本身的建设工程背景。同时针对工程硕士教育的特点，教材在保持理论体系完整的同时，结合工程项目管理成功案例，增加国内外项目管理前沿发展信息、最新项目管理的思想与理念，着重加大实践及案例讨论的内容。相信这套教材的出版会为本领域的人才培养工作提供有力的支撑。

序 一

我国正处在加速实现信息化、工业化和城市化的进程之中，今后相当长一段时期内，国家的各项建设事业仍将维持高速发展。真诚希望这套规划教材的出版，能够为项目管理工程硕士培养质量的提高，为越来越多的创新型项目管理人才的培养，为国家和社会的进步与发展作出应有的贡献。

同时，真诚欢迎各位专家、领导和广大读者对这套教材提出修改补充与更新完善的意见。

李敦

2008.10.6.

序二

工程科学技术在推动人类文明的进步中一直起着发动机的作用，是经济发展和社会进步的强大动力。自20世纪下半叶以来，工程科技以前所未有的速度和规模迅速发展，其重要作用日益突显，并越来越受到人们的重视。

当前，我国正处于经济建设快速发展时期，全国各地都在进行类型多样的工程建设，特别是大量的重大工程的建设，标志着我国已经进入工程时代，更凸显了工程科学技术的重要地位和工程管理的巨大作用。

在这一大背景下，2007年4月6日，首届中国工程管理论坛在广州召开。这次论坛是由中国工程院发起和组织的第一次全国性工程管理论坛，是我国工程管理界的盛大聚会，吸引了20余位院士、350余名代表齐聚广州。论坛以"我国工程管理发展现状及关键问题"为主题，共同探讨了我国工程管理的现状、成就和未来，提高了工程管理的社会认知度和影响力，促进了我国工程管理学科的发展。

一次大会就像播种机，播撒下的种子会默默地发芽、成长，会取得令人意想不到的收获。让人欣慰的是，中国建筑工业出版社以这次会议为契机，组织部分与会专家和代表编写了一套培养"项目管理工程硕士"的教材。这套教材融会了项目管理领域学者们的最新研究和教学成果，它的出版为高水平工程项目管理人才的培养提供了有力保障；对项目管理模式在工程建设领域的普及会产生积极的推动作用。

在人类文明的进程中，在中国经济发展和社会进步的潮涌中，需要具有创新思想的人才，需要掌握工程科学技术和先进项目管理思想的人才。日月之行，若出其中；星汉灿烂，若出其里。愿志存高远的青年朋友们，沉志于心、博览群书、勇于实践，以真才实学报效国家和民族，不负时代的期望。

何建善 识
2008.9.18.

序三

2007年初，当中国建筑工业出版社提出要规划出版一套项目管理工程硕士教材而向我征求意见时，我当即表示支持，并借2007年4月参加"工程管理论坛"之际参加了出版社在广州组织召开的教材编写工作会议，会上确立了强化工程背景的编写特色，教材编写工作正式启动。如今，在10余所高校数十位专家及中国建筑工业出版社的共同努力下，"项目管理工程硕士规划教材"终于面世了，这套教材的出版，必将进一步丰富我国项目管理工程硕士的特色教育资源，对提高我国项目管理工程硕士教育质量也将起到积极的促进作用。

现代项目管理学科起源于20世纪50年代，我国的项目管理则源于华罗庚教授在1965年开始从事的统筹法和优选法的研究和推广工作，而具有里程碑意义的项目管理在我国工程中的应用则始于20世纪80年代的鲁布革水电站引水隧洞工程。国家有关部门1987年总结了"鲁布革经验"，在工程建设领域提出了"项目法"施工的改革思路，推动了建筑业生产方式的改革和建筑企业组织结构的调整。考虑到社会对项目管理人才培养的迫切需求，有关行业协会制定了项目经理职业培训和资格认证体制，开展了数十万项目经理的职业培训和资格认证，培养了一支职业化、专业化的现代项目经理队伍。但随着经济的发展和竞争的加剧，各行业领域越来越需要以项目为单元进行精细的管理，而项目管理的国际化、信息化和集成化趋势日益明显，对高层次项目管理人才的需求越来越大。在这种情况下，我国的项目管理工程硕士教育一经推出就受到广泛欢迎并得到了迅猛的发展。

我国的项目管理工程硕士教育于2003年启动，经过近几年的发展，目前具有项目管理工程硕士学位授予权的高校已达到103所，项目管理工程硕士的报名人数及招生人数自2005年起一直居40个工程硕士领域之首。为促进工程硕士教育与国际接轨，在全国项目管理领域工程硕士教育协作组的积极努力下，促成了项目管理工程硕士与国际两大权威专业团体（IPMA和PMI）的实质性合作。与项目管理工程硕士教育的快速发展相比，适用于项目管理工程硕士培养的教材尤其是具有鲜明工程背景的特色教材还十分匮乏，制约了项目管理工程硕士教育的发展和质量的提高。因此，"项目管理工程硕士规划教材"的出版，是非常必要和及时的。

这套教材在确定各分册内容时充分考虑了项目管理知识体系的完整性和相对独立性，各分册自成体系又相互依托，力求全面覆盖项目管理工程硕士的培养要求。在编写过程中始终强调理论联系实际，强调培养学生的实际操作能力和解决问题的能力，全面满足项目管理工程硕士教学的需要。

这套教材最大的特点是具有鲜明的工程背景，这与全国工程硕士专业学位教育指导委员会一贯倡导的工程硕士教育要强调工程特性的指导思想完全一致。出版社在作者遴选阶段、编写启动阶段及编写过程中，都很好地落实了这一思想，全套教材以土木工程、水利工程、交通工程、电力工程及石油石化工程等为背景，做到了管理科学体系和工程科学体系的紧密结合。另外值得一提的是，这套教材的编写秉承了中国建筑工业出版社50余年来的严谨作风，实行了教材主审制度，每个分册书稿完成后都有一名业内专家进行审阅，进一步保证了本套教材的工程性和权威性。

这套教材除适用于高等学校项目管理工程硕士教育外，也可供管理类及技术类相关专业工程硕士、硕士、博士及工程管理本科生使用，还可作为社会相关专业人员的参考资料。

我衷心祝贺本套教材的出版，也衷心希望我国的项目管理工程硕士教育事业能够健康持续地发展！

（王守清）
清华大学建设管理系　教授
全国项目管理领域工程硕士教育协作组　组长
PMI全球项目管理认证中心　理事
2008年7月16日

前言 Preface

工程项目组织是为完成工程项目任务而组建的一次性临时组织，具有目标多元性、结构可变性、关系多样性以及与企业组织的关联性等特点，既符合一般的组织原理和规律，又有其运行机制的特殊性。

工程项目组织可分为三个层次：战略决策管理层，即项目的发起者和投资人；项目管理层，即项目业主以及委托的项目管理机构或派出机构；项目实施层，即操作层，包括承担具体任务的设计单位、施工单位、咨询单位和供应单位等。项目参与各方所处的层次不同，在工程项目的不同阶段所需要完成的工作任务也不一样。广义的工程项目组织指各方主体依据项目系统结构，按项目工作流程（网络），完成由合同、任务书、工作包所规定的任务和工作。狭义的工程项目组织是指工程项目的阶段性工作中的管理组织，主要指业主或项目管理公司，而各设计单位、承包商、监理单位等都有自己的管理职能和流程，因此，项目管理组织是分具体对象的，如业主的项目管理组织、承包商的项目管理组织等，这些组织之间密切关联、有各自的职能和任务，形成工程项目整体的组织系统。

本书基于工程项目组织管理的主要内容，围绕"如何建立合理的组织并实现组织的良好运转"这一主线展开论述，全书共分七章：工程项目组织概述、工程项目组织规划、工程项目组织结构设计、工程项目组织运行、工程项目文化、工程项目组织绩效、工程项目组织的变革与创新。

本书由中南大学王孟钧主编，各章分工如下：第1章（谢洪涛、王孟钧）；第2章（陈帆）；第3章（王青娥、戴若林）；第4章（曲娜、丰静）；第5章（岳鹏威、王孟钧）；第6章（杨亚频）；第7章（陈辉华）。全书由王孟钧、谢洪涛统稿。

本书具有一定的前瞻性、系统性和指导性，可作为高等院校项目管理相关专业研究生的辅助教材，也可作为政府、投资、工程管理等专业人员从事工程项目组织管理的参考书。在本书编写过程中，参考了许多国内外专家学者的论文、专著、教材和资料，在此向他们表示衷心的感谢！

由于作者水平和时间有限，不妥之处在所难免，敬请各位读者批评指正。

作者

2010年7月

目录 CONTENTS

第1章 绪论
1.1 工程项目组织的概念与内涵 …………………………………… 1
1.2 工程项目组织的层次与生命周期 ……………………………… 9
1.3 工程项目组织的运行要素与主要内容 ………………………… 11
思考与讨论 …………………………………………………………… 15

第2章 工程项目组织规划
2.1 工程项目组织规划的依据与内容 ……………………………… 17
2.2 工程项目定义与环境分析 ……………………………………… 20
2.3 工程项目结构分解 ……………………………………………… 21
2.4 工程项目管理组织的类型与选择 ……………………………… 25
2.5 管理职能分工与流程设计 ……………………………………… 32
2.6 工程项目实施组织的类型与选择 ……………………………… 40
思考与讨论 …………………………………………………………… 49

第3章 工程项目组织结构设计
3.1 工程项目组织结构设计概述 …………………………………… 51
3.2 工程项目组织结构形式的选择 ………………………………… 59
3.3 工作部门设置与职能设计 ……………………………………… 69
3.4 各参建方项目组织结构设计 …………………………………… 74
思考与讨论 …………………………………………………………… 83

第4章 工程项目组织运行
4.1 工程项目组织运行机制 ………………………………………… 85
4.2 工程项目组织制度 ……………………………………………… 89
4.3 工程项目组织驱动机制 ………………………………………… 93

4.4 工程项目组织协调机制 ··· 99
4.5 工程项目组织动态调整机制 ··· 108
思考与讨论 ··· 117

第5章 工程项目文化

5.1 工程项目文化概述 ·· 119
5.2 工程项目文化的层次与内容 ··· 123
5.3 工程项目文化的建设 ··· 126
思考与讨论 ··· 134

第6章 工程项目组织绩效

6.1 工程项目组织绩效内涵 ·· 137
6.2 工程项目组织绩效管理 ·· 140
6.3 工程项目组织绩效考评与改进 ·· 148
思考与讨论 ··· 157

第7章 工程项目组织的变革与创新

7.1 工程项目组织变革与创新的背景 ····································· 159
7.2 工程项目组织变革与创新的内容 ····································· 168
7.3 工程项目组织变革与创新的趋势 ····································· 178
思考与讨论 ··· 182

参考文献

第1章 绪论

1.1 工程项目组织的概念与内涵

1.1.1 组织的概念与特征

(1) 组织的概念

"组织"有两种内涵,一种是动词性的,就是组织工作或活动,它是管理的一项职能;另一种是名词性的,指按照一定的宗旨和目标建立起来的集体,如企业、机关、学校、医院、各级政府部门、各个层次的经济实体、各个党派和政治团体等等,这些都是组织。

作为名词的组织可以按广义和狭义划分。从广义上说,组织是指由诸多要素按照一定方式相互联系起来的系统。系统论、控制论、信息论、耗散结构和协同理论等,都是从不同的侧面研究有组织的系统。从这个角度来看,组织和系统是同等程度的概念。在这个定义中包含生物学中有机体的组织、动物的群体组织等。例如,一窝蜜蜂就是一个以蜂王为核心、秩序井然、纪律严明的群体。从狭义上说,组织就是指人们为实现一定的目标,互相协作结合而成的集体或团体。如党团组织、工会组织、企业、军事组织等。组织不仅是社会的细胞、社会的基本单元,而且可以说是社会的基础,组织对人类生活的渗透无所不在。

组织的定义有很多,人们对组织的认识仍处于不断深入过程中,随着人类实践的发展,人们的认识还会进一步演变和深化,但这并不妨碍人们对组织的理解。美国管理学家切斯特·巴纳德认为,正式组织是有意识地协调两个以上的人的活动与力量的体系。系统管理理论大师卡斯特对组织的定义是:一个属于更广泛环境的分系统,并包括怀有目的并为目标奋斗的人们;一个技术分系统——人们使用的知识、技术、装备和设施;一个结构分系统——人们在一起进行整体活动;一个社会心理分系统——处于社会关系中的人们;一个管理分系统——负责协调各分系统,并计划与控制全面的活动。

(2) 组织的基本特征

组织的基本特征可以概括为:

1) 有明确的目标

没有目标就不是组织而仅是一个人群。目标是组织的愿望和外部环境结合的产物,因此,组织的目的性不是无限的,而是受环境影响和制约的,这个环境包括物质环境及社会文化环境。只有确立了目标和方向才能有号召力和吸引力去组建一支队伍。

2) 拥有资源

组织拥有的资源主要包括:人、财、物、信息和时间。

① 人力资源

人力资源是组织最大的资源,是组织创造力的源泉。

② 财力资源

财力资源主要是指资金。资金不同于资本,资本是要讲所有权的,而资金是流动中的货币,主要是使用权。组织在其存在和发展中需要大量的资金,这些钱有一部分是归组织或股东所有的,还有相当一部分是通过各种渠道聚集起来的。有了资金,组织的各项工作才能运转起来。

③ 物资资源

做任何事情,物资资源非常重要,仅有资金是不够的,货币是一种抽象的资源,只有转化成物资,才完成了从抽象到具体、从一般到特殊的过程,从而能满足组织发展的特定需要。

④ 信息资源

信息实际上是一种可以认知其意义的符号。例如,微笑就是一种信息,这种信息可以代表你对某些事物感兴趣,一旦能读到这样的含义,那么微笑信息就完成了其传递过程。现代社会信息传输、交换、存储的手段已经非常发达,信息量激增,它给管理带来了许多好处,同时也提出了挑战。在海量的信息中如何找到最有价值的,如何能在信息不完全的情况下进行经营决策呢?这是对每一个管理者的考验。运用好信息资源对一个组织来说也是非常关键的。所以在谈到组织的运营特色的时候,管理学大师德鲁克说,一个管理者最不同于其他岗位和领域的人员的三大特征:一是他要交换和处理信息;二是基于前者作出决策;三是要为组织进行战略规划。可见信息对管理是非常重要的。

⑤ 时间资源

时间是生命的尺度,具有不可重复性、不可再生性,而且是不可替代的。科学管理起源于工业革命后期企业家对效率的追求,而效率就是对时间的节约,同样的时间做更多的事、出更多的成果就是效率。从这点上看,可以说管理学这门学科的发展起源于人类理性对时间的珍爱和对于充分利用自己时间资源的追求。

3) 保持一定的权责结构

权责结构表现为层次清晰，有明确的承担者，并且权力和责任是对等的。例如，一个组织的领导者，带领下属研发一种产品，如果他对大家说："本人是领导，你们要服从我，但失败了是你们自己的责任，跟我没关系。"那么，肯定就会遭到反对。权力和责任要对等，它是行使管理权的前提。如果哪个管理者要坐享其成，却极力逃避责任和风险，那么被管理者就一定会站出来反对他。

1.1.2 工程项目

(1) 工程项目的定义

工程项目是项目中的一类，具有项目的全部特征。《中国工程项目管理知识体系》对工程项目的定义为：工程项目，又称土木工程项目或建筑工程项目，是以建筑物或构筑物为目标产出物的，有开工时间和竣工时间的相互关联的活动所组成的特定过程。该过程要达到的最终目标应符合预定的使用要求，并满足标准（或业主）要求的质量、工期、造价和资源等约束条件。

工程项目具有以下几个主要特点：

1) 一次性和临时性。
2) 具有特定的目标：明确的质量、进度、费用等目标。
3) 不可移动性：建设成果和建设过程固定在某一地点。
4) 有约束条件：资金、人力资源、环境条件和其他资源的限制。
5) 涉及面广：工程项目建设规模大，涉及的单位多，各单位之间关系协调的难度和工作量大；工程技术的复杂性不断提高，出现了许多新技术、新材料、新工艺和新设备；社会、政治和经济环境对工程项目的影响，特别是对一些跨地区、跨行业的大型工程项目的影响，越来越复杂。
6) 特殊的组织形式和法律条件等。

(2) 工程项目及其管理的特性

1) 工程项目实施的长期性

工程项目，特别是大型工程项目，其整个寿命期经历可行性研究、立项决策、设计和计划、施工准备、施工安装、运营的全过程，有的项目建设历时几年，甚至长达十几年，如水利水电工程、矿山工程、铁路工程、公路工程等周期都比较长。项目周期长，不可预见的因素多，对工程费用和工期产生较大影响，特别是政治、经济因素的影响更不能忽视。

2) 工程项目建设管理的一次性

任何工程项目都是一次性的、不可重复的，即使在形式上极为相似的项目，如果实施时间和地点不同、环境不同、项目组织不同，那么项目所面临的风险也是不同的，它们之间无法等同，无法替代，因此，任何工程项目都有一个独立的管理过程，项目的一次性决定了项目管理的一次性。这一特征对项目的组织行为的影响尤为显著。由于项目具有一次性的特点，因而既要承担风险又必须发挥创造性。这也是与一般重复性工业企业管理的主要区别。创造总是带有探索性的，会有较高的风险和失败概率。工程项目还有不可移动性，这一特征决定了在遇到各类质量问题时，只能在现场修补返工，对于严重的质量问题，如果无法修补返工，就只能予以拆除重建。对于项目业主或承包商来说，都会造成难以估量的严重损失。

3) 工程项目需要特定的组织来完成

由于社会化大生产和专业化分工，大型工程项目可能有成百上千个单位参加。要保证项目有秩序、按计划地实施，必须建立严密的项目组织。工程项目组织是一次性的，随项目的确立而产生，随项目的结束而消亡，项目参与各方之间主要以合同作为纽带，以合同作为分配工作、分配责权利的依据，而项目参与各方之间在项目实施过程中的协调主要通过合同和业务工作程序实现。项目实施过程中可能出现的各种问题多半是存在于各参与方之间的，要求这些不同的参与方、不同的组织作出迅速而且相互关联、相互依存的反应。因此，需要建立围绕组织目标进行决策的机制和相应的专门组织。

4) 工程项目的复杂性和系统性

大型工程项目规模大、技术复杂、涉及范围广，由成千上万个在时间和空间上相互影响、制约的活动构成，协调工作困难。项目愈大愈复杂，其所包括或涉及的学科、技术种类也愈多。项目一般由多个部分组成，工作跨越多个组织，需要运用多种学科的知识来解决问题；项目工作执行中有许多未知因素，每个因素又常常带有不确定性，还需要将具有不同经历、来自不同组织的人员有机地组织在一个临时的组织内，在资源约束条件下协同工作。工程项目常常受所在地的资源、气候、地质等因素的制约，当地政府以及社会经济文化环境对项目的干预和影响也很大。这些因素都决定了工程项目管理的复杂性，是一个复杂的系统工程。

1.1.3 工程项目组织

工程项目组织是指为完成特定的工程项目目标而建立起来的、从事具体项目工作的群体。它是项目的参加者、合作者按一定的规则或规律构成的整体，是由项目的行为主体构成的系统。该组织在项目生命期内临时组建，是一次性的、暂时的组织。

工程项目组织的建立和运行符合一般的组织原则和规律，如具有共同的目标，需要不同层次的分工合作等。项目参与者来自不同的企业与部门，有不同的隶属关系，代表着各自的利益，从而容易产生组织摩擦与矛盾。为了取得项目的成功，各参与者必须合理地组织起来，形成整体的、统一的目标和利益，这就形成了特定的工程项目组织。

工程项目组织系统构成复杂，按范围可以分为狭义和广义两个层面，其框架构成模型如图1-1所示。

(1) 狭义的工程项目组织

狭义的工程项目组织是工程项目的阶段性管理工作中的管理组织。主要指由业主或业主委托指定的负责整个工程管理的项目公司、项目经理部(或项目管理小组)。它一般按项目管理职能设置职位(部门)，按项目管理流程，完成属于自己管理职能内的工作。

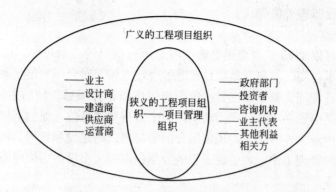

图 1-1 工程项目组织系统框架模型

业主、项目管理公司、承包商、设计单位、供应商都有自己的项目经理部和人员，所以，项目管理组织是分具体对象的。如业主的项目管理组织、项目管理公司的项目管理组织、承包商的项目管理组织。这些组织之间有各种联系，有各种管理工作、责任和任务的划分，形成项目总体的管理组织系统。

(2) 广义的工程项目组织

广义的工程项目组织包括各项工作承担者、单位、部门组合起来的群体，有时还要包括为项目提供服务的或与项目有某些关系的部门，如政府机关、鉴定部门等。广义的工程项目组织受项目系统结构限定，按项目工作流程(网络)进行工作，其成员各自完成规定的(由合同、任务书、工作包说明等)任务和工作。综合来讲，广义的工程项目组织是由业主、承包商、材料供应商、设备供应商、分包商、运营单位等所有项目参与者所共同构成的一种复杂的组织系统。在项目的建设管理工作中，项目各主体都有各自的项目管理内容。

1) 政府部门

政府职能部门一般不参与项目的直接管理，只进行项目的宏观管理。所谓宏观管理，就是政府通过立法，通过制定有关法规、法令，通过行业的规划和指导，资源的平衡，立项批准，开工和使用的批准，环保、安全的监督等，从保护社会安全和公共利益的角度实行宏观管理，营造良好的市场环境。

2) 业主

在项目管理领域里，业主是指投资者、出资者、财产拥有者，可称为项目法人。私人投资的项目，投资者是业主；合资方式投资的项目(包括中外合资)，由投资各方组成董事会，董事会是业主。原有企业投资的项目，原有企业法人是业主。政府投资的项目，实行项目法人责任制，先明确投资主体，后定建设项目，也就是说，要先明确项目法人，项目法人是业主。实行项目法人责任制有利于解决项目产权关系不清、所有权与经营权不清、政企职责不清等问题。

业主代表是指由业主任命或聘请的在业主授权范围内履行项目管理职能的个人或组织。业主代表是业主项目管理能力的延伸，聘用业主代表并不意味着业主权力的削弱，业主代表可以有不同的组织形式，例如咨询工程师、咨询委员会、项目管理公司、建设监理单位等。

3）承包商

承包商可以是 EPC 或交钥匙等工程总承包项目的总承包商，也可以是独立的设计、施工承包商。承包商是项目实施的管理主体，对合同规定任务的实施效果负责。许多项目管理文献，不把分承包商与供应商作为项目管理的主体。而实际上，分承包商与供应商在项目管理活动中占有十分重要的地位，他们不但是独立于项目法人和总承包商之外的法人，还依据合同参与项目的建设和管理。特别是在一些大型工程项目的管理工作中，关键工程的分承包商和大型设备的供应商更是承担着十分重要的任务。

4）其他利益相关方

其他利益相关方是指与该项目有共同利益的其他个人或组织，包括金融机构、保险公司、其他相关社会组织等。受益者之间的利益可能会发生矛盾，在项目管理中应得到充分的重视与协调。

工程项目组织可以视为一个大的系统，该系统不仅包括建设管理单位本身的组织系统，还包括各参建方(咨询、设计、施工单位等)共同或分别建立的针对该工程项目的组织系统。项目管理要在有限的时间、空间和预算范围内将大量物资、设备和人力组织在一起，按计划实施项目目标，必须建立合理的项目组织。项目组织是保证项目正常实施的组织保证体系，包括从组织设计、组织运行、组织更新到组织解散这样一个生命周期。项目组织的主要目的是充分发挥项目管理功能，提高项目管理的整体效率，最终实现项目目标。

1.1.4　工程项目组织的特性

工程项目组织的特点决定了工程项目组织设置和运行的要求，决定了人们的组织行为和项目组织沟通、协调和项目信息系统设计等。一般来说，工程项目组织具有以下特性：

(1) 工程项目组织具有目的性

工程项目组织是为了完成工程项目总目标和总任务而设立的，具有目的性，项目目标和任务是决定组织结构和组织运行的最重要因素。

(2) 工程项目组织具有"目标多元性"和"统一性"

与企业管理不同，工程项目管理是多元建设主体的组织管理。在企业管理组织体中，无论有多少部门和单位，都是行政上隶属于厂长(经理)的内部机构。而工程项目管理组织，其整个组织体由多个相对独立、有各自经济利益的建设主体——业主、设计、施工、供货、监理等共同组成，且相互之间不存在行政隶属关系，每个组织都有各自不同的价值观、利益目标和行为取向。而工程项目管理的核心就是协调各参与方，为统一的项目目标共同努力。显然，工程项目整个组织体中存在着目标的"多元性"和"统一性"的矛盾。解决这一矛盾的途径在于将多元建设主体"一体化"于组织结构之中，以寻求一体化管理和实现项目目标的统一行动。

(3) 工程项目组织具有一次性和临时性

工程项目组织的一次性和临时性，是它区别于企业组织的主要特点，它对项目组织的运行和沟通、参加方的组织行为、组织控制有很大的影响。项目是临时性的，因而项目组织也是临时性的。因为有了项目才产生了项目组织，随着项目的结束，项目组织也随之解散。

(4) 项目组织与企业组织之间的关联性

企业组织不仅包括业主的企业组织(项目上层组织)，而且包括承包商隶属的企业组织。项目组织成员通常都有两个角色，既是本项目组织成员，又是原所属企业组织中的一个成员。企业组织与项目组织之间的障碍是导致项目失败的主要原因之一。对于建筑行业而言，建筑产品的生产以项目为载体，项目组织是建筑行业生产的基本组织形式。由于工程项目的集成特性，一个工程项目往往包含了多个不同类型、不同功能的项目组织。而这些项目组织又分属于不同的企业组织，项目组织是企业组织的派出机构。一般而言，项目组织不仅服务于项目本身，同时也必须服从其所属的企业组织的利益。因此，从组织利益的角度来分析，每一个项目组织可以看做是不同企业在该项目上的利益代言人。

(5) 工程项目组织关系的多样性

1) 专业和行政方面的关系

在企业内部(如承包商、供应商、分包商、项目管理公司内部)的项目组织中，主要存在这种组织关系。

2) 合同关系或由合同定义的管理关系

一个项目的合同体系与项目的组织结构有很大程度的一致性。如业主与承包商之间的关系，业主与监理单位之间的关系，主要由合同确立。

签订了合同，则该承包商为项目组织成员之一(未签订合同，则不作为项目组织成员)。他们的任务、工作范围、经济责权利关系、行为准则均由合同规定。虽然承包商与监理单位没有合同关系，但他们责任和权力的划分以及行为准则仍由监理合同和承包合同限定。项目管理者必须通过合同手段运作项目，遇到问题通常必须通过合同、法律、经济手段解决问题。

(6) 工程项目组织具有弹性和可变性

这不但表现为许多组织成员随着项目任务的承接，以及项目的实施过程而进入或退出项目组织，或承担不同的角色，而且，采用不同的项目组织策略、不同的项目实施计划，则有不同的组织形式，一个项目早期组织比较简单，在实施阶段会随着任务的展开变得十分复杂。

(7) 工程项目组织结构具有开放性

工程项目组织结构存在的内部根据是各要素之间对差异性资源(物质、能量、信息)的需求，而资源又要受到外部环境施加的影响和限制，从而使组织结构呈现出对外的开放性。随着工程的进展，大量的资源需要投入，转化过程需要和产生大量而庞杂的信息，但信息本身并不是关键，信息只有通过交流并经智力整合成知识才能推动工程的创新发展。但是，组织之间及其内部复杂专业化的分工给信息流动设置了许多屏障，信息得不到开放性交流或延迟到达，都会影响工程项目对创新性的要求。因此，工程项目组织结构应能提供开放的信息交流通道，鼓励并推动信息在组织成员间的自由流动以形成知识。组织结构允许信息开放交流，意味着协调功能增强，工程项目组织的核心就是协调，需要从人员和结构两方面的灵活性来平衡和控制。

案例分析

某高速公路项目采用分阶段的平行发包模式组织生产，其项目组织结构，如图1-2所示。

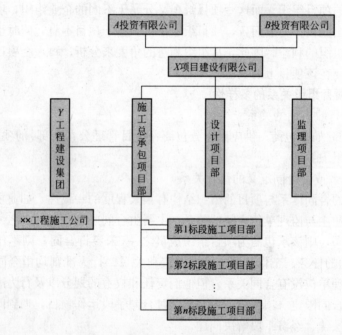

图1-2 项目组织与企业组织的关系

由图1-2可知，X工程项目由A、B两家投资有限公司投资建设，A、B两家投资公司根据项目融资及建设管理的需求，组建了项目法人公司，即X项目建设有限公司。该工程采用的承发包模式为施工总承包模式，中标的施工总承包企业为Y工程建设集团，成立了施工总承包项目部，施工总承包项目部下属多个标段分别由不同的施工企业承担，各标段承担单位均分别成立了自己的施工项目部。X项目建设有限公司、设计项目部、监理项目部、施工项目部及各标段项目部等项目组织共同组成了一个大的组织。施工项目部、设计项目部、监理项目部等都隶属于各自的企业，是各自企业为该工程项目的派出机构，这些项目部按照一定的合同结构和管理规则运行，共同构成一个临时性的工程项目组织。

1.2 工程项目组织的层次与生命周期

1.2.1 工程项目组织的层次

工程项目组织管理是指为有效实现组织目标，建立组织结构，配备人员，使组织协调运行的一系列活动。项目组织的基本职能包括：设计并建立组织结构；设计并建立职权关系体系、组织制度规范体系、信息沟通模式；人员配备与人力资源开发；组织协调与变革等方面。

按照工程项目组织的系统结构和职能分工，大致可以分为三个层次：战略决策管理层、项目管理层和项目实施层。项目组织的层次结构，如图1-3所示。项目参与方所处的层次不同，它们在工程项目的不同阶段所需要完成的项目任务也存在差别和侧重。

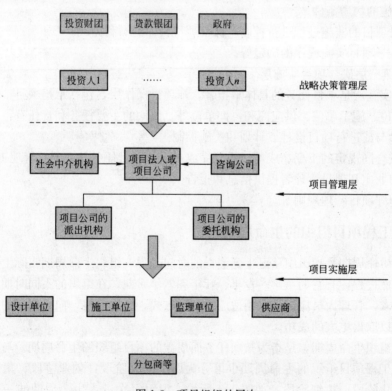

图1-3 项目组织的层次

(1) 第一层次　战略决策管理层

战略决策管理层是项目的发起者和投资人，包括对项目投资的财团、银团、政府、社会团体等。他们居于项目组织的最高层，对整个项目负责，最关心的是项目整体经济效益。他们的主要任务和责任有：

1) 确定项目目标，包括投资目标、进度目标、质量目标等。

2) 重大方案的决策，如确定生产规模，选择工艺方案等。
3) 制定实现目标的计划，通过对项目进行宏观控制保证项目目标的实现。
4) 决定项目的组织模式，选聘项目经理。

(2) 第二层次　项目管理层

项目管理层是由战略决策管理层选定的。项目管理层的主要任务是：按照战略决策管理层制定的目标，对项目实施过程进行全面控制，保证项目整体目标的实现。项目管理层包括项目业主及其聘请的咨询机构，以及受业主委托的项目管理机构或派出机构。项目管理层承担项目实施全过程的主要责任和任务，通过确立目标、选择不同的方案、制订计划，对项目进行组织、协调和控制，保证项目目标的实现。包括：

1) 项目任务的划分，择优选择项目经理和承包单位。
2) 批准项目目标和设计，批准实施计划等。
3) 确定资源的使用，审定和选择工程项目所用材料、设备和工艺流程等，提供项目实施的物质条件。
4) 对项目的实施过程进行控制，保证项目目标的顺利完成。
5) 各子项目实施程序的确定等。

(3) 第三层次　项目实施层

项目实施层是项目任务的具体承担者，即项目操作层，包括承担项目工作任务的设计单位、施工单位、供应商和咨询单位等。他们的主要任务和责任有：

1) 参与或进行项目设计、计划和实施控制。
2) 按合同规定的工期、成本、质量完成承担的项目任务及必要的管理工作。
3) 向业主和项目管理者提供信息和报告。
4) 遵守项目管理规则等。

1.2.2　工程项目组织的生命周期

组织生命周期是指组织从诞生到消亡的时间过程。组织生命周期实际上是一个连续的自然过程，有它的童年、青年、壮年和老年时期。在组织的不同时期，根据不同的要求，管理人员应该采取相适应的管理方式，度过危机，向更高级的管理阶段过渡，以取得更大的成功。

项目组织生命周期，是指为某项任务而成立的项目组织的生命周期。与企业组织一样，工程项目组织的生命周期也可分为四个主要阶段：创业阶段、集体化阶段、规范化阶段、精细阶段，如图1-4所示。组织每次进入生命周期的一个新阶段，也就进入了与一套新的规章相适应的全新阶段，这些规章是阐述组织内部功能如何发挥及如何与外部环境相联系的。组织生存的关键就在于克服困难，从一个阶段适时地进入另一个阶段。因此，管理人员首先必须了解组织的动力、需要和目前所处的发展阶段，才能使组织顺利地向前发展。

由于工程项目组织直接服务于工程的需要，因此，工程项目组织的生命周期不仅受组织本身发展阶段的控制，同时还要受工程项目生命周期的控制。工程项目组

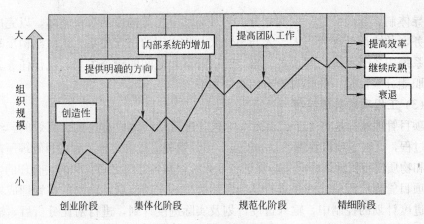

图 1-4 组织的生命周期

织必须服务于工程项目生命周期不同阶段的需求,当工程建设任务完成时,工程项目组织也将面临解散。由于工程项目具有一次性和明确的起止时点,因此,与企业组织不同,工程项目组织的生命周期是明确的,且在组织创立之初即已确定。相对于企业组织而言,工程项目组织的生命周期比较短,具有临时性,工程项目组织通常不能像企业组织那样获得充分发展的时间,工程项目组织很难获得充分的时间来达到组织的规范化阶段和精细化阶段。但是,工程项目组织可以通过以战略联盟等方式在业主、设计院、承包商等各参建方之间建立相对稳定的合作关系,以使工程项目组织参与各方能够缩短适应时间,缩短创业阶段和集体化阶段的时间,尽快进入规范化和精细化管理阶段。

1.3 工程项目组织的运行要素与主要内容

工程项目组织作为一种特殊的组织类型,具有一般组织的基本特征,也与其他类型的组织有着显著的区别,有着不同的运行机制和要素,以及不同的组织管理工作内容。

1.3.1 工程项目组织运行的要素

工程项目组织运行的基本要素为:组织方式、组织结构、管理流程、组织制度、项目文化、信息管理与组织协调、组织运行动力、组织优化与调整、组织绩效管理等。

(1) 工程项目组织方式

对工程项目组织来说,组织方式是一种系统化的指导与控制方法,通过一定的组织方式使组织系统正常运行。具体来说,项目组织方式包括管理方式和实施方式两个方面的内容。随着项目管理理论和技术的发展,项目管理方式和项目实施方式的类型越来越丰富,如何选择及创新合适的模式,对项目的成功具有重要意义。

(2) 工程项目组织结构

工程项目组织结构是指工程项目管理内部各个部门之间的相互关系,是按一定的领导体制、部门设置、层次划分、管理职能分工等构成的有机整体，以完成一定的任务，并协调处理人与人、人与事、人与物之间的相互关系。组织结构反映的是组织系统中各子系统之间或各元素（或工作部门）之间的指令关系、工作任务分工和管理职能分工，是一种相对静态的组织关系。

(3) 工程项目管理流程

项目管理流程是将上千、上万个工程管理活动归纳成有序的、高效的、经济的实施过程，反映了项目管理活动的特点。项目管理流程将实施工程项目管理所需的信息流和物质流有机地结合起来，保证各专业工程和各部门之间有利的、合理的协调。

项目管理流程输入的是进行某项职能管理所需的信息，输出的是管理成果。例如在进度计划的控制中，输入进度计划及实际进度计划，进行对比分析后，输出的是滞后还是提前的信息，从而采取相应调整措施。

(4) 工程项目组织制度

工程项目组织是按一定制度组织起来、完成特定工程任务、实现特定目标的群体。工程项目组织的有效运行需要制度的约束和保障，制度对于工程项目组织而言具有重大意义。制度体系是为保证工程项目顺利实施而建立的一系列约束组织成员的规章规范，对项目组织内部的各个部门和员工进行指导和约束。组织结构的岗位职责与工作流程的管理，需要制度体系来规范。通过组织制度明确组织各成员间权利义务关系、约束各方行为，是系统高效、有序运行的前提。

(5) 工程项目文化

工程项目文化是在项目管理的实践中，由项目管理者倡导和推动的，项目成员认同并积极参与形成的，并内化到每一个成员心中成为其自觉行动的意识、规范和动力的一整套项目管理特有的管理体制、价值标准、基本信念、精神、道德观、行为规范等内容的复合体，它是通过所有项目参与者体现出来的、目的明确的、应用性强的组织文化。

工程项目文化的发展过程实际上是组织核心价值观在组织中社会化的过程，既是组织核心价值观向个体和群体的渗透，也是个体对组织、群体的核心价值观认同的过程。有关组织文化对组织绩效的影响的研究表明，文化是重要的组织要素，可以通过组织文化来影响工作人员的行为，是形成组织绩效的关键。组织文化作为组织的一种重要无形资源，能够为组织带来持久的竞争优势和超额利润。

(6) 工程项目信息管理与组织协调

信息管理的目的是为解决问题或证明问题提供足够而且有效的信息，其具体的表现就是信息的收集与分析。解决问题首先需要知道存在什么问题以及什么原因导致了这一问题，这需要从收集到的信息中寻求答案；证明问题需要有充足的实施证据、可靠的资料数据，这也要由收集到的信息来提供。可以说信息管理是组织协调的基础。信息管理涉及参与项目建设所有人员的工作，包括项目组织中各参建方自身的汇报和总结、政府机构的检查和记录，更包括各承包方的工作反映等。

工程项目组织协调的主要任务是解决和转化组织间的各种冲突。冲突是由于利益相关各方成员之间、成员与组织之间以及团队与组织之间，在目标、情感、观念、期望和利益等方面产生的对立或分歧。工程项目组织协调就是项目管理者为实现项目的特定目标，通过协作与沟通，解决工程项目实施的各阶段、不同组织、不同专业、不同部门之间的大量结合部组织界面存在的复杂关系和矛盾，使之密切配合、步调一致，形成最大的合力，以提高其组织效率的综合管理过程，是保障系统高效、有序运行的重要手段。

(7) **工程项目组织运行的动力**

工程项目组织运行的动力是指通过一定的管理措施，激发项目组织内部不同主体的利益动机，并将这种动机转化为实现项目组织目标的推动力。工程项目组织运行的动力按驱动方式包括契约驱动式和职权驱动式。

工程项目组织运行的根本动力在于利益驱动，获取最高的经济利益是推动各类组织运行的核心动力，而工程项目组织内部各参建方的利益趋同则是保证项目整体目标实现的根本动力。利益趋同即指利益的一致性，项目组织各参与方之间是非零和合作博弈，具有价值创造功能，并可以实现多赢局面。项目组织所创造的超额利益将在项目成员之间进行分配，实现其作为理性经济人追求利益的目标。当组织成员的既定利益得不到满足时，项目组织的运行很可能因为该成员的不配合而受阻。因此，利益趋同是项目组织得以运行的根本动力，而工程项目组织是通过契约缔结起来的，其利益分配是以契约形式确定的，因此，契约是其具体表现形式。

工程项目组织的运转依赖各参与方组织的运转，而这种组织的运转实际上是组织中权力的行使过程，通过权力的运行或行使，才使组织内信息得以传递、资源得以配置、控制得以实施、目标得以达成，职权是组织中权力的直接表现。

(8) **工程项目组织的优化与调整**

工程项目组织的优化与调整是指项目组织系统根据工作的需要和环境的变化，分析原有的项目组织系统的缺陷、适应性和效率性，对原组织系统进行调整和重新组合，包括工作流程调整、组织结构调整、规章制度的修订或废止、责任系统的调整以及信息流通系统的调整等，其中以工作流程调整和组织结构调整为主要内容。

(9) **工程项目组织绩效管理**

工程项目组织绩效是对各参与方组织的人力资源绩效、运营实施绩效以及财务绩效的综合反映。项目管理者制定了工程项目组织的规划、设计了工程项目组织结构后，开始项目组织的实施与运行，要让项目管理者对工程项目组织的前期工作以及项目组织的运行效果有一个充分的认识与评判并且能有的放矢地进行改进，就需要加强工程项目组织绩效的管理。

1.3.2 工程项目组织的主要内容

从工程项目组织管理的角度来看，主要包括两方面的任务：建立合理的组织和实现组织的良好运转。建立合理的工程项目组织，即建立静态的项目组织系统，可分为工程项目组织规划和工程项目组织结构设计两方面的工作。而实现工程项目组织的良好运转，即建立动态的项目组织系统，首先需要通过建立制度、契约等手段实现组织的运行，并通过组织协调与优化不断改进组织的运行效率；其次，需要通过工程项目组织文化建设来优化工程项目的运行环境；第三，通过绩效管理对工程项目组织全过程进行评价与控制，以促进组织效率的提升。

本书以工程项目组织管理的任务为主线，将工程项目组织管理的主要内容分为七章，即绪论、工程项目组织规划、工程项目组织结构设计、工程项目组织运行、工程项目文化、工程项目组织绩效、工程项目组织的变革与创新。各章节的内容设计及相互关系，如图1-5所示。

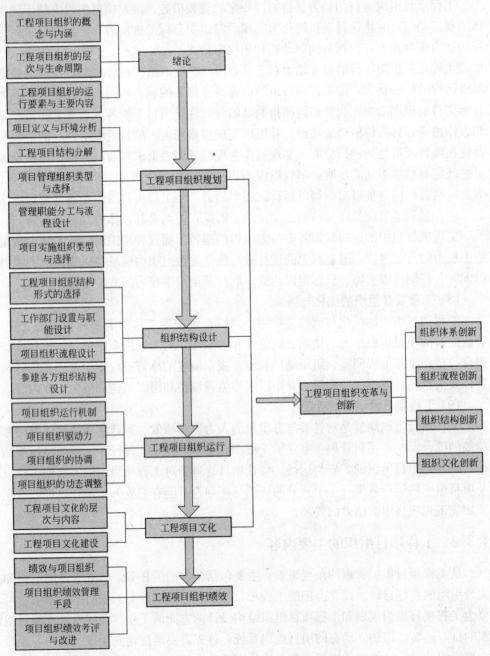

图1-5 工程项目组织的内容框架

第1章　绪论。主要包括工程项目组织概念、特征、层次、生命周期、运行要素等内容。

第2章　工程项目组织规划。组织规划是项目管理者对于组织运行方式的一种构想和计划。主要包括：项目定义与环境分析、项目结构分解与编码、项目管理组织的类型与选择、项目职能分工与流程设计、项目实施组织的类型与选择等内容。

第3章　工程项目组织结构设计。将实现工程项目组织目标所需要完成的各项工作任务划分为性质不同的业务工作，然后按照工作性质组建不同的部门，同时确定各部门的职责与权限。项目组织具有多种结构形式，不同的结构形式具有不同的优缺点，工程项目的各参建方都应根据具体项目的特点，进行各自的项目组织结构设计。

第4章　工程项目组织运行。项目组织运行机制是保证组织良性运行的基础，由于项目在一个动态多变的环境中运行，为了保证项目组织的运行效率，不仅要有效协调各运行要素、各参建方之间的关系，还必须不断对项目组织进行动态优化和调整，以维持组织的高效运转。

第5章　工程项目文化。文化环境是项目组织运行的软约束，项目文化服务于项目组织绩效。项目管理者必须重视和加强组织文化建设。

第6章　工程项目组织绩效。工程项目组织绩效是对参与各方组织的运营实施绩效、人力资源绩效以及财务绩效的综合反映。项目组织的绩效体现在项目实施的各个阶段，项目组织规划、组织结构设计、组织运行、组织文化等都应以提高工程项目组织绩效或组织运行效率为目标。

第7章　工程项目组织的变革与创新。随着时代的进步，工程项目管理面临着日益复杂多变的管理环境，传统的工程项目组织方式必须不断地进行变革和创新才能适应工程项目管理的需要，应把握组织变革趋势，向流程型项目组织、虚拟项目组织和伙伴式项目组织等形式发展。

思考与讨论

1. 从理论上讲，建设单位可以成立自己的设计院、施工单位来完成有关工作，但是，大多数建设单位选择将相关工作委托给咨询公司、设计院、承包商等单位承担，这是为什么？对比分析自营模式和专业化模式各自有何优缺点，在哪种情况下采用第一种方式更优？

2. 工程项目组织的临时性是影响组织运行效率的重要因素，站在业主的角度应如何减少这种临时性带来的负面影响？

3. 企业组织与项目组织之间存在怎样的联系和区别？在一个大的工程项目组织系统中，各参建方的项目部应如何处理项目整体利益与企业利益之间的矛盾？试举例说明。

4. 从建筑施工企业的角度来管理项目，需要考虑的核心问题有哪些？这些问题相互之间的关系是怎样的，如何有效地进行多项目管理？试举例说明。

第 2 章 工程项目组织规划

项目组织规划是指从业主的角度全面地规划项目各参与方之间的组织关系，对与项目有关的组织工作作出预先安排。项目组织规划的主要内容包括：项目定义与环境分析，项目结构分解，项目管理组织的类型选择，管理职能分工与流程设计，项目实施组织的类型与选择等。工程项目组织规划是项目管理工作的重要内容，也是工程项目组织结构设计的基础。

2.1 工程项目组织规划的依据与内容

2.1.1 工程项目组织规划的依据

为了实现项目目标，使工程项目组织成员在项目中高效率地工作，必须认真进行工程项目组织规划。工程项目由目标产生工作任务，由工作任务决定承担者，由承担者形成组织。在工程项目的管理过程中，项目管理工作分别由战略决策管理层、项目管理层和项目实施层承担。一些工程项目经常发生如管理责任界面不清、责任范围重复或遗漏、信息膨胀或缺乏、对项目的理解有所不同等问题，这些问题影响项目的顺利进展，甚至导致项目失败。因此，需要对工程项目组织的重点问题进行研究并事先约定，进行工程项目组织规划。

在工程项目建设过程中，需进行许多计划或规划。如投资计划、进度计划、信息管理规划等，这些都是项目管理不可缺少的。工程项目组织规划也是一种计划，它从业主的角度全面地规划项目结构、项目管理组织和项目实施组织，并对与项目有关的组织工作作出预先安排。为使项目参与各方理解一致，工程项目组织规划应是书面的和规范的，使有关项目参与各方认可并接受。当然，由于项目建设条件的变化及对项目认识的不断深入，工程项目组织规划也应是逐步深化和动态的。

工程项目组织规划的依据主要包括以下几个方面：

(1) 工程项目自身的特点

每个工程项目都有其各自的特性，不同的项目规模、工作内容、完成时间、工作性质等决定项目的不同组织形式。例如，对于工作量小、时间短的项目可能采取简单的项目组织；对于工作量大、周期长的项目可能采取复杂的项目组织。具体而言，工程项目自身的特点包括项目的基本结构，工程的类型、规模、特点、技术复杂程度，工程质量要求，设计深度和工程范围的确定性，工期的限制，项目的盈利性，项目风险程度等。

(2) 项目的资源情况

项目的资源包括项目的信息资源、人力资源、时间资源及资金资源等。对于一个已拥有较多信息资源、人力资源、时间资源，而资金资源相对缺乏的项目来说，采取项目公司制的组织形式比较合适，而对于信息资源与人力资源相对不足，而资金资源与时间资源较为充分的项目来说，借用外部咨询力量，采用项目管理式组织较为合适。

(3) 业主方的要求与管理水平

业主方的管理水平与对项目管理的要求直接影响项目组织结构的选择，包括业主及上层组织的总体战略，项目的资本结构，业主的组织形式、思维方式、目标以及目标的确定性，管理水平和具有的管理力量、期望对工程管理的介入深度，业主对咨询工程师和承包商的信任程度，业主的管理风格和管理习惯等。

(4) 承包商的能力

拟选择的承包商的能力对项目实施组织的规划起决定性的作用，如拟选择的承包商是否具备施工总承包、"设计—施工"总承包或"设计—采购—施工"总承包的能力，直接决定了选择这种实施模式和相应的组织结构的可能性，此外，还包括承包商的资信、企业规模、管理水平、抵御风险的能力和相关承包的经验等。

(5) 项目所处的环境

工程项目所处的法律环境、市场环境、常用的工程承发包方式、建筑市场竞争程度、资源供应的保证程度、获得额外资源的可能性等也对项目组织的规划具有一定的约束作用。

2.1.2 工程项目组织规划的内容

(1) 项目定义与环境分析

项目定义以书面的形式描述项目目标系统，并初步提出完成方式。项目定义说明项目产生的背景情况、拟建项目的初步设想(包括建设地点、基本功能和要求)，同时对项目目标进行定义(如项目质量目标、进度目标和投资目标等)。每一个工程项目组织都有明确的目标，目标决定了工程项目组织存在的必要性与合理性，任何一个组织成员或部门的设置都是为项目的目标和任务服务的，目标的作用是引导组织成员的行为，使大家协作一致，运用组织所拥有的各种资源，完成组织的使命与任务。

项目环境分析研究项目面临哪些环境因素，具体分析项目主要外部环境因素和内部环境因素在项目实施和运营过程中的影响，寻找有利的环境条件，规避不利的因素，通过环境因素分析，为项目组织规划提供基础条件。项目环境分析内容包括政治环境分析，经济环境分析，法律环境分析，自然条件分析，项目基础设施、场地周围交通运输、通信条件分析，项目各参与方的情况分析，以及社会人文、周边组织、人力资源、技术环境和同类工程资料的分析。

(2) 项目结构分解与编码

分析、确定项目的主要功能和辅助功能，对项目结构进行分解，得到不同层次的项目单元，工程项目结构分解可以按照一定的规则由粗到细，由总体到具体，由上而下地进行，可用结构图或组成表来表示，以反映组成该项目的所有工作任务，这是工程项目组织规划中最重要的工作。在此基础上，确定项目编码原则，并对项目分解结构进行编码。

(3) 项目管理组织的类型与选择

分析各种项目管理组织形式的适用性，根据工程项目的具体特点，如项目的复杂程度、工程成本的早期明确程度、工程项目建设的进度、业主参与施工活动的程度和设计人员参与工程管理的程度，选择合适的项目组织形式，如工程指挥部、项目公司、管理咨询等，提出合适的项目管理组织方案，注意分析项目管理组织与业主方管理组织的关系。

(4) 管理职能分工与流程设计

1) 项目管理组织的任务

提出投资控制、进度控制、质量控制、合同管理、信息管理和组织与协调的具体任务。

2) 管理职能分工

明确不同管理主体的管理职能分工，如业主、监理单位、施工单位的管理职能。

3) 项目管理工作内容和流程

提出项目实施各阶段，如准备阶段、设计阶段、施工招投标阶段及施工阶段等的项目管理工作内容和流程。

(5) 项目实施组织的类型与选择

根据项目特点与各种承发包模式的特点，选择合适的项目实施方式，如平行承发包、施工总承包、设计施工总承包或工程总承包等。选择项目实施的有关合同的类型，进行合同结构设计，根据各发包的类型和内容，对招标方式进行分析，选择合适的承包商。对项目参与单位按所承担的任务进行分类，明确各单位的基本任务，特别注意分清各个参建单位的任务分工与界面，并建立任务和责任对应关系。对不同类型的合同，如设计和咨询合同、工程承包合同、设备采购合同等，选择合适的合同文本并建立合同索赔管理制度等。

2.2 工程项目定义与环境分析

2.2.1 项目定义

项目定义是指以书面形式描述项目背景、初步设想和目标系统,并初步提出完成方式。项目是一个系统,项目的目标也是一个系统,质量、进度和投资三个目标是相互对立、相互关联的,工程项目组织规划的目的就是要使这三大目标最佳的实现。

(1) 质量目标定义

明确项目质量总要求和标准,对项目质量目标进行必要的细化,并具体提出项目各组成的质量要求,对特别部分提出具体技术标准。

(2) 进度目标定义

根据建设任务及资金等条件,安排总体上的项目实施顺序,提出项目实施的里程碑事件,并确定开始及完成日期,对项目进度进行目标分解和规划。

(3) 投资目标定义

对项目总投资进行估计,并进行投资分解,提出投资规划,对项目资金使用强度进行分析,提出分时间段的资金使用计划,对可能的融资方案进行比较,保证资金组合与项目资金使用计划相匹配,从项目全寿命角度,进行项目盈亏分析等。

明确项目目标系统,是项目组织工作的基础,因为目标决定了组织的形式以及组织内的各种流程,如果组织内的人员对于目标的认识不一致,他们的行为就有可能与组织规划中对他们的定位相悖,而造成组织运行的障碍。

项目定义以一个报告的形式提出,即项目说明。它是对项目研究成果的总结,是作为项目目标设计结果的检查和阶段决策的基础,主要内容包括:

1) 提出问题,说明问题的范围和问题的定义。
2) 说明解决这些问题对上层系统的影响和意义。
3) 项目构成和定界,说明项目与上层系统其他方面的界面,确定对项目有重大影响的环境因素。
4) 目标系统和重要的子目标,近期、中期、远期目标,对近期目标应定量说明。
5) 边界条件,如市场分析、所需资源和必要的辅助措施、风险因素。
6) 提出可能的解决方案和实施过程的总体建议,包括管理方针或总体策略、组织安排和实施时间总安排。
7) 经济性说明,如投资总额、财务安排、预期收益、价格水准、运营费用等。

2.2.2 项目环境分析

工程项目的环境分析是为项目组织规划和项目管理服务的,环境调查和分析的内容主要包括以下几个方面:

(1) 政治环境分析

分析政治局面的稳定性，政府对本项目的支持程度，政府能提供的行政服务，政府的办事效率以及与项目相关的政策，特别是对项目有制约作用的政策或向项目倾斜的政策。

(2) 经济环境分析

分析当地的社会发展状况和发展水平，分析地区的财政状况、工业布局和经济结构，分析建设的资金来源。重点分析市场情况，如市场对项目和项目产品的需求，项目所需的建筑材料与设备供求情况和价格水平，劳动力的供应，能源、交通、通信、生活设施的状况和价格，以及当地建筑市场的情况。

(3) 法律环境分析

分析项目相关法律法规的完备性，特别是在国际工程项目中，对于重大的法律问题应聘请专业律师咨询。

(4) 自然条件分析

分析地形地貌、地质、地震、地下水等自然地理状况，分析气候气象条件，并分析可供项目使用的各种自然资源的蕴藏情况。

(5) 项目基础设施、场地周围交通、通信

分析项目所在地周围的生活配套设施，如粮油副食、文化娱乐、医疗卫生条件，分析可供使用的临时设施和水电等公用设施的状况，并分析交通和通信条件。

(6) 项目各参加者的情况

分析项目相关企业的基本状况、能力、企业战略、对项目的要求等，分析合作者的情况，分析工程承包商、供应商的基本情况以及主要竞争对手的情况。

2.3 工程项目结构分解

项目结构分解（PBS——Project Breakdown Structure）是源于工作结构分解（WBS——Work Breakdown Structure）的一种技术，它通过树状图表的形式，对一个工程项目的结构进行逐层分解，以反映组成该项目的所有工作任务。在现代项目管理和组织理论中，项目被视为一个系统，项目组织同样也是一个系统，这个以人组成的组织结构和工作形成的结构存在着相对应的关系，不同的项目目标需要不同的人和结构，需要以不同的任务和方式来实现，从而决定工程项目的组织结构。

2.3.1 工作结构分解的原则与方法

(1) 工作结构分解定义

工作结构分解（WBS）是按一定的逻辑关系将项目划分为可管理的工作单元，按层级把项目分解成子项目，子项目再分解成更小的工作单元，直至最后分解成具体作业的系统方法。

工作结构分解归纳和定义了全部的项目工作范围，工作结构分解图就是一个项目全系统的工作任务图。确定工作结构分解是项目管理的基础工作，它可以满足项目管理过程的各种需要。首先,工作结构分解与工程项目组织结构有机结合在一起,使得项目经理可以根据各个子项目和任务确定项目管理的组织机构并设置相应岗位和人员。其次,根据各个工作单元的技术要求,组织分派项目人员,并明确其责任。第三,针对各子项目和工作单元作出工期计划、成本计划并提出质量要求,还可以据此进行有效的控制。第四,项目的工作分解为项目招标、发包提供了依据。最后,利用工作结构分解可以更好地实施项目风险控制和合同控制。

(2) 工作结构分解的原则

按照系统分析方法和实际工作经验,工作结构分解应符合工程建设的特点和项目自身的规律,并满足项目实施者的要求和后继管理工作的需要。一般性的原则包括:

1) 保持项目内容的完整性

在各个层次上保持项目内容的完整性,不能遗漏任何必要的组成部分。

2) 一个项目单元只能从属于一个上级子系统

一个项目单元只能从属于一个上层单元,不能同时属于两个上层单元。

3) 相同层次的项目单元应有相同的性质

由同一个上层单元分解而成的几个下层单元应有相同的性质。

4) 项目单元应能明确区分不同的工作内容和责任者

项目单元应有较高的整体性和独立性,单元之间的工作责任、界限应尽可能小且明确,有利于项目目标和责任的分解与落实,也方便进行成果评价和责任分析。

5) 工作结构分解为项目的计划和控制服务

子项目或工作单元是计划和控制的主要对象,所以系统分解要有利于管理工作的开展。项目分解结构的合理性应体现在如下几方面:首先,便于使用工期、质量、成本、合同、信息等管理方法和手段,对项目目标进行计划、实施、监督和控制;其次,全面考虑人流、物流、资金流、信息流的使用效率;再次,注意功能之间的有机组合;最后,分解后的工作结构应有一定的弹性,能方便地扩展项目的范围、内容和变更项目的结构。

6) 符合要求的详细程度

对一个项目进行结构分解,究竟要达到什么样的详细程度才比较合适?分解到多少层次,分解到多少个工作包合适?这只能根据具体项目的要求和特点而定。依据层级原则和管理幅度原则,综合考虑项目的规模、范围、复杂程度、项目风险、管理人员的素质等因素,合理确定分解的层次、各层次幅度,合理界定层次间的隶属关系,才能有利于对项目全过程的管理。

(3) 工作结构分解的方法

工作结构分解没有一成不变的方法,它因项目的特点而变化,基本上是依靠项目管理者的经验和技能来定。分解结构的优劣也只有在项目设计、计划、实施和控制过程中才能体现出来。常见的分解方法有:

1) 以产品结构进行分解

如项目是一个工业建筑,可以按生产体系和生产产品的构成分解成各个子项目。

2) 按照构筑物种类进行分解

对于工程项目来说，它的子项目有不同形式的构筑物，可以按构筑物种类进行分解。

3) 按功能进行分解

功能是项目完成后应具有的效用，它是在一定的平面和空间上发挥作用的，所以有时又被称为"功能面"。

4) 按要素进行分解

功能包括各个专业要素，可以按这些专业要素分解。

5) 按建筑施工特点分解

按建筑施工特点分解可分为多个单项工程、单位工程、分部工程和分项工程等。

6) 按实施过程分解

按实施过程可以分解为四个阶段：立项决策、规划设计、实施建设、竣工验收。也可以按具体的活动分解为项目立项、可行性研究、设计、工程招投标等。

(4) 工作结构分解的步骤

对于不同性质、不同规模的工程项目，其结构分解有很大的差别，但分解过程却很相近，其基本思路是：以项目目标体系为主导，以项目的技术系统说明为依据，由上而下，由粗到细，逐级分解到工作包为止。工作结构分解的步骤如下：

1) 将项目分解成单个定义的，而且任务范围明确的子部分或子项目。

2) 研究并确定每个子部分的特点和结构规则，研究它的执行结果以及完成它所需的活动，将子项目分解成任务。

3) 进一步分析各子项目任务的构成与特点，并将其分解成子任务。

4) 将各层次结构单元收集在检查表上，直到最低层的工作包，评价各层次的分解结果。

5) 用系统规则，将项目单元分组，构成系统结构图，包括子结构图。

6) 分析并讨论分解的完整性，如有可能应请相关部门的专家或有经验的人参加，并听取他们的意见。

7) 由决策者决定结构图，并写出相应的文件。

8) 在设计和计划过程中确定各单元特别是工作包的说明文件内容，研究并确定系统单元之间的内部联系。

2.3.2 工程项目结构分解

项目结构分解作为一个重要的组织工具，它通过树状图表的形式，对一个工程项目的结构进行逐层分解，以反映组成该项目的所有工作任务。

以某大型水电工程为例，工作任务包括：形成电站有形实体建筑设施的产品元素，服务于电站建设的服务元素，对电站建设提供有形、可交付成果的结果元素，横跨电站各项目建设的横向关联元素以及构成电站建设管理责任和管理活动的项目管理元素等诸多内容。

(1) 产品元素

完成电站各类临时建筑设施、主体建筑设施及辅助建筑设施的施工。其中，临时建筑设施包括：临时道路设施、工区挡排水建筑物、导流建筑物、截流建筑物（围堰）、砂石骨料生产系统、混凝土生产系统、金属结构和木结构综合加工系统、机电设备维修系统等。主体建筑包括：挡水建筑物（大坝）、泄水建筑物、通航建筑物、引水建筑物、发电系统、尾水系统、输变电系统建筑等。辅助建筑包括：交通运输设施、生产及生活供水设施、生产及生活供电设施、通信设施、生产及生活办公设施、环境保护设施、水文及电站监测设施等。

(2) 服务元素

电站建设单位需要地方政府的大力支持，以共同营造一片和谐的治安环境以及满足建设者生活、休息需要的生活环境。在电站建设期间，建设单位必须接受国家行业及主管部门的监督、检查，组织相关专家咨询和技术交流，因此，建设单位需要承担征地移民、治安保卫、生活服务、综合接待等工作。

(3) 结果元素

结果元素包括电站建设各类专项科研试验、专项技术咨询等有形的、可交付成果的结果元素工作。

(4) 横向关联元素

横跨于电站各项目建设的横向关联元素包括：电站建设各项目的设计、监理、施工、检测、验收以及物资和设备供应等工作内容。

(5) 项目管理元素

构成项目管理元素的工作包括：范围管理、综合事务管理、投资管理、合同管理、信息管理、进度管理、质量管理、安全管理、风险管理、环保管理、资料档案管理以及文明施工综合管理等内容。

根据上述工作元素内容，可以得到水电工程项目分解结构图表，见表 2-1 所列。

某水电工程项目分解结构　　　　表 2-1

第一层	第二层	第三层	第四层
水电工程项目	1. 主体建筑设施施工	1.1 挡水建筑物施工	1.1.1 土建工程施工
			1.1.2 金属结构施工
			1.1.3 机电设备施工
		1.2 泄水建筑物施工	土建、金结、机设施工
		1.3 通航建筑物施工	土建、金结、机设施工
		1.4 引水建筑物施工	土建、金结、机设施工
		1.5 发电系统施工	土建、金结、机设施工
		1.6 尾水系统施工	土建、金结、机设施工
		1.7 输变电系统施工	土建、金结、机设施工

续表

第一层	第二层	第三层	第四层
水电工程项目	2. 辅助建筑设施施工	2.1 临时道路设施施工	土建施工
		2.2 挡排水建筑物施工	土建施工
		2.3 导流建筑物施工	土建、金结、机设施工
		2.4 截流建筑物施工	土建施工
		2.5 砂石生产系统	土建、金结、机设施工
		2.6 混凝土生产系统	土建、金结、机设施工
		2.7 综合加工系统	土建、金结、机设施工
	3. 临时建筑设施施工	3.1 供水设施施工	土建、机设施工
		3.2 供电设施施工	土建、机设施工
		3.3 通信设施施工	土建、金结、机设施工
		3.4 生活办公设施施工	土建、金结、机设施工
		3.5 环境保护设施施工	土建、金结、机设施工
	4. 项目管理	4.1 范围管理	项目启动、规划、确定、变更
		4.2 综合事务管理	组织管理、监理管理、协调
		4.3 投资管理	筹资、结算、财务、会计等
		4.4 信息管理	信息收集、整理、传递、储存
		4.5 合同管理	合同规划、执行、变更、终结
		4.6 进度管理	计划、执行、控制、调整
		4.7 质量管理	规划、检查、纠偏
		4.8 安全管理	规划、检查、纠偏
		4.9 风险管理	认识、判断、应对
	5. 生活服务	食堂服务、体育锻炼、娱乐休闲、购物服务等	
	6. 综合接待	会务、住宿、交通等服务	
	7. 技术咨询	专题技术咨询、专家综合技术咨询等	
	8. 科研试验	结构模型试验、建筑材料试验、岩土力学试验等	
	9. 物资设备供应	物资、设备、建筑材料采购及转运、储存、供应等	
	10. 工程设计	水工、施工、机电、金结、监测、交通、控制设计	
	11. 工程监理	监理规划、大纲、监理资源投入、监理报告等	
	12. 治安保卫	设施装备、人员培训、与地方政府联系等	
	13. 项目成果检测	检测计划、检测资料整理、分析、检测报告等	
	14. 工程验收	验收实物准备、验收资料准备、验收报告评审等	

2.4 工程项目管理组织的类型与选择

"工程项目管理组织"是指业主或业主委托的负责整个工程项目管理工作的组

织，包括工程指挥部、项目公司、项目管理单位、代建单位等，本节主要探讨工程项目管理组织的类型与选择问题。

2.4.1 项目管理组织的主要类型

(1) 工程指挥部式组织

工程指挥部式组织由政府主管部门牵头，组织建设单位、设计单位、施工单位针对具体项目成立指挥部、筹建处、办公室等，把管理建设项目的职能与管理生产项目的职能分开，工程指挥部负责建设期间的设计、采购、施工管理。项目建成后移交给生产管理机构负责运营，工程指挥部即完成使命。从1965年至1984年间，许多大、中型项目的建设，都采用了工程指挥部的方式。

这种组织形式，在行使建设单位职能时有较大的权威性，决策、指挥直接，可以依靠行政手段协调各方面关系，调配项目建设所需要的设计单位、施工队伍和材料、设备等，在特定的经济和政治条件下，发挥了积极作用，一批关系国计民生的基础项目及"三线"建设等，都是在指挥部模式下建成的，为我国的经济发展奠定了基础。但该模式的主要缺陷在于，指挥部是临时组建的，缺乏建设管理经验和手段，形成"只有一次教训，没有二次经验"的局面。

虽然工程指挥部模式是行政管理的方式，许多方面不能符合市场经济的规律，然而其对项目实施过程中所出现的相互协作配合问题的解决具有决策快、效率高的特点。因此，目前在我国大型工程项目建设中，工程指挥部仍然被采用。该模式的组织结构，如图2-1所示。

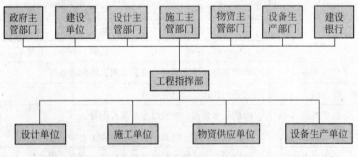

图2-1 工程指挥部式组织

(2) 项目公司式组织

项目公司是适应社会主义市场经济体制的一种新型组织，是指在项目建设阶段设立相关的项目公司，由项目公司负责策划项目、筹措资金、组织建设实施、生产经营、偿还债务和资产保值。其主要职责为：组建项目公司在现场的建设管理机构，编制工程建设计划和建设资金计划，对工程质量、进度、资金等进行管理，协调项目的外部关系，对项目的筹划筹资、人事任免、招标投标、建设实施直至生产经营、债务偿还、资产保值增值，实行全过程管理，并按照国家有关规定享有充分的法人自主权。其相应的组织如图2-2所示。

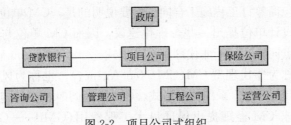

图 2-2 项目公司式组织

(3) CM 式组织

CM (Construction Management)直接译成中文为"施工管理"或"建设管理"。但是，这两个概念在我国均有其明确的内涵，显然不宜这样直译。有鉴于此，我国有些学者将其翻译为建设工程管理。但从中文的词义来看，"建设工程管理"的内涵很宽，难以准确反映 CM 模式的含义，故直接用其英文字母缩写表示。

CM 组织采用快速路径法，即 Fast-Track Method，又称为阶段施工法（Phased Construction Method），从建设工程的开始阶段就雇用具有施工经验的 CM 单位（或 CM 经理）参与到建设工程实施过程中来，以便为设计人员提供施工方面的建议且随后负责管理施工过程。这种安排的目的是将建设工程的实施作为一个完整的过程来对待，并同时考虑设计和施工的因素，力求使建设工程在尽可能短的时间内、以尽可能经济的费用和满足要求的质量建成并投入使用。

CM 组织的出发点是为了缩短工程建设工期。它的基本思想是通过采用"Fast-Track"快速路径法的生产组织方式，即设计一部分、招标一部分、施工一部分的方法，实现设计与施工的充分搭接，以缩短整个建设工期。这种模式与过去那种设计图纸全都完成之后才进行招标的连续建设生产模式不同。CM 模式的组织结构，如图 2-3、图 2-4 所示，常用的两种形式如下：

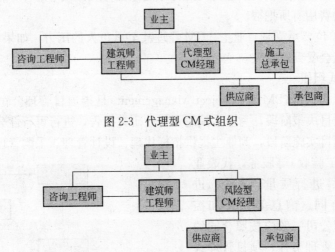

图 2-3 代理型 CM 式组织

图 2-4 风险型 CM 式组织

第一种形式为代理型 CM("Agency" CM)。在此种模式下，CM 经理是业主的咨询和代理，业主和 CM 经理的服务合同规定费用是固定酬金加管理费。业主在各施工阶段和承包商签订工程施工合同。需要说明的是，CM 单位对设计单位没有指令权，只能向设计单位提出一些合理化建议，因而 CM 单位与设计单位之间是协调关系。这一点同样适用于非代理型 CM 模式。

第二种形式称为非代理型 CM(CM/Non-Agency)，也称为风险型建筑工程管理("AT-Risk" CM)方式。采用这种形式，CM 经理同时也担任施工总承包商的角色，一般业主要求 CM 经理提出保证最大工程费用（GMP——Guaranteed Maximum Price），以保证业主的投资控制。如最后结算超过 GMP，则由 CM 公司赔偿；如低于 GMP，则节约的投资归业主所有，但 CM 公司由于额外承担了保证施工成本风险，因而能够得到额外的收入。

CM 组织的主要优点是：

1) 设计的"可施工性"好，施工效率高。这是由于承包人在项目初期（在设计阶段）就任命了 CM 项目经理，他可以在此阶段充分地发挥自己的施工经验和管理技能，协同设计班子的其他专业人员一起做好设计工作，提高设计质量。

2) 由于设计施工等环节的合理搭接，节省了时间，因此，工期缩短。这是由于设计和施工的平行作业而产生的。

3) 一旦设计得到业主的同意和地方政府的审批，就可以开工，因此施工工作可以提前进行。

4) 减少了设计方和施工方的对立，改善了交流渠道，提高了效率。

5) 项目可以提前完工，业主可以提前营运并收回投资。

6) 在 CM 式组织中，实现了业主对项目的直接控制。

CM 组织的缺点在于：

1) 风险较大，因为在招投标选择承包人时，项目费用的估计并不完全准确。这都是由于各工作的搭接而引起的，业主不能像在传统方式中那样，在设计时就对整个和局部的费用有所把握。

2) 设计单位要承受来自业主、CM 经理甚至承包人的压力，如果协调得不好，设计质量可能会受到影响。

(4) PM 式组织

项目管理式组织（PM——Project Management）是指项目管理公司按照合同约定，在工程项目决策阶段，为业主编制可行性研究报告，进行可行性分析和项目策划；在工程项目实施阶段，为业主提供招标代理、设计管理、采购管理、施工管理和试运行（竣工验收）等服务，代表业主对工程项目进行质量、安全、进度、费用、合同、信息等管理和控制。项目管理公司一般应按照合同约定承担相应的管理责任。项目管理式组织中的各方关系，如图2-5 所示。

(5) PMC 式组织

项目管理承包（PMC——Project

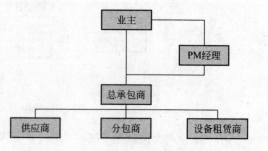

图 2-5 项目管理式组织

Management Contractor)是指项目管理承包商代表业主对工程项目进行全过程、全方位的项目管理，包括进行工程的整体规划、项目定义、工程招标、选择设计、采购、施工、试运行，并对过程进行全面管理，一般不直接参与项目的设计、采购、施工和试运行等阶段的具体工作。

PMC 的费用一般按"工时费用＋利润＋奖励"的方式计取。PMC 是业主机构的延伸，从定义阶段到投产全过程的总体规划和计划的执行对业主负责，与业主的目标和利益保持一致。其组织结构，如图 2-6 所示。

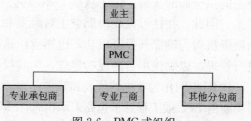

图 2-6　PMC 式组织

对大型项目而言，由于工程项目组织比较复杂，管理难度大，需要整体协调的工作比较多，业主往往选择 PMC 承包商进行项目管理承包。作为 PMC 承包商，一般更注重根据自身经验，以系统与组织运作的手段，对项目进行全方位管理。比如，有效地完成项目前期阶段的准备工作；协助业主获得项目融资；对参与项目的众多承包商和供应商进行管理，确保一致性和互动性，力求项目整个生命周期内的总成本最低。

根据 PMC 组织的工作范围，一般可分为三种类型：

1) 代表业主管理项目，同时还承担一些界外及公用设施的设计—采购—施工(EPC)工作。这种工作方式对 PMC 组织来说，风险高，相应的利润、回报也较高。

2) 作为业主管理队伍的延伸，管理 EPC 承包商而不承担任何 EPC 工作。这种 PMC 模式相应的风险和回报都较上一类低。

3) 作为业主的顾问，对项目进行监督、检查，并将未完工作及时向业主汇报。这种 PMC 模式风险最低，接近于零，但回报也低。

与其他工程项目组织相比，PMC 组织形式主要具备以下几点优势：

1) 有助于提高建设期整个项目管理的水平，确保项目成功建成

业主选择的 PMC 公司大都是国内外知名的工程公司，有着丰富的项目管理经验和多年从事 PMC 的背景，其技术实力和管理均达到很高的水平。

2) 有利于节省项目投资

业主在和 PMC 组织签订的合同中大都有节约投资给予相应比例奖励的规定，PMC 组织一般会在确保项目质量、工期等目标完成的前提下，尽量为业主节约投资。PMC 组织一般从设计开始到试运行为止全面介入进行项目管理，从基础设计开始，他们就可以本着节约的方针进行控制，从而降低项目采购、施工费用，以达到节省投资的目的。

3) 有利于精简业主建设期管理机构

对于超大型项目，业主如选用工程指挥部进行管理，势必需要组建一个人数众多、组织机构复杂的指挥部，而且项目完成后如何对这些人员进行安置也是令业主较为头疼的问题。而 PMC 组织和业主之间是一种合同雇佣关系，在工程建设期间，PMC 组织会针对项目特点组成合适的组织机构协助业主进行工作，业主仅需

保留很少的人员管理项目，从而使业主精简了机构。

4) 有利于业主取得融资

除了日常的项目管理工作外，PMC组织还会在项目融资、出口信贷等方面对业主提供全面的支持。由于从事PMC的公司对国际融资机构及出口信贷机构较为熟悉，因此，往往可以在协助业主对融资和出口信贷机构的选择上发挥重要作用，而融资机构为确保其投资成功，也愿意由这些从事PMC的工程公司来对项目建设进行管理，以确保项目的成功建成，为其投资收益的实现提供保障。

PMC组织作为业主的代表和延伸，主要负责项目的全面管理工作，当具体的项目实施由EPC或工程总承包商来承担时，PMC组织不要过多地干涉总承包商的工作。

(6) 代建制式组织

所谓"代建制"是指政府主管部门对政府投资的非经营性建设项目，按照使用单位提出的建设项目功能要求，通过公开招标选定专业的工程建设管理单位，并委托其进行项目可行性研究、环境评估、规划设计、项目报审以及项目施工的招投标和材料设备采购等整个建设过程的管理。

"代建制"是对我国政府投资的非经营性建设项目管理模式进行市场化改革的重要举措。"代建制"含有"代建"和"制度"两重含义："代建"是指投资人将建设项目委托给专业化工程项目管理公司代为建设直至交付使用；"制"是制度，规定在政府投资的公益性建设项目中采用这种项目管理模式。委托代建源于国际上通用的工程项目总承包，但我国的"代建制"中还包括了制度的内涵，是结合国情的一项政府投资项目管理创新。

由政府选择有资质的项目管理公司，全权负责项目建设全过程的组织管理，促使政府投资工程"投资、建设、管理、使用"的职能分离，通过专业化项目管理最终达到控制投资、提高投资效益和管理水平的目的。其组织结构，如图2-7所示。

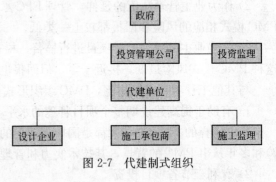

图 2-7 代建制式组织

2.4.2 项目管理组织形式的选择

项目管理组织形式的选择主要与项目的复杂程度、工程成本的早期明确程度、工程项目的建设进度、业主参与工程施工管理活动的程度以及设计人员参与项目管理活动的程度五个方面的因素有关。项目业主应综合考虑和仔细权衡不同组织形式的利弊，选择合适的项目管理组织，并在此基础上设计相应的组织结构。

(1) 项目的复杂程度

对于复杂的工程项目，采用CM组织是最合适的。在CM组织中，施工管理商处于独立地位，与设计或施工均没有利益关系，因此更擅长于组织协调。PMC适合于项目投资额大且包括相当复杂的工艺技术，或由于某种原因业主感到凭借自身的资源和能力难以完成，需要寻找有管理经验的 PMC 组织来代业主完成项目管理的项目。一个项目的投资额越高，项目越复杂且难度越大，就越适宜选择 PMC 组织。

(2) 工程成本的早期明确程度

工程项目的早期成本对大多数业主具有重要的意义，但是由于风险因素的影响，导致工程成本具有不确定性。传统的项目管理模式具有较早的成本明确程度。CM 模式由一系列合同组成，随着工作进展，工程成本逐渐明确，因此，工程开始时一般无法明确工程的最终成本，只有工程项目接近完成时才可能最终明确工程成本。PMC 模式中，合同总价应控制在规定的范围之内。

(3) 工程项目的建设进度

由于传统的项目管理模式在招标前必须完成设计，因此该方式的进度最慢。为了克服进度缓慢的弊端，传统的项目管理方式经常争取让可能中标的承包商尽早进行开工准备，或者设置大量暂设工程量，先于施工图纸进行施工招标。但上述方式的效果并不理想，时常导致问题发生。CM 模式的建设进度最快，能保证工程快速施工，高水平地搭接。PMC 模式中，绝大部分的项目管理工作都由项目管理承包商来承担。PMC 组织作为业主的代表或业主的延伸，帮助业主在项目前期策划、可行性研究、项目定义、计划、融资方案以及设计、采购、施工、试运行等整个实施过程中有效地控制工程进度。

(4) 业主参与施工活动的程度

在项目公司模式中，业主可聘用社会专业力量进行招标、造价咨询等管理工作，参与施工管理活动程度可深可浅。CM 模式中，一般没有施工总承包商，业主与多数承包商直接签订工程承包合同，虽然施工管理商协助业主进行工程施工管理，但业主必须适当介入施工活动。PM 模式中，业主聘请项目管理公司作为顾问，承担部分施工管理工作。PMC 模式中，业主聘请管理承包商作为业主代表或业主的延伸，对项目进行集成化管理。

(5) 设计人员参与工程管理的程度

在传统的项目管理方式中，设计人员参与管理工作的程度较高。CM 模式中，设计工作和工程管理工作彻底分离，设计人员虽然作为项目管理的一个重要参与方，但工程管理的中心是施工管理商，施工管理商要求设计人员在适当时间提供设计文件，配合承包商完成工程建设。PMC 模式中，设计人员在 PMC 组织的组织和安排下，完成基础设计任务，并交由 PMC 组织审查。详细设计可由 PMC 组织选定的总承包商来完成。

案例分析　项目管理组织的选择

某水电开发有限责任公司，成立于 2003 年 6 月，由四家股东出资组建，任务是对某干流水电资源进行开发利用。根据该河段水电规划，将建设一座七级水电站，总装机规模约 53 万 kW，龙头水库具有年调节能力。

该公司在选择工程项目管理模式方面，进行了大量的市场调研和资料查询工作，通过对国际通行模式进行了深入比较后，认为：传统模式各方面应用虽然十分成熟，但水电工程建设周期长，施工图很难一步到位，因此不能采用；CM模式尽管在国外已被广泛应用，但在国内应用很少，只在民用建筑中有过实践，水电工程领域未曾尝试，因此采取了谨慎态度；由于该公司在项目前期的设计咨询能力强大，且有从事水电工程建设监理和咨询的二十多年经验，具备一定的项目管理能力，因此，不必采用PMC模式。

综合分析比较后，该公司选择了项目公司式组织，即组建专门的项目公司，对水电开发工程项目进行专业化管理，同时，采用工程总承包模式，择优选择工程总承包商，以减少业主的管理协调工作量。

2.5 管理职能分工与流程设计

2.5.1 工程项目的管理职能分工

(1) 业主的职责分析

在工程项目管理组织的形式选定以后，就应进行职能分工。一般来说，工程可分为工程筹备期、辅助工程建设期、主体工程建设期、工程竣工验收期。业主在不同时期的主要工作内容和职责如下：

1) 工程筹备期。成立组织机构；完成施工区征地拆迁工作；完成施工场地内的"四通一平"，包括路通、电通、水通、电信通和场地平整；建设施工营地；完成临建设施的施工。

2) 辅助工程建设期。完成进场和场内交通工程、辅助设施等工程的建设。

3) 主体工程建设期。完成工程招标工作，选择合适的施工单位、设备及物资供应商；组织编制施工进度计划，制定各类管理办法，对项目进度、投资、质量、安全、文明施工、环境保护等方面进行管理；对设计、监理单位和施工单位履约情况进行检查，跟踪控制，及时纠偏。

4) 工程竣工验收期。组织设计、监理、施工单位对已完工项目进行验收；督促相关单位编制竣工资料，整理、归档，完成项目竣工验收。

业主在项目管理中的工作重点包括：

1) 目标控制，选择最佳的供货商、施工承包商，进行有效的合同管理。

2) 重点对监理合同执行情况进行检查、纠偏。

3) 建立"项目管理信息系统"，整合所有参建单位管理资源，加快信息传递，提高管理效率。

4) 组织单位工程验收、分项工程和项目竣工验收，以及成果检测和质量评定。

(2) 监理单位的职责分析

推行建设监理制度，需要业主在项目管理过程中与监理单位合理分配管理权限和管理范围，充分发挥监理单位在选择承包商、设计审查、施工过程质量、进度、安全、投资控制、现场管理、信息资料收集，组织项目单元工程验收、单位工程验收、竣工验收等方面的专业服务和管理作用。

例如在"小业主、大监理"的管理模式下，要求业主的项目管理组织机构精简、干练，抓好并解决宏观性、主导性的工作。根据工程需要聘请实力强、管理经验丰富的监理单位，对项目工程造价、进度、质量、安全、文明施工、信息管理、环境保护等方面实施过程控制，协助业主解决与施工单位间的合同纠纷等具体的工作。业主重点抓好影响投资、进度、质量的关键环节，协调外部关系；监理单位负责施工过程中的具体生产管理环节、过程控制环节。

在这种情况下，监理单位依据监理合同，主动、积极地参与管理，履行监理合同义务，其主要工作内容包括：提前做好各标段接口部位施工的施工准备、组织协调，做好设计单位和设备供应商在设计接口部位的组织协调，使各参建单位的工作界面清晰、职责明确，充分考虑接口处的衔接与配合，减少施工过程中的管理真空、盲点区域，有效避免施工单位之间的推诿扯皮现象；紧紧围绕业主确定的一级网络进度计划，要求施工单位编制所承担项目的总体二级网络计划、年度计划、月度计划和周计划，在施工过程中，实际进度与目标计划有偏差时，及时预警、调整优化，确保总体目标不变；加强现场工程量签证管理，以设计图纸工程量为计量依据，根据现场施工实际发生情况及时、准确签证计量，并建立工程量管理台账，做到动态管理；坚持事前预控的原则，将质量控制总体目标分解到每一个专业监理范围和每一个单位、分部、分项工程中，使质量目标具体化；严格审查施工单位的质量管理体系、技术管理体系；结合质量控制计划、验收制度、现场巡检等制度将质量管理落到实处；对现场安全进行管理，要求施工单位做到认识、机构、制度、措施、活动五到位；对设计成果进行控制，组织相关专业技术人员对设计文件进行审查，向施工单位发放设计文件，并组织设计交底；督促施工单位严格按照施工合同投入施工资源，保证施工进度、质量受控；根据现场施工情况，协调业主解决施工合同变更；要求施工单位规范施工管理，确保施工现场整洁、有序；根据施工实际进展情况，及时向业主提供相关信息、资料，编制相关的专题管理报告等等。

(3) 各参建单位的职责分析

根据某水电工程项目结构分解的内容，业主及各参建单位的职责分工，如表2-2所示。

某水电工程各参建单位主要职责分析表　　　　　　　　表2-2

第二层	第三层	第四层	主要责任单位
1. 主体建筑设施施工	1.1 挡水建筑物施工	1.1.1 土建工程施工	施工单位、监理
		1.1.2 金属结构施工	施工单位、监理
		1.1.3 机电设备施工	施工单位、监理

续表

第二层	第三层		第四层	主要责任单位
1. 主体建筑设施施工	1.2	泄水建筑物施工	土建、金结、机设施工	施工单位、监理
	1.3	通航建筑物施工	土建、金结、机设施工	施工单位、监理
	1.4	引水建筑物施工	土建、金结、机设施工	施工单位、监理
	1.5	发电系统施工	土建、金结、机设施工	施工单位、监理
	1.6	尾水系统施工	土建、金结、机设施工	施工单位、监理
	1.7	输变电系统施工	土建、金结、机设施工	施工单位、监理
2. 辅助建筑设施施工	2.1	临时道路设施施工	土建施工	施工单位、监理
	2.2	挡排水建筑物施工	土建施工	施工单位、监理
	2.3	导流建筑物施工	土建、金结、机设施工	施工单位、监理
	2.4	截流建筑物施工	土建施工	施工单位、监理
	2.5	砂石生产系统	土建、金结、机设施工	施工单位、监理
	2.6	混凝土生产系统	土建、金结、机设施工	施工单位、监理
	2.7	综合加工系统	土建、金结、机设施工	施工单位、监理
3. 临时建筑设施施工	3.1	供水设施	土建、机设施工	施工单位、监理
	3.2	供电设施	土建、机设施工	施工单位、监理
	3.3	通信设施	土建、金结、机设施工	施工单位、监理
	3.4	生活办公设施	土建、金结、机设施工	施工单位、监理
	3.5	环境保护设施	土建、金结、机设施工	施工单位、监理
4. 项目管理	4.1	范围管理	项目启动、规划、确定、变更	业主、参建单位
	4.2	综合事务管理	组织管理、监理管理、协调	业主、参建单位
	4.3	投资管理	筹资、结算、财务、会计等	业主、参建单位
	4.4	信息管理	信息收集、整理、传递、储存	业主、参建单位
	4.5	合同管理	合同规划、执行、变更、终结	业主、参建单位
	4.6	进度管理	计划、执行、控制、调整	业主、参建单位
	4.7	质量管理	规划、检查、纠偏	业主、参建单位
	4.8	安全管理	规划、检查、纠偏	业主、参建单位
	4.9	风险管理	认识、判断、应对	业主、参建单位
5. 生活服务	食堂服务、体育锻炼、娱乐休闲、购物服务等			业主、参建单位
6. 综合接待	会务、住宿、交通等服务			业主、参建单位
7. 技术咨询	专题技术咨询、专家综合技术咨询等			业主、参建单位
8. 科研试验	结构模型试验、建筑材料试验、岩土力学试验等			业主、参建单位
9. 物资设备供应	物资、设备、建筑材料采购及转运、储存、供应等			业主、参建单位
10. 工程设计	水工、施工、机电、金结、监测、交通、控制设计			设计单位
11. 工程监理	监理规划、大纲，监理资源投入，监理报告等			监理单位

续表

第二层	第三层	第四层	主要责任单位
12. 治安保卫	设施装备、人员培训、与地方政府联系等		业主、参建单位
13. 项目成果检测	检测计划，检测资料整理、分析，检测报告等		业主、参建单位
14. 工程验收	验收实物准备、验收资料准备、验收报告评审等		业主、参建单位

从上述分析中可以看出，业主项目管理重点是协调外部关系，对项目进行宏观控制、检查、纠偏及成果验收。监理单位对施工过程具体环节进行控制、检查、整改落实及组织各阶段验收。施工单位则对具体项目的实施环节进行管理，包括：施工组织准备、技术准备、施工生产和竣工交验等方面的管理工作。

2.5.2 项目管理流程

(1) 项目管理流程的含义

1) 流程

流程由一系列的活动或事件组成，实质上就是工作的结构，或事物发展的逻辑状况，它包含了事情进行的始末，事情发展变化的经过，既可以是事物发展的时间变动顺序，也可以是事物变化的空间过程。因此，可将流程理解为组织为实现业务的某一特定目的，所采取的一系列有控制的有步骤的活动。

2) 流程的功能

流程具备以下主要功能：

① 实现不同分工活动结果的连接。流程把分别由若干人承担的不同活动，用不同的先后次序连接起来，最终完成特定的产出。否则，各项分工活动的结果将是孤立的，没有实际意义。

② 反映活动间的关系。流程是由一个个活动所组成的系统，可以反映出各个活动之间的逻辑关系。同样的活动，先后次序不同，就可能构成不同的流程。

③ 标明任务完成的时间与阶段性。所有的流程都是不同的活动按一定的时间顺序进行的，因此，各个流程内的活动之间具有时间的先后关系，而某个具体活动的完成也存在着一定的时间性，即各个活动都有一定的时间要求。也可以说，在流程内，各活动都有起始时间、各阶段的先后关系与各阶段的总耗时间。

④ 界定活动的相关人员的关系。任何活动都有一定的承担者，或是个体或是群体。按照"责、权、利"相统一的原则，能够明确活动的执行者、活动结果的接受者，并清晰地界定他们彼此之间的关系。流程的连接性贯穿了组织中的不同部门，不同岗位；流程的逻辑性决定了流程中各项活动的先后次序；流程的层次性使高层管理人员可以从战略角度去看待流程，中层管理人员可以从运作角度去分析流程，基层员工可以从操作角度去优化流程。

3) 管理流程

从组织活动性质的角度理解，业务流程包含了专业的作业流程和管理流程。作业流程输入的是材料、人力、设备等资源，输出的是工程实体（如完工的某单体工程或分部分项工程）。其流程规则的制定主要由施工承建单位完成。项目管理流程是将上千、上万个工程管理活动归纳成有序的、高效的、经济的实施过程，反映了项目管理活动的特点，将实施建设项目管理所需的信息流和物质流有机地结合，保证各专业工程实施和各部门之间有利的、合理的协调。流程输入的是进行某项职能管理所需的信息，输出的是管理成果，诸如在进度计划的控制中，输入进度计划及实际进度计划，进行对比分析后，输出的是进度滞后还是提前的信息，从而采取相应措施。流程规则的制定主要由项目管理组织完成，本书中所讨论的流程主要是指管理流程。

工程项目管理是依托于某种项目管理组织进行的，但无论建立何种项目管理组织，其根本的一点是应该建立适合于工程项目组织及项目规模特点的一套管理流程。流程与项目一样需要有计划、有组织，在实施过程中及时评价，并对流程进行严格控制。当然，流程不是一成不变的，它会随着项目的进展情况、周围的环境状况、人员的变动情况等发生一系列的变化，但其最终目的仍然是有效地实现项目目标。

项目管理组织之所以要建立各阶段、各管理过程的相应的流程，主要与我国基本建设程序有关。按照现行规定，一般大中型工程项目都要遵循一定的基本建设程序，大致可以分为以下几个阶段：

① 根据国民经济和社会发展长远规划，结合行业和地区发展规划的要求，提出项目建议书。
② 编制可行性研究报告，根据咨询评估情况，对建设项目进行决策。
③ 根据可行性研究报告，编制勘察设计文件。
④ 初步设计批准后，做好施工准备工作。
⑤ 组织施工安装。
⑥ 做好生产或动用前的准备工作。
⑦ 建设项目竣工完成，投料试车投入使用。
⑧ 建设项目后评价。

建设项目的每一个阶段都以可交付成果的完成为标志。如可行性研究阶段要通过市场调研、环境分析最终提出可行性研究报告，勘察阶段提供勘察成果报告，设计阶段要交付设计文件资料。建设项目的一次性决定其工程项目组织也是临时的，项目人员经常流动，而项目仍要进行，这就需要建立完善的管理流程，并编制相应的岗位职责，确保每一环节都能按计划进行，信息资料不因人员的流失而流失，所做的一切工作按流程及必要的成果以文档的形式留存。

(2) 项目管理流程体系的构建

为了保证工程项目的成功实施，必须建立一套高效的管理流程体系，而科学的流程体系应该满足以下两个条件：第一，流程同步，指流程应具备在质量、数量、时间等方面准确满足建设项目目标实现的能力。第二，流程高效，是用总的流程成本来计算，理想水平是用尽可能低的成本来保证项目信息流、资金流、物资流的运转。管理流程设计的主要内容有：工作任务分解、相关管理业务分析、构建管理流程责任分配矩阵、绘制各级管理流程图等。

按照管理职能的划分，可建立工程项目的管理流程体系，如表2-3所示。其中质量控制、进度控制、安全管理、技术管理等流程，如图2-8～图2-11所示。

工程项目管理流程体系　　　　　　　表2-3

质量和安全管理流程	质量计划流程	质量体系流程
	质量控制流程	质量评定流程
		质量事故处理流程
		竣工验收流程
	安全管理流程	现场安全控制流程
进度管理流程	进度计划流程	总体进度计划编制流程
		阶段计划编制流程
		进度计划审批流程
	进度控制流程	进度计划控制流程
		进度计划变更流程
		工程进度统计与分析流程
投资管理流程	资金计划流程	投资计划编制流程
		项目概算预算编制流程
		项目工程量清单编制流程
	投资控制流程	计量支付流程
		变更管理流程
		统计与分析流程
合同管理流程	合同签订流程	合同申请审核流程
	合同履约流程	合同变更流程
		合同索赔流程
		合同进程管理流程
	合同终止流程	合同中止、终止流程
招标投标管理流程	招标管理流程	招标计划编制流程
		资审文件编制及资审管理流程
		招标文件编制流程
	投标管理流程	投标、开标管理流程
		评标管理流程
行政事务管理流程	人事管理流程	人员招聘与调入管理流程
		工作考核流程
	文件与档案管理流程	发文与印文流程
		公文审批承办流程
		档案管理流程
	日常事务管理流程	固定资产管理流程
		办公用品管理流程
	后勤事务管理流程	车辆使用管理流程

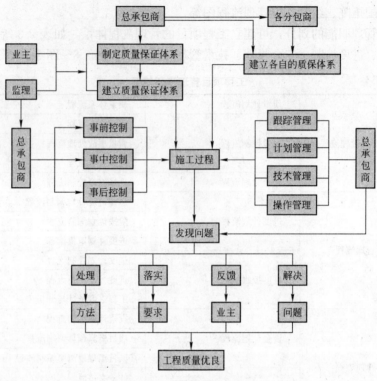

图 2-8 工程质量控制流程

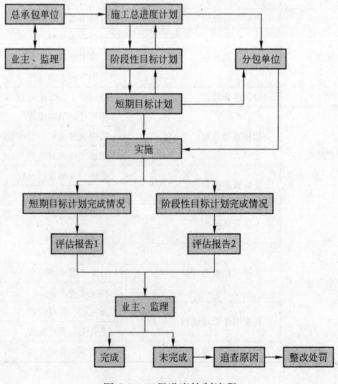

图 2-9 工程进度控制流程

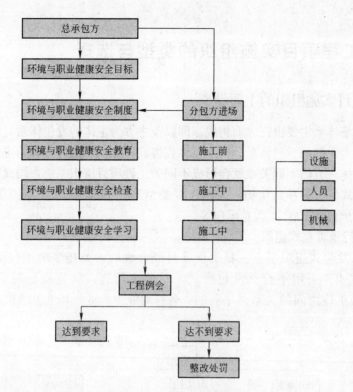

图 2-10 工程安全管理流程

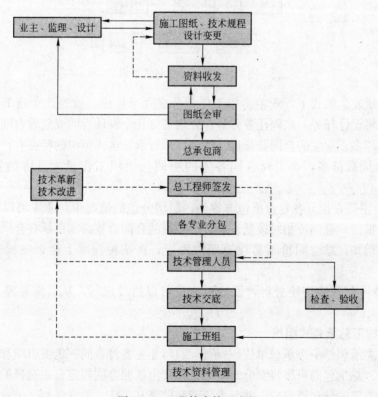

图 2-11 工程技术管理流程

2.6 工程项目实施组织的类型与选择

2.6.1 项目实施组织的主要类型

建筑市场体系主要由三方面构成，即以业主方为主体的发包体系，以设计、施工、供货方为主体的承包体系，以及以工程咨询、评估、监理方等为主体的咨询体系。市场主体三方的不同关系就会形成不同的工程项目组织系统，构成不同的项目实施组织方式。工程项目实施组织的主要类型有：平行承发包，施工总承包，设计—施工总承包和EPC工程总承包等。

(1) 平行承发包式组织

平行承发包式组织是业主将工程项目经分解后，委托多个承包单位分别进行建造的方式。采用平行承发包模式，对业主而言，将直接面对多个施工单位，而这些单位之间的关系是平行的，各自对业主负责。其组织结构，如图2-12所示。

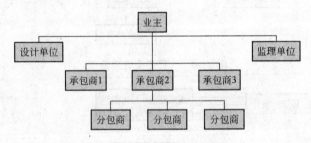

图2-12 平行承发包式组织

平行承发包模式下，业主将施工任务分成几个标段，就签几个施工合同。同样，也可将设计任务、监理任务分解，分别签订几个设计合同或监理合同。工程任务分解得越多，业主的合同数量也就越多。平行承发包式组织的特点有：

1) 合同数量多，业主对合同各方的协调与组织工作量大，协调管理比较困难。

2) 业主是直接与各专业承包方签约，层层分包的情况少，业主可以得到较有竞争力的报价，合同价相对较低。但整个工程的合同价款必须在所有合同全部签订以后才能得知，总合同价不易在短期内确定，在某种程度上会影响投资控制的实施。

3) 经过合理的切块分解，设计与施工可以搭接进行，从而缩短整个项目的工期。

(2) 施工总承包式组织

施工总承包是一个承包单位（总承包商）与业主签订合同，负责组织和实施全部施工任务。总承包商可以将部分专业性工作交由按照合同规定自主选择的分包商完成，或由指定的分包商完成，并负责协调和监督其工作。通常情形下，业主仅与总承包商发生直接的关系。其组织结构，如图 2-13 所示。

图 2-13　施工总承包式组织

施工总承包式组织是一种基于施工图已经完成，投标报价相对明确的组织形式，有利于减少业主的投资风险。施工总承包式组织加强了对各分包商的组织协调和管理，减少了业主合同管理的工作量。

(3) 设计—施工总承包(DB)式组织

设计—施工总承包式组织(Design-Build)是指由一个总承包商负责工程项目的设计、施工安装全过程的总承包。

这种模式在投标和签订合同时是以总价合同为基础的。总承包商对整个项目的成本负责，采用竞争性招标方式选择设计公司和分包商，当然也可以利用本公司的设计和施工力量完成一部分工程。其组织结构，如图 2-14 所示。

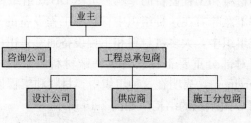

图 2-14　DB 式组织

设计—施工总承包式组织中业主和工程总承包商密切合作，完成项目的规划、设计、成本控制、进度安排等工作，避免了设计和施工的矛盾，可显著降低项目的成本和缩短工期。同时，在选定总承包商时，把设计方案的优劣作为主要的评标因素，可保证业主得到高质量的工程项目。这种模式的特点体现在：

1) 总承包商对业主担负"单点责任"，当工程出现缺陷时，无法推卸责任，业主的利益得到保障。

2) 只要业主不对项目大纲作实质性的修改，在项目之初，就可以估算出总成本。

3) 业主与总承包商直接联系，交流效率大为提高，对业主的指令，总承包商可以更快地作出反应，满足业主的要求。

4) 总承包商负责设计、施工、组织和控制，因此，更有可能开展平行作业，并扩大平行作业的范围。

(4) 设计—采购—施工总承包(EPC)式组织

EPC 为英文 Engineering-Procurement-Construction 的缩写，译为设计—采购—施工总承包。

为了弄清 EPC 式组织与 DB 式组织的区别，有必要从两者英文表述词的分析入手(DB式组织的英文表示为Design-Build)。在这两种组织中，Engineering与Design相对应，Build与Construction相对应。Engineering一词的含义极其丰富，在EPC式组织中，它不仅包括具体的设计工作(Design)，而且可能包括整个建设工程内容的总体策划以及整个工程实施组织管理的策划和具体工作。因此，很难用一个简单的中文词来准确表达这里的Engineering的含义。由此可见，与DB式组织相比，EPC式组织将承包(或服务)的范围进一步向工程的前期延伸，业主只要大致说明一下投资意图和要求，其余工作均由EPC承包单位来完成。

Build与Construction两个英文单词的含义有很多相同之处，翻译为中文时，有时并没有很大的差别。但是，这两个英文词还是有一些细微的区别的。Build与Building(建筑物，通常指房屋建筑)密切相关，而Construction没有直接相关的工程对象词汇。DB式组织一般不特别说明其适用的工程范围，而EPC式组织则特别强调适用于工厂、发电厂、石油开发和基础设施等建设工程。

Procurement译为采购，按世界银行的定义，采购包括工程采购(通常主要是指施工招标)、服务采购和货物采购。但在EPC式组织中，采购主要是指货物采购即材料和工程设备的采购。虽然DB式组织在名称上未出现Procurement一词，但并不意味着在这种组织中材料和工程设备的采购完全由业主掌握。实际上，在DB式组织中，大多数材料和工程设备通常是由项目总承包单位采购的，但业主可能保留对部分重要工程设备和特殊材料的采购权。EPC式组织在名称上突出了Procurement，表明在这种组织中，材料和工程设备的采购完全由EPC承包单位负责。EPC式组织的结构，如图2-15所示。

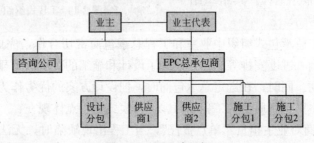

图2-15 EPC式组织

2.6.2 项目实施组织形式的选择

可从以下三方面综合考虑和仔细权衡不同类型组织的利弊，选择适当的项目实施组织类型。

(1) 工程项目的特殊性

1) 工程项目的范围

项目的范围包括项目的起始工作、项目范围的界定与确认、项目范围计划和变更的控制。确定了项目范围也就定义了项目的工作边界，明确了项目的目标和主要交付成果。一般来说，设计—建造模式要求项目的范围明确，并且早在设计阶段，就已经明确了项目的要求；当工程项目的范围不太清楚，并且范围界定是逐渐明确时，比较适合平行发包或施工总承包式组织。

2) 工程的外部环境

工程的外部环境往往给施工带来较大的风险与不确定性，在选择项目实施组织类型时，要将其可能带来的影响考虑进去。如工程地质及自然环境状况；工程资源供应限制条件和供应保障程度：供水，供电，材料的采购，进出的通道等；经济、人文、法律环境等。

3) 技术的复杂程度

技术的复杂程度直接影响施工的难度，对工程造价及工期都会产生影响，有的项目采用新材料、新工艺，风险较高，此时，业主就要考虑如何选择合适的实施组织类型以降低风险。

(2) 业主的要求

1) 业主对风险的态度

随着工程项目的规模不断扩大，技术越来越复杂，项目风险的影响因素也日益复杂多样。业主是否愿意在工程建设中承担较大的风险是影响工程实施组织形式选取的重要因素。

2) 业主对投资估算的要求

业主的投资估算及工程项目的投资总额的确定，有利于业主对项目投资进行预算和控制。很多业主由于资金问题，需要在建设前就确定工程的总投资，此时，选用设计—建造总承包，或设计—采购—施工总承包式组织较为合适。

3) 业主对建设工期的要求

对于项目实施周期长，而工期要求又特别紧的项目，缩短建设周期特别重要。此时，工期就作为选择实施组织类型的主要依据。

(3) 合同双方的情况

1) 业主对项目的管理能力

业主对项目的监督管理能力也是影响选择的重要因素，包括业主对项目实施期的管理，业主的风险管理等。业主若缺乏经验，即使全面介入也会由于经验的缺乏而达不到预期的效果，此时必须依赖承包商的经验与专业性机构选择施工总承包或工程总承包式组织。若业主管理能力较强，则可采用平行承发包式组织。

2) 业主对设计的控制

一些大型项目建成后的使用期长，运营与维护都需要花费大量的精力与费用，此时，业主需要对设计加以控制，方便日后的维护工作。有时，业主希望更富有创造性的或者是独特的外观设计，则需要更多地介入和控制设计工作。而在设计—建造总承包式组织，设计—采购—施工总承包式组织下，业主对设计的要求不易得到满足。

3) 承包商的能力

技术简单、工程量小、易于实施的项目，对承包商的要求较低，有能力承包此项目的承包商较多。但是，如果工程规模大、风险高、技术复杂，就要求承包商有较强的施工与管理能力。如果采用DB或EPC等工程总承包式组织，还要考虑承包商的设计能力。

案例分析　某机场扩建工程的项目组织规划

(1) 工程简介

BT机场扩建工程是省重点建设工程，工程总投资14.5亿元，由民航总局和地方政府共建。工程分为飞行区与航站区两部分，飞行区工程包括新建一条长3600m、全宽75m的跑道；将现有跑道加盖延长，改造为平行滑行道；新扩建停机坪1.76万m^2，配套建设供电、助航灯光、导航、气象等设施。扩建后的机场将成为原来机场的备降场，飞行区等级达到4E级，可供波音747飞机起降，同时保障A380备降。航站区将新建5万m^2航站楼，可满足年吞吐旅客300万人次的使用要求，配套建设停车场、站前广场、消防、供电、供水、供暖等项目。

(2) 工程项目管理组织架构

BT机场扩建工程引入了工程专业化管理的模式，由某专业公司实行项目管理总承包。根据这一管理模式，构建了项目的组织结构体系。总体上，BT机场扩建工程管理组织机构核心部分由4个单位组成：扩建工程领导小组、扩建工程指挥部、项目管理单位、施工监理单位。各组织结构之间关系，如图2-16所示。

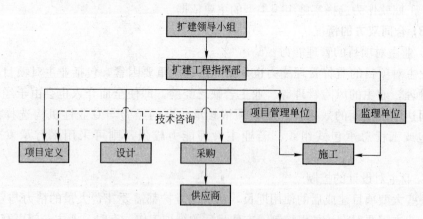

图2-16　BT机场扩建工程项目管理组织架构

各组织在设计、采购及施工阶段，合作关系如下：

1) 在工程前期准备阶段，以指挥部为主开展有关工作，项目管理单位为指挥部提供技术咨询。

2) 在设计阶段，由指挥部与设计单位签订合同并实施管理，项目管理单位提供技术咨询服务并参与设计修改、优化等工作。

3) 在采购阶段，针对具体的采购项目，以指挥部为主、项目管理单位为辅组成采购班子开展工作，采购完成后，由供货商与指挥部签订购货合同。

4) 在施工阶段，指挥部原则上不直接进行施工管理，而由项目管理单位和监理单位共同行使管理和监督职能。项目管理单位和监理单位双方均直接对指挥部负责，互无领导与被领导关系。

(3) 工程项目管理组织职能分工

1) 扩建工程领导小组

扩建工程领导小组是省政府及民航总局对扩建工程实施领导的临时性机构，成立于2004年9月。由副省长担任领导小组组长，民航分管片区管理局及省民航机场集团公司负责人任副组长。成员单位包括发改委、建设厅、财政厅、交通厅、林业局、环保局等职能部门，当地政府，民航分管片区管理局机场处、规划处等单位的负责人。

此机构的设置是我国政府机构对工程建设项目实施领导的常见方法。该领导小组的主要职能包括两方面：一是对工程实施宏观管理；二是充分发挥各成员单位分管业务领域的优势，协助解决项目外围环境的有关事宜，如立项审批、征地、伐林、落实投资、环境影响评估、地震评估等。领导小组的主要工作方式是不定期召开会议，听取扩建工程指挥部关于工程进展情况的汇报，并研究解决工程中遇到的重要问题，对于工程中的具体操作性事宜不予干涉。

2) 扩建工程指挥部

扩建工程指挥部是领导小组的执行机构。指挥部主要职责如下：

① 在扩建工程领导小组的领导下，负责机场扩建工程的具体实施工作。

② 定期向领导小组汇报扩建工程进展情况，负责专题汇报。

③ 负责扩建工程的组织、管理、控制和协调工作，确保工程进度、质量、投资和安全目标的实现。

④ 加强思想政治工作和廉洁自律教育，保证工作顺利进行。

⑤ 完成领导小组交办的与扩建工程有关的其他工作。

3) 项目管理单位项目部

项目管理总承包单位根据此工程实际组建了"某某公司BT机场扩建工程项目部"（以下简称"项目部"）。根据该公司与扩建工程指挥部的合同约定，项目部具有以下职责：

① 协助指挥部进行航站楼方案招标、可行性研究报批和初步设计工作，组织初步设计及施工图审查，对工程的安全、质量、进度及合同资金的使用全面负责。

② 编制项目管理计划，编制工程施工总进度计划、设备材料采购计划、资金使用计划和施工总组织方案报指挥部批准后组织实施。审批具体施工单位的施工组织设计。

③ 按照招投标法和民航建设主管部门的有关规定及省的相关规定，编制工程招标文件送指挥部和民航主管部门或省建设部门审批，并在批准后组织工程和设备

采购的招标和评标,对各施工单位进行管理。设备选型需满足甲方按审定设计提出的技术要求。

④ 组织与实施设备和材料的采购,负责设备和材料的订货、催交、检验、运输、储存,组织设备的安装、调试,保证产品质量满足指挥部的设计要求。

⑤ 组织实施对项目生产主体工程的施工质量、施工进度、施工安全及施工现场的监督管理和造价管理,及时发现与纠正质量和安全问题,适时调整施工进度,根据工程合同和实际进度情况将工程款及时拨付给施工单位。

⑥ 按照BT机场有关空防和飞行安全的规定,制定不停航施工现场安全保卫措施报指挥部批准后组织实施。对施工所涉及的机场安全、正常生产、专机保障和应急救援等重大事件,项目部服从指挥部的协调和管理。

⑦ 按时通知有关方面参加关键部位隐蔽工程、分部分项工程的验收并做好验收记录,定期向指挥部报告工程进展情况。

⑧ 承担国家竣工验收的组织工作及费用,按国家有关规定进行工程的竣工结算,接受审计部门的竣工结算审计。汇集施工记录、隐蔽工程记录、施工技术资料,工程竣工后按民航和地方档案管理的要求将竣工资料等进行整理并向指挥部整体移交竣工资料。

⑨ 向机场施工现场派管理人员及技术人员,满足施工现场管理要求。

4) 监理单位

监理单位受扩建工程指挥部的委托,对施工单位履行施工承包合同的行为进行监督和管理,工作内容包括投资控制、进度控制、质量控制、安全管理、合同管理、信息管理和组织与协调工作等。主要职责有:

① 对工程建设有关事项,包括工程规模、设计标准、规划设计、生产工艺设计和使用功能要求,向委托人提出建议。

② 对工程设计中的技术问题,按照安全和优化的原则,向设计人提出建议;当发现工程设计不符合国家颁布的建设工程质量标准或设计合同约定的质量标准时,及时向指挥部汇报并要求设计单位更正。

③ 审批工程施工组织设计和技术方案,按照保质保量、保工期和降低成本的原则,向承包人提出建议,并向指挥部报告。

④ 主持工程建设有关协作单位进行组织协调。

⑤ 对工程使用的材料和施工质量进行检验。对于不符合设计要求和合同约定及国家质量标准的材料、构配件、设备,有权通知承包人停止使用;对于不符合规范和质量标准的程序、分部分项工程和不安全施工作业,有权通知承包人停工整改、返工。

⑥ 对工程施工进度进行检查、监督。

⑦ 在施工承包合同约定的工程价格范围内,对工程款支付进行审核和签认。

(4) BT机场扩建工程管理组织分析

1) 特点

BT机场扩建工程所采用的管理组织既非典型的工程指挥部,也非典型的项目管理式组织。此种模式在组织结构形式上呈现如下特点：

① 在机构设置上，表现为业主代表机构、项目管理总承包机构分设，监理与项目管理总承包同时存在。业主组成了专门的代表机构——扩建工程指挥部对工程实施管理，并建立了较为完善的组织机构，配备了各专业工程技术人员、财务人员及后勤保障人员。同时，项目管理公司成立了专门的项目部实施工程管理，同样配备了完整的机构人员。另外，项目管理方与监理单位的关系也和一般情况有所不同。有些工程项目中监理单位向项目管理方负责，即接受项目管理方的领导；也有些项目中由于监理单位实行项目管理，因而监理单位与项目管理单位是一体的。但该机场扩建工程既有项目管理项目部，又聘请两家监理公司，两家监理单位与项目管理单位处于同一结构层次，均直接对业主负责，代表业主对工程实施管理和监督，相互之间不存在领导和被领导的关系。

② 工程管理组织总体运转的核心为业主代表机构（即工程指挥部），而项目日常管理的核心为项目管理项目部。工程指挥部上对领导小组负责，下对项目管理方及各监理单位实施领导，处于整体管理组织的核心和信息传递的枢纽，但在工作的具体实施中主要负责宏观管理，不直接插手工程中的具体事务，不直接对施工单位实施管理，具体管理运作以项目管理项目部为中心进行。

2) 优势

该工程现有组织结构的优势主要表现在如下几个方面：

① 工程专业化管理水平得到提高。工程中大量具体的管理工作交由项目管理单位去做，使专业管理队伍的专业知识和经验得到了充分的发挥，使工程得到了有效的推进。

② 业主的管理压力大大减轻。由直接管理转为间接管理，指挥部的工作量得以大大地减轻。指挥部的工程技术人员除每周参加工程例会、参加重要的阶段性工程验收以及参与一些特殊情况的处理外，其余时间仍可继续从事原岗位工作，这样既不影响业主正常的工作，也省去了业主对在项目建设结束后人员重新安置问题的担忧。

③ 有利于提高工程管理的质量和水平。项目管理单位与监理单位并列，有利于相互制约，提高工程管理的质量和水平。由于监理单位与项目管理机构地位平等，既对工程实施监理，又相互制约，为工程的质量、进度、投资控制上了"双保险"，有利于提高管理的质量。

3) 劣势

该工程管理组织的劣势主要在于：

① 管理层次和环节较多，对决策效率有一定影响。以公文流转程序为例，如果施工现场遇到问题，首先向项目管理项目部汇报，项目管理项目部以文件形式传到指挥部办公室，办公室将文件呈至指挥部领导批阅，批阅后返回办公室，再送至相关职能部门，有关部门研究后提出解决方案报指挥部领导审批，之后返回项目管理项目部，项目管理项目部再传达到施工单位。一个信息从发出到得到回复至少要经过6个环节，其中任何一个环节出现延误都会影响决策的速度。而且由于参与管

理单位较多，许多事都要征得各方同意才能办理。如果各方意见不统一，也会影响决策的速度。

② 业主管理成本较高。由于既设立了工程指挥部，又实行项目管理总承包，还聘请了专业监理公司，指挥部既要支付指挥部人员的管理费用，又要支付总承包酬金和监理费用，这无疑加大了工程的管理费用。

③ 管理中容易出现交叉点和空白。由于管理机构多、层次多，且存在横向、纵向之间的合作关系，为职责划分带来较大难度，有些事多头管理，而有些事处于"几不管"区域。

4）克服该组织劣势的解决方案

① 运用先进的理念和技术提高组织效率。指挥部、项目管理单位项目部及其他相关单位都应充分认识层级和环节多对决策造成的影响，采取有力的措施提高决策效率。作为组织结构核心的指挥部，尤其应采取有效手段加快自身的决策效率。如主管领导应"抓大放小"，充分授权。授权是提高组织效率的重要手段。鉴于工程中有大量的工作都是纯技术性或是配合性的，部门领导甚至普通技术人员就可处理，如果指挥部领导充分授权，可使领导从繁忙的日常事务中解脱出来，从而大大提高组织效率。

② 准确定位，科学划分职责，尽力减少工作的交叉点。首先，在指挥部与项目管理单位的关系处理上，指挥部应坚持"充分放权"的原则。既然实行专业化工程管理，就应给予项目管理单位充分的管理权限，并充分尊重项目管理单位在日常管理中的主导地位。指挥部人员除特殊情况外，不要直接向施工单位下达指令，不干涉施工中的具体事务。而项目管理单位应充分承担起自己的责任，克服等、靠思想，真正发挥管理职能。双方应在实践中不断地总结，寻找合作的最佳途径，明确地对各自的责任进行划分和界定，以利于开展工作。其次，在项目管理单位与监理单位的关系上，指挥部应发挥协调作用。由于监理与项目管理单位互无领导关系，当发生争议时，仅依靠双方自身是很难解决的。指挥部应主动发挥调停人和"润滑剂"的作用，促使争议尽快解决。在实践中，指挥部确实发挥了这样的作用。

③ 建立有效的例外事件处理程序。工程中不可避免地出现不可预见的事件，如果缺乏正常的程序，这类问题极容易被搁置、拖延。因此，有必要建立例外事件处理程序，当有特殊情况发生时，立即启动该程序，确定相应的责任人和时间表，使问题得以迅速解决。

④ 倡导建立和谐的组织文化。尽管制度设计是保障组织运作的基础，但任何完善的机制都需要人去执行，只有组织中的人具有良好的合作精神，实现人与人之间的有效合作，才能真正将管理职能落到实处。因此，加强组织文化建设，使每个工程参与者，都有团结、合作的理念，在一种"和谐"的气氛中进行工程建设，才能使工程中遇到的意想不到的困难和问题迎刃而解，而所有的工程参与者都在工程中实现了自身的价值。

思考与讨论

1. 工程项目组织规划的内容与过程是什么?
2. 分析项目结构、工作结构和合同结构的联系与区别。
3. 分析项目管理任务分工和管理职能分工的意义。
4. 业务流程如何进行分类,管理流程与作业流程的区别是什么?
5. 项目管理组织包括哪些类型,如何选择?并举例说明。
6. 项目实施组织包括哪些类型,如何选择?并举例说明。

第3章 工程项目组织结构设计

组织结构设计在项目组织管理工作中的作用，是随着工程项目规模的扩大和业务分工的细化而日益显著的。本章从工程项目组织结构设计的原则、影响因素、设计步骤等方面阐述如何进行工程项目组织结构设计，如何合理设置部门、制定职能职责，以保证工程项目组织高效、有序地运行。

3.1 工程项目组织结构设计概述

生产要素的相互组合是一种不断变化的过程，组织管理也是一个动态的过程，它不但贯穿于管理活动的全过程和所有方面，随着其内部各种因素的变化而变化，而且其本身也是一个系统。就工程项目这种一次性任务的组织而言，客观上同样存在着组织设计、组织运行、组织更新和组织解散的寿命周期，要使组织活动有效地进行，首先需要一个合理的组织结构。

3.1.1 组织结构的内涵及特性

(1) 组织结构的内涵

组织结构是指集合一群人，为了达到共同的目的，通过权责的分配和层次结构的确定所构成的完整的有机体。组织结构的本质是组织成员分工协作的关系，其内涵是职、责、权方面的结构体系，目的在于建立和维持一个适宜的职务结构，即通过职务结构和职权关系的设计和维系，使每个人都了解其在组织中的工作关系和隶属关系，排除由于工作关系混乱和任务不明确给工作造成的障碍，建立一个默契配合的工作环境。简单地说，组织结构就是系统内的组成部分及其相互之间关系的框架，是组织根据目标、任务和规模而采用的各种组织管理架构形式的统称。

任何组织都是由人员、职位、职责、关系、信息等要素按照一定的联结形式排列组合而成的，是由一个个职位或工作部门作为节点连接成的一个系统。组织结构要素就像是构成建筑物的基本素材（如钢筋、水泥、石子、砂、木材等），是组织这座"大厦"的基本构件。人员和职位是两个最基本的要素，是构成组织的"硬件"。根据系统的目标和任务，可以确定岗位和职位，再依据岗位和职位的需要，选择指派合适的人员。职责、关系、信息是组织不可缺少的要素，是构成组织的"软件"。职责是对于相应的职位所赋予的责任，组织的所有职位和岗位都规定有明确的责任。关系是指部门和职位之间的相互关系（如领导和被领导、指挥和被指挥等上下级关系），或是部门间横向的协作配合关系。信息是组织机体中的神经，如果失去信息交流，组织也就瘫痪了。组织内信息的表现形式一般是指令、计划、文件、数据和信号等。

组织结构设计涉及组织结构形式的选择、管理幅度的确定、组织层次的划分、工作部门的设置、管理权限和责任的分配方式和认定、管理职能的设置以及组织中各层次各单位之间的联系沟通方式等问题。

组织结构形式一般可用组织结构图来进行描述。组织结构图是一种图式模型，是对组织结构的抽象，是简化了的组织构架模型，如图3-1所示。在矩形框表示工作部门，箭头指向表示上级工作部门对其直接下属工作部门的指令关系。

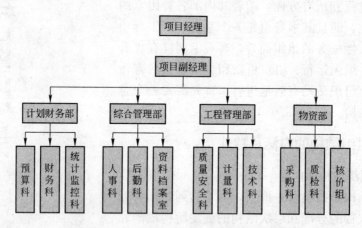

图3-1 工程项目组织结构的基本模式图

(2) 工程项目组织结构的特性

工程项目组织结构的特性包括三个方面：复杂性、规范性、集权与分权性。

1）复杂性

复杂性是指工程项目组织结构内各要素之间的差异性，它由组织任务的分工层次、细致程度决定。组织结构的复杂性一般表现为垂直分化、水平分化、空间分化三个方面。垂直分化是指组织层级的深度或阶数，确立了组织的等级结构和组织中的层次数，它是依据对各种不同职位的作用和规定建立起来的，在不同的层次上地位的差异也是显而易见的。在一个工程项目中，最高指挥层中的项目经理和最低作业层之间存在多个层级，层级数越多，表示工程项目组织结构越复杂。水平分化是指职能部门横向分工的细致程度。如计划财务部、综合管理部、工程管理部、物资部等，水平分工越多，表明组织越需要各种专业知识与技能的人才，分化度越高。空间分化是指组织的实体设施在地区上的分散程度，当空间分化度增大时，组织各部门之间沟通、协调、控制的难度也就加大了，这是工程项目组织的典型特征之一。

2) 规范性

规范性是指使用规则和标准处理方式以规范工作行为的标准化程度。组织的规范性通常以书面形式明确下来，如项目部的规章制度、操作流程等，员工必须去了解和遵守，这样就使从事该工作的员工明确自己该做什么、怎么做，能有效地保障工程项目有序、有效的运转。但是，过分规范化也可能扼杀员工的创造性，甚至可能会影响到员工对工作的态度和工作满意度。

3) 集权性与分权性

集权性与分权性是指决策权的集中程度。由于工程项目组织是为某一特定工程项目而组建的临时机构，工程项目组织成员多来自于或隶属于既有的某个组织，因此，工程项目组织决策权的集中程度体现在两个方面：一方面，工程项目组织的上级组织赋予项目组织全权处理工程项目管理相关事宜的权力，是决策权下放的分权表现；另一方面，由于推行项目经理责任制，在项目组织中，项目经理具有绝对的权威性，这就使决策权相对集中。这种集权与分权相结合的组织结构一方面可以及时对市场变化作出反应，使决策更科学；另一方面充分体现责权利对等的原则。

3.1.2 工程项目组织结构设计的基本原则

在工程项目组织结构设计过程中，应遵循以下基本原则：

(1) 任务目标原则

任务目标原则要求组织结构设计必须有利于工程项目目标的实现。任何一个工程项目的确立，都有其宗旨和目标。因而，工程项目中的每一部分都应该与既定的宗旨和目标相关联。目标层层分解，因目标设事、因事设部门定编制，按编制设岗位定人员，以职责定制度授权力。这样建立起来的组织结构才是一个有机整体，为总目标的实现提供保证。

(2) 统一指挥原则

统一指挥原则要求任何下级只能接受一个上级的指挥，不得受到一个以上的上级直接指挥。上级不得越过直属下级进行指挥（但可越级检查工作），下级也不得越过直属上级接受更高一级的指挥（但可越级反映情况）。这样就会在上下级之间形成一条清晰的指挥链。不应出现多头指挥的情况，否则不利于管理，影响效率。

要保证统一指挥，应该将有关组织全局的重要权力集中在组织的最高管理部门。例如，组织目标、方针、计划、主要规章制度的制定和修改权，组织的人事、财务权等，都必须集中在组织的最高管理层，以保证整个组织活动的协调一致。在实行统一指挥的同时，还必须实行分级管理。所谓分级管理，就是在保证集中统一领导的前提下，建立多层次的管理组织结构，自上而下地逐级授予下级适当的管理权力，并承担相应的责任。

(3) 分工协作原则

分工协作原则要求组织机构的设置要实行专业分工，以利于提高管理工作的质量和效率。在实行专业分工的同时，又要十分重视部门间的协作配合，加强横向协调，以发挥管理的整体效率。

(4) 集权与分权相结合原则

集权与分权相结合原则要求在处理上下管理层次的关系时，必须将把必要的权力集中于上级与把恰当的权力分散到下级正确地结合起来，两者不可偏颇。如果将所有的权力都集中于最高管理层，则会使最高层主管疲于应付琐碎的事务，而忽视工程项目的重大问题；反之，权力过于分散，各部门各把一方，彼此协调困难，不利于整个工程项目实现整体利益。因此，高层主管必须将与下属所承担的职责相应的职权授予他们，调动下层的工作热情和积极性，发挥其聪明才智，同时也能减轻高层主管的工作负担，以利于其集中精力抓大事。需集中的权力要集中，该下放的权力要大胆地分给下级，这样才能增加工程项目组织的灵活性和适应性。

(5) 权责对等原则

权责对等原则要求组织中的每个部门和部门中的每个人员都有责任按照工作目标的要求保质保量地完成工作任务，同时，组织也必须授予与之相适应的管理权力，实现职权与职责对等。职责不像职权那样可以授予下属，它作为一种应该履行的义务是不可以授予别人的。职权应与职责相符，职责不可以大于也不可能小于所授予的职权。

(6) 稳定性与适应性相结合原则

稳定性与适应性相结合原则要求工程项目组织既要有相对的稳定性，不能频繁变动，又要随外部环境及自身需要随时作相应调整。一般来讲，一个工程项目有效运转需要一种相对稳定状态，工程项目成员对各自的职责和任务越熟悉，工作效率就越高。但是外界环境是在变化的，当相对僵化、低效率的组织结构已无法适应外部的变化时，组织结构的调整和变革不可避免，组织的各个部门、部门中的人员可以根据组织内外环境的变化而进行灵活调整与变动，工程项目才会重新充满活力，提高效率。

3.1.3 工程项目组织结构设计的影响因素

组织结构面临着不断变化的外部环境和组织战略的调整。任何组织的管理者都会感觉到管理日趋复杂和能力有限，这就必须考虑到各种因素对工程项目组织结构所产生的影响。一个好的组织结构是根据系统的、动态的观点来思考和设计的，它要求把组织看成是一个与外部环境有着密切联系的开放式系统。因此，工程项目组织结构必须考虑工程项目组织环境、工程项目规模、工程项目组织文化、权力控制、管理模式、实施模式等一系列因素，针对不同的组织特点，设计不同的组织结构。

(1) 工程项目组织环境

组织环境是指存在于组织的边界之外，可能对组织的总体或局部产生影响的所有要素。环境领域可以用 10 个维度来表示，每个维度又有各自的内容，这些维度及内容，如图 3-2 所示。

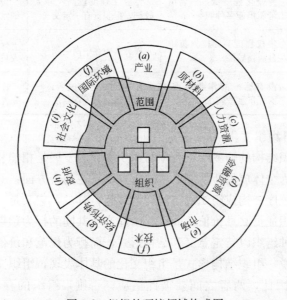

图 3-2　组织的环境领域构成图

(a)相关行业的竞争者、产业规模与竞争性；(b)供应商、制造商、产品及服务；(c)劳动市场、就业机构、大学、培训学校、其他公司的员工、同盟；(d)股票市场、银行、储蓄与贷款、私人投资；(e)顾客、客户、产品和服务的潜在使用者；(f)生产技术、科学研究中心、信息化；(g)衰退与失业率、通货膨胀率、投资与经济成长率；(h)法律与规章、税收、服务、政治性活动；(i)年龄、价值观、信仰、工作伦理、消费者与环境保护；(j)被外国企业收购的竞争、进入海外市场、外国习俗、规章交换率

在工程项目组织结构的设计与选择中，考虑工程项目的组织环境是非常有必要的，工程项目的环境因素直接影响着项目组织，只有更为深入地了解工程项目的组织环境，并对工程项目组织环境的变化保持非常高的敏感度，才能更好地设计工程项目组织结构。

(2) 工程项目的规模

影响组织结构设计的另一个重要因素是工程项目的规模，它直接影响到专业化程度（即部门设置的多少）、管理层次、集权程度、规范化以及人员结构等。一般而言，工程项目的整体规模越大，组织结构就越复杂，管理层级就越多，分权程度就越高。如果工程项目规模较小，工程项目实施采用较为简单的组织结构即可达到目的。工程项目的规模对组织结构的影响，见表 3-1 所列。

工程项目规模大小对组织结构的影响表　　　　　　　　表 3-1

组织结构特征因素	小型工程项目	中型工程项目	大型工程项目
管理层次	少	较多	多
管理幅度	员工较少，管理人员管理幅度较大	员工较多，工作不规范，管理人员管理幅度较小	工作内容清晰明确，管理人员管理幅度较大
专业化程度	专业化程度低，一名员工可能担任多种职务	专业化程度较高，分工较细，但职责有一定交叉	专业化程度高，分工细致
集权程度	集权程度高，权力集中在最高领导层	权力集中在中高层领导	权力分散给中下层管理人员
制度化程度	没有标准的作业流程，书面规章制度较少	作业流程逐步完善，具备基本的书面规章制度	作业流程标准化，具备完善的书面规章制度

(3) 工程项目组织文化

工程项目组织结构的演变与工程项目组织文化的发展是相辅相成的。组织存在的基础是其目标为全体成员所认同，这种认同体现在两个方面：其一，它是一系列形式化的规则或程序，构成组织成员的行为规范；其二，它又是一种共同的价值观模式，表现为组织成员共享价值认同，并由此产生共同的行为预期。正是这两方面的结合赋予了某种组织以特定意义和结构形式，而行为规范和价值观无疑是文化的重要内涵。可以说，组织结构形式是组织文化的具体表现，组织文化是组织结构形式的抽象定义。因此，两者之间要彼此适应，否则，组织的存在就缺少认同与支持。

不同的组织结构形式决定了不同风格的工程项目文化。传统的职能型结构由于其内部相对集权，各职能部门之间职责相对比较清楚，因此，往往强调的是协调统一的文化。项目型结构是一种分权结构，一般子项目部都是独立的利润中心，因此，在这种结构的工程项目组织文化中，除了强调团结协作外，更重要的是强调创新性与差异化，要求各子项目部突出特色，发挥所长。矩阵结构适用于创新工作较多或经营环境复杂多变的组织，本身强调资源的灵活配置，但随之而来的问题是多头领导所带来的矛盾，因此，这类组织体现出的工程项目组织文化是高效协作和学习创新。

工程项目组织结构变革的过程必须要克服"文化惯性"的障碍，使工程项目组织文化适应工程项目组织结构的调整。随着在工程项目发展某一阶段的工程项目组织文化的成熟，工程项目会出现文化层面上的惯性行为。一般来说，工程项目的发展过程越是顺利和成功，其文化观念认识就越容易固化，根深蒂固难以改变，进而产生文化惯性。

组织变革的模式选择与工程项目外部环境变化的程度和趋势、工程项目文化、领导者的权力以及工程项目发展阶段都有关联。拥有开放的工程项目文化以及柔性管理模式的工程项目组织，可以使组织变革更加平滑有效。通过工程项目组织文化的构建把组织变革的思路转变为全体员工的认识，并通过一些制度文化来保证其顺利进行，那么就可以调动员工的积极性，并把员工的个人目标调整到与工程项目的最终目标相一致，顺利完成变革。工程项目组织变革时，往往从结构变革入手，之后进行文化变革，并使组织结构与工程项目文化相互融合，完成由表及里、从外到内的变革过程。换言之，工程项目应通过结构变革来"触发变革"，通过文化变革来"深化变革"，通过结构与文化的融合来"固化变革"，从而完成一个循环上升的变革过程。

(4) 权力控制

组织结构设计是权力分配的过程，应坚持集权和分权相结合的原则，实施统一指挥、分级管理。

在实际工作中，不存在绝对的集权和分权，分权是在组织中有系统地、相对稳定地授权，是授权的延伸。授权侧重于具体的任务，上级为使下级在完成任务的过程中具有灵活性和自主性，授予下级一定的权力，一般在任务完成后，授权就被取消。分权侧重于职权关系，为在整个组织结构中形成合理的职权分配，工程项目最高管理层需要系统地将职权分配到各个管理层次、各个管理职位，使之制度化。分权一般不受某一具体任务完成与否的影响，在持续的时间上具有相对的稳定性。适度、合理的分权可以在保证有效监督、控制的前提下，创造出既能使高层管理者集中精力解决工程项目的重大问题，又有利于提高中、下层管理人员责任感和积极性的环境。

一般情况下，集权与分权程度常以各层次管理者拥有的决策权来衡量：①如果下级只对不太重要的具体事物进行决策，说明集权程度较高；反之，如果较低层次的管理人员参与或进行关系重大、涉及面广的问题的决策，则说明分权程度较高。②上层决策的数目多，表明集权的程度高；下级决策的数目多，表明分权的程度高。③下级在进行决策时，审批手续越复杂，表明集权程度越高；审批手续越简单，表明分权程度越高。

(5) 管理模式

项目管理模式不同，工程项目组织结构也迥然不同。例如，如果业主管理能力强，人员构成合理，其可能以自身的管理为主，将少量的工作交由专业项目管理公司完成，或完全自身完成，此时，业主组织结构较庞大。反之，由于业主自身管理能力较弱，将大量的工作交由专业项目管理公司去完成，采用PM模式、PMC模式，则业主组织结构较简单。

(6) 实施模式

在工程项目实施模式的选择中，针对市场主体各方的关系及实际运用效果，采用平行承发包模式与采用总承包模式之间有着很大的差别，故不同的工程项目实施模式对工程项目组织结构设计产生不同的影响。

实行平行承发包模式，业主在工程管理中的任务量很大，业主机构的规模较大，部门设置复杂，配备人员多。

实行总承包模式（包括施工总承包模式、DB模式、EPC模式），专业公司加入到工程管理体系中，对组织结构设置及运行体系提出了新的要求，随之对组织结构设计也产生了深刻影响。

采用总承包模式后，业主在工程管理中的任务大大减轻，同时，组织结构也将产生一系列的变化。首先，业主代表机构的规模将会明显减小。从理论上讲，在实行EPC模式时，业主甚至可以不设立专门的业主机构，由其所属相关部门直接实施监管即可。其次，业主机构设立的结构层次相应减少，管理幅度适当增大。由于工作性质由组织者变为协调者，工作量减少，人员配备也较少，但基本职能不可缺少，因而部门分工和岗位职责呈现出综合性、多元性的特点。

3.1.4 工程项目组织结构设计的任务

工程项目组织结构设计的任务包括：目标和任务分析、工程项目组织结构形式选择、工作部门设置与职能设计等。各项任务之间是密切相关、相互制约的。

(1) 目标和任务分析

工程项目目标是工程项目组织结构设计的根本目的，是出发点，也是归宿。离开工程项目目标，就会如无源之水，无本之木。工程项目管理组织结构的设计是围绕工程项目的目标以及如何对工程项目实施进行目标控制而确立的。从"一切为了工程项目目标的实现"出发，根据目标设置部门、确定人员、划分层次，因事定岗定职定责，因责授权。其主要工作包括：分解工程项目目标、分析目标的层次性以及目标在各阶段中如何体现。

任务分析是对工程项目合同中确定的工作内容进行分析，对合同和信息进行管理，协调组织内部关系，保证工程项目高效运行。

工程项目的目标与任务分析是组织结构设计的基础性工作，分析是否准确直接影响到后续工作能否顺利进行。

(2) 工程项目组织结构形式选择

由于工程项目规模、性质、建设地点、建设条件等的不同，每个工程项目都有其对应的组织结构，组织结构形式多种多样，每一种都有其优缺点和适用条件，没有一种万能的、最好的组织结构形式。对不同的工程项目，应根据子项目对工程项目整体战略的重要性、工程项目现有的资源、工程项目的复杂程度及其规模、子项目对工程项目的依赖性等因素进行分析、比较，本着适应工程项目工作的需要、有利于控制目标、有利于决策指挥、有利于信息沟通的原则，设计或选择最合适的组织结构形式。

(3) 工作部门设置与职能设计

工作部门的合理设置对发挥组织效率和目标控制是十分重要的，如果部门设置不合理，会造成控制、协调的困难，也会形成人浮于事，浪费人力、物力和财力等不良后果。在选择了与项目相匹配的组织结构形式后，工作部门应根据组织目标和组织任务合理设置，可以按照控制目标划分，也可以按照子项目划分。然后对各部门的职能职责进行设计，并明确各部门之间分工协作的具体流程，进行管理流程设计。

3.2 工程项目组织结构形式的选择

通过工程项目的目标和任务分析，结合各种工程项目组织形式的特点，选择合适的组织结构形式是组织结构设计的关键所在。

3.2.1 目标和任务分析

(1) 工程项目的目标分析

工程项目的总体目标可分解成投资、进度和质量等目标，这些目标又可继续细化和分解。例如，对于质量目标，并不能笼统地提出一个"质量达到合格"或者"质量达到优良"，而应以技术结构为依据，明确其技术要求和质量标准。图3-3是某水利工程的技术目标分解示意图。

在一般工程项目中，需要进行多种技术质检，同样存在这种技术联系，它们或为从属关系，或为并列关系，或为支撑关系等。如图3-3所示，水轮发电机组属于机电设备技术中的一组，水轮机技术和发电机技术是并列关系，而枢纽建筑技术与机电设备技术则是一种技术上的支撑关系。这些技术联系直接反映了技术目标的分解方式，同时也将技术活动进行了合理的分类，成为确定技术人员组成形式的重要依据。

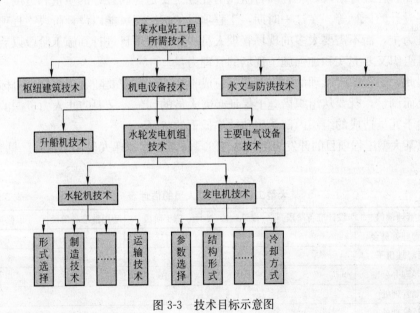

图 3-3　技术目标示意图

(2) 工程项目目标的层次性

工程项目目标的层次性，如图3-4所示。工程项目目标的层次是与工程项目组织的层次相对应的。正因为每一层次有着各自层次的目标，每一层次的组织形式也就各有特点。各种层次的目标构成了整个目标系统，各层次的组织也构成了整个工程项目组织系统，而这一组织系统是建立在相应的目标系统之上的。

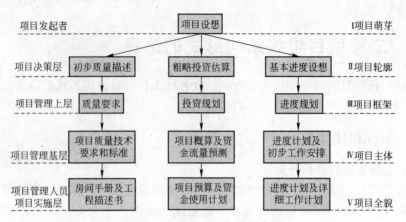

图 3-4　工程项目目标的层次图

(3) 工程项目目标在各阶段的体现

在很多工程项目中，工程项目实施具有明确的阶段性，即每一阶段的工程项目任务具有其独特性质，但各阶段又是相互关联的。工程项目的实施过程可划分为设计准备阶段、设计阶段、施工阶段、动用前准备阶段和保修期等，每一阶段都有具体的目标，是工程项目总目标在各阶段的表现。这时，工程项目管理组织人员的配置在各阶段就有所不同。

例如，在设计阶段，工程项目组织的任务主要是控制设计的质量和进度，同时控制好设计的概算等。在这一时期，工程项目的组织就可能以设计阶段工程项目管理人员为主，而不需要太多的现场管理人员。而工程项目进行到施工阶段以后，工程项目组织又要充实和加强施工现场的管理力量。

因此，工程项目管理的组织并非是一成不变的。它需要随着工程项目目标重心的变化而调整，既要从组织措施上保证必需人员的到位，又要防止人力资源的浪费以及由于冗员造成的组织内部矛盾和效率低下的状况。

以某大型工程项目的开发为例，对各阶段所需工程管理人员作出估计。见表 3-2 所列。

某大型工程项目管理人员的估计表　　　　　表 3-2

项目管理部门	设计准备阶段	设计阶段	施工阶段	动用前准备阶段	保修期
项目管理委员会	5	7	7	5	5
项目经理班子	3	3	3	3	3
项目经理办公室	7	10	10	7	5
规划管理处	3	3			
设计管理处	3	5	3	2	2
施工管理处	2	5	10	10	5
征地拆迁处	5	5			
投资管理处	7	10	10	7	2
合同管理处	2	5	5	2	2
小计	37	53	48	36	24

工程项目组织的任务主要是投资控制、进度控制、质量控制、合同管理、信息管理和组织协调等工作，这些任务在不同部门之间的分工也是随着项目的进展而不断细化和调整的。

以某大型公共工程为例，在工程项目实施的初期，项目管理咨询公司建议把工作任务划分为 26 个大块，针对这 26 个大块任务编制了管理任务分工表（表 3-3），随着工程的进展，任务分工表还将不断深化和细化。任务分工表主要明确哪项任务由哪个工作部门负责主管，另外明确协管部门和配合部门，主管、协管和配合在表中分别用三个不同的符号表示。在任务分工表的每一行中，即每一个任务，都有至少一个主管工作部门。运营部和物业开发部参与工程项目实施的整个过程，而不是在工程竣工时才介入工作。

某大型公共建筑的工作任务划分　　　　　　表 3-3

序号	工作项目	经理室	技术委员会	专家顾问组	办公室	总工程师室	综合部	财务部	计划部	工程部	设备部	运营部	物业管理部
1	人事	★					▲						
2	重大技术审查决策	★	▲	●	●	▲	●	●	●	●	●		●
3	设计管理			●		★			●	▲	▲		
4	技术标准			●		★				▲	▲		
5	科研管理			●		★							
6	行政管理				★	●	●						
7	外事工作			●	★	●							
8	档案管理			●	★	●	●						
9	资金保险						●	★	●				
10	财务管理						●	★					
11	审计						★	●	●				
12	计划管理						●	●	★	▲	▲		
13	合同管理							●	★	▲	▲		
14	招投标管理			●	●				★	▲			
15	工程筹划			●	●					★	●		
16	土建评定项目管理			●	●					★	●		●
17	工程前期工作			●	●			●		★			
18	质量管理			●		▲				★	▲		
19	安全管理				●	●				★	▲		
20	设备选型			▲	●						★	●	
21	设备材料采购							●	●	▲	★		
22	安装工程项目管理				●				●	▲	★	●	

续表

序号	工作项目	经理室	技术委员会	专家顾问组	办公室	总工程师室	综合部	财务部	计划部	工程部	设备部	运营部	物业管理部
23	运营准备			●		●				▲	▲	★	
24	开通、调试、验收			●		▲				▲	★	▲	
25	系统交接			●	●	●	●	●	●	★	★	★	
26	物业开发				●	●	●	●	●	●	●	●	★

注：★—主管 ▲—协管 ●—配合

3.2.2 工程项目组织结构类型

根据工作部门划分和命令指挥关系的不同，工程项目组织结构的基本形式可分为四类：直线制组织结构、职能式组织结构、项目式组织结构和矩阵式组织结构。

(1) 直线制组织结构

直线制组织结构来自军事组织系统，是指按照纵向关系逐级安排责、权的组织方式。在直线制组织结构中，每一个工作部门只有一个指令源，避免了由于矛盾的指令而影响组织系统的运行。但在一个大的组织系统中，由于直线制组织系统的指令路径过长，会造成组织系统运行的困难。

直线制组织结构的特点是上一层的责、权大于下一层，逐级降低，构成一个金字塔状的责权管理系统。在这样的系统中，每个人只对一个上级负责，如图3-5所示。

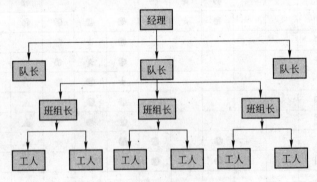

图3-5 直线制组织结构图

直线制组织结构的优点是：权力集中，职权和职责分明，命令统一，信息沟通简捷方便，便于统一指挥，集中管理，相对稳定性较大，易于保持良好的纪律，不易发生责权混乱的现象。

直线制组织结构的缺点是：管理无专业分工，可能导致管理方式死板僵化，工作作风武断；某一位领导人负担过重，而其他人员又无事可做；横向协调联系差，可能有的部门会强调局部目标和局部利益而忽视整体目标与整体利益；也可能因某位领导离职或调离工作岗位而影响整个工作。

因此，直线制组织结构适用于规模较小的现场作业型项目。

(2) 职能式项目组织结构

职能式组织结构是一种传统的组织形式，最显著的特点就是通过将专业技能紧密联系的业务活动归类组合到一个部门内部，可以更有效地开发和使用技能，提高工作的效率。同时，在职能式组织结构中，每一个部门都有不同的技能和职能，以特定的职能来安排人们从事某些特定的活动，从而特别有效地将不同专业力量集中在一起，这样可以使各方的专业技术能力得到增强，也有利于相互交流与学习，更有效地解决本职能领域所遇到的困难。采用职能标准来设计部门，是一种最自然、最方便、最符合逻辑的思维，大多数工程项目都普遍采用这种组织结构形式。

(3) 项目式组织结构

当环境迅速变化时，专业分工和集中管理所带来的问题就显得特别突出。当变化迅速发生时，组织中的人员必须立即作出决策。在基层，从事实际工作的人员对变化最为敏感，因而处于能够迅速作出决策的最佳位置。可是，由于权力的集中，通常的决策必须由远离实际问题的人员作出，等到决策返回时，解决问题的最佳时间已经过去了。因此，需要将决策权下放给现场实际工作的人员，由此就形成了项目式组织结构。

项目式组织结构实际上就是直线型组织结构在工程项目管理中的应用。工程项目团队成员常常作为一个独立的团队，接受子项目经理的完全指挥。项目式组织内部的大部分资源用于该工程项目的工作，子项目经理具有很大的独立性和权限，设置了职能部门的项目式组织结构，如图3-6所示。

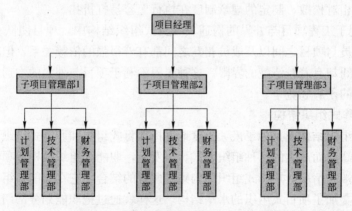

图3-6　设置职能部门的项目式组织结构

1) 项目式组织结构的优点

① 子项目经理对工程项目全权负责。子项目经理可以全身心地投入到工程项目中去，可以像总经理管理公司那样管理整个工程项目，可以调用整个组织内部和外部的资源。子项目组的所有成员直接对该工程项目经理负责，子项目经理是工程项目的真正领导人。

② 沟通途径简洁。子项目经理可以直接与高层管理人员进行沟通，提高了沟通的速度，也避免了沟通中的错误。

③ 成员固定。当存在一系列的类似工程项目时，项目式组织可以保留一部分在某些技术领域具有很好才能的专家作为固定的成员，这种技能储备有利于工程项目的成功。

④ 能够充分发挥团队精神。项目式组织结构中，工程项目的目标是单一的，工程项目成员能够明确理解并集中精力于这一个目标，团队精神能够得以充分发挥。

⑤ 决策速度快。权力的集中使决策的速度得以加快，整个工程项目组织能够对客户的需求和高层管理的意图作出更快的响应。

⑥ 命令协调一致。在项目式组织结构中，每个成员只有一个上司，避免了多重领导、无所适从的局面。

2) 项目式组织结构的缺点

① 资源配置重复。当一个工程项目有多个子项目时，每个子项目都有自己一套独立的班子，这会造成人员、设施、技术及设备等的重复配置。

② 不适于规模小的工程项目。由于项目式组织结构要汇集大量专业人才，不适于规模较小的工程项目。

③ 储备人才所需时间长。为了保证工程项目的需要，项目经理往往需要提前储备一些关键资源，如在某一特殊时期需要储备某些方面的技术专家，而且聘用的时间往往比所需要的时间长，容易造成浪费。

④ 对工程项目成员要求较高。理想的项目团队成员要求是全才，因此对人力资源要求较高。

⑤ 容易造成组织规章制度执行上的不一致性。在相对封闭的工程项目环境中，行政管理上相对松散，制定的规章制度在执行上容易打折扣。

⑥ 不利于工程项目与外界的沟通。项目式组织结构中，项目团队只承担自己的工作，成员与项目之间以及成员相互之间都有着很强的依赖关系，但项目成员与其他部门之间却有着较清楚的界限。这种界限不利于项目与外界的沟通，同时也容易引起不良的矛盾和竞争。

(4) 矩阵式组织结构

矩阵式组织结构正是为了最大限度地发挥项目式组织和职能式组织的优势，尽量避免两者缺陷而产生的一种组织方式。事实上，职能式组织结构和项目式组织结构是两种极端的情况，矩阵式组织结构则是两者的结合，它在职能式组织的垂直层次结构上，叠加了项目式组织的水平结构。这样就通过把职能划分部门和项目划分部门相结合而产生了一种新的组织形式，这样的组织形式既能最大限度地发挥两种组织形式的优势，又在一定程度上避免了两者的缺陷。典型的矩阵式项目组织，如图 3-7 所示。在矩阵式组织结构中，纵向是按管理职能设置的职能部门，实行专业化分工，对职能业务负责；横向是按子项目进行划分，建立对目标总体负责的部门。在这样的组织系统中，存在垂直的权力线与水平的权力线。在矩阵的某一节点上，执行人员既要接受职能部门发出的指令，又要听从横向管理部门做出的工作安排，接受双重领导。

因为存在纵横两大类型的工作部门，矩阵式组织结构的命令源是二维的，有两

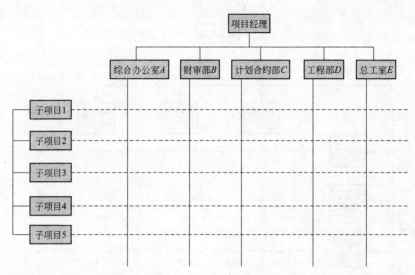

图 3-7 矩阵式项目组织

条指挥线，存在交叉点。因此，在矩阵式组织结构中，纵向管理部门与横向管理部门各自所负责的工作和管理的内容必须明确，要确定某一工作的主体负责部门，即应决定是以纵向管理部门为主还是以横向管理部门为主。否则，容易造成扯皮，产生责任不清、双重指挥的混乱现象。由此可见，矩阵式组织结构的有效运转关键在于两大类型部门的协调。

根据项目经理与部门经理之间的权力分配，矩阵式组织结构可以分为：弱矩阵、平衡矩阵和强矩阵等。其中，实线表示受到该方向的指令为主导，虚线表示受到该方向的指令为辅助。弱矩阵式组织保留了职能式组织的许多特征，子项目经理的角色更类似于协调人或督促人，而不是一位经理，如图 3-8 所示。强矩阵式组织则具有项目式组织的许多特征，全职项目经理和全职的项目行政人员拥有相当大的权限，如图 3-9 所示。而平衡矩阵式组织承认设置项目经理的必要性，但项目经理对于工程项目无完全支配权，如图 3-10 所示。

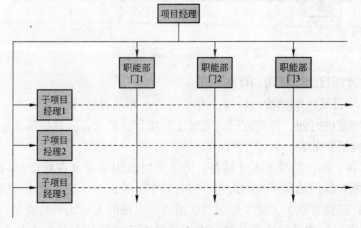

图 3-8 弱矩阵式组织结构

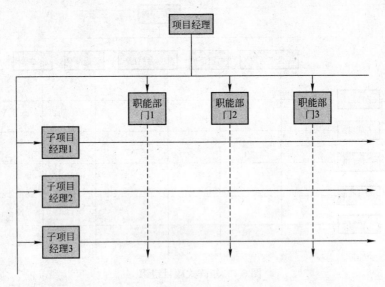

图 3-9　强矩阵式组织结构

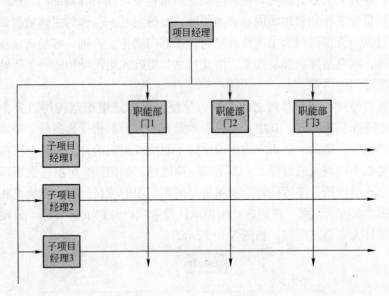

图 3-10　平衡矩阵式组织结构

1) 矩阵式项目组织结构的优点

① 具有项目式组织结构的长处。有专门的人即项目经理负责管理整个工程项目，负责在规定的时间、经费范围内完成工程项目的要求，因此矩阵式组织具有项目式组织结构的长处。

② 分享各个部门的技术人才储备。由于项目组织是覆盖在职能部门上的，它可以临时从职能部门抽调所需的人才。当有多个子项目时，这些人才对所有子项目都是可用的，从而可以大大减少像项目式组织中出现的人员冗余的情况。

③ 减少项目组成员的忧虑。项目组成员对工程项目结束后失去其工作岗位的

忧虑减少了,虽然他们与工程项目具有很强的联系,但他们对职能部门也会有一种"家"的亲密感觉。

④ 对客户的要求能快速反应,对客户要求的响应与项目式组织同样快捷灵活。

⑤ 增加决策层对项目的信任。矩阵式组织的工程项目中会有来自于行政部门的人员,他们会在子项目规章制度的执行过程中保持与工程项目的一致性,可以增加决策层对子项目的信任。

⑥ 平衡资源以保证多个子项目的完成。当有多个项目同时进行时,项目可以平衡资源以保证各个子项目都能完成其各自的进度、费用及质量要求。工程项目可以在人员及进度上统筹安排,优化整个系统的效率。

2) 矩阵式项目组织结构的缺点

① 权力的均衡使工作受到影响。在矩阵式组织中,权力是均衡的。由于没有明确的负责者,工程项目的一些工作就会受到影响。当工程项目成功时,大家往往难免会争抢功劳;当工程项目失败时,则又会逃避责任。

② 容易使项目经理之间产生矛盾。多个子项目在进度、经费和质量方面能够取得平衡,这既是矩阵式组织的优点,又是它的缺点。因为这些子项目必须被当做一个整体仔细地监控,而且资源在项目之间流动容易引起子项目经理之间的争斗,每个子项目经理都更关心自己的工程项目的成功,而不是整个工程项目的目标。

③ 子项目与职能部门的责权利不清。在矩阵式组织中,项目经理主管项目的行政事务,职能部门经理主管项目的技术问题。这种做法说起来简单,但项目经理在执行过程中要将子项目和职能部门的责任及权力分清楚,却十分不易。项目经理必须就各种问题,如资源分配、技术支持及进度等,与部门经理经常进行谈判。这种谈判是经常性的,项目经理的协调能力非常重要,如果项目经理没有很强的能力,那么工程项目的成功就将受到怀疑。

④ 违反了命令单一性的原则。因为项目成员至少有两个上司,即项目经理和部门经理。因此当他们的命令有分歧时,会令人感到左右为难,无所适从。项目成员需要对这种窘境有清楚的认识,否则他会无法适应这种工作环境。

除了上述常见的项目组织结构外,大多数工程项目会在不同层次上采用不同的项目组织结构,形成复合的项目组织结构,在工程项目内部既存在职能式项目组织、矩阵式项目组织,也可能存在项目式项目组织。即使类型基本上属于职能式的组织,也可能建立专门的项目团队来完成重要的工程项目,如为突击关键工程的工期而成立的突击队。这样一个团队可以具有项目式组织中项目团队的许多特征,它可以有从不同职能部门调来的全职工作人员,可以指定自己的一套办事程序,甚至可以不按标准和正规的请示报告系统来开展工作。

3.2.3 工程项目组织结构形式选择的依据

工程项目组织结构的选择受战略目标、资源情况、工程项目的复杂程度和子项目对项目整体的依赖性等因素的影响,因而,在进行组织结构形式的选择时要注意以下要点：

(1) 视子项目对工程项目整体战略的重要性而定

如果工程项目有75%以上的工作是以子项目的形式开展的话，那么该工程项目的组织结构就应该选择完全以项目式为导向的组织结构。因为在项目式组织结构中每个成员都能明确自己的责任；项目经理是项目负责人，避免了沟通中的失真和延误；管理层次相对简单，使决策速度和响应速度提高，对项目费用、质量及进度的控制更加容易。

(2) 视工程项目现有的资源而定

矩阵式结构的优点在于多个子项目和职能部门分享资源，工程项目可以对各子项目所需资源进行总体协调，同时设立正式的子项目领导，保证每个子项目顺利完成。

(3) 视工程项目的复杂程度及其规模而定

针对不确定性较低、技术规范、持续时间短的小项目应该采用职能式组织结构，因为它层次清晰，可以充分利用公司内部资源。而对于环境变化大、技术创新性强的大型工程项目，应该采用项目式组织结构，每个子项目部下设职能部门，进行有效的协调和配合。矩阵式组织结构融合了上述两种组织结构的优点，适用于技术复杂、风险程度较大的大型工程项目。

(4) 视子项目对工程项目的依赖性而定

矩阵式组织结构对公司内、外部的依赖性都较强，因为它不仅要与外部的关系人进行频繁的沟通、协调，还要求内部部门之间密切协作。职能式组织结构对工程项目内部的依赖性较弱，而项目式组织结构却对工程项目内部的依赖性很强。

直线制、职能式、项目式、矩阵式项目组织结构形式各有优劣，在进行组织结构设计时，应综合以上因素并结合每种组织结构的特点，选择适合的工程项目组织结构。有时候选择某一种组织结构形式满足不了工程项目管理的需要，可以考虑采用复合式组织结构，针对工程项目的不同任务，分别采用职能式、项目式或矩阵式组织结构。各种工程项目组织结构形式的优缺点对比分析，见表3-4所列。

各种组织结构优缺点的对比分析表　　　　　　　　表3-4

组织形式	优　点	缺　点	备　注
直线制	1. 权力集中 2. 职权和职责分明 3. 命令统一	1. 缺乏横向的协调关系 2. 没有职能机构作为行政首脑的助手	适用于现场作业型小项目管理
职能式	1. 专业化程度较高 2. 可保持项目的连续性 3. 项目组织管理成本低 4. 技术专家可同时被不同的项目所使用	1. 项目利益并不是职能部门的活动和关心焦点 2. 经常没有人负全责 3. 对客户要求的响应迟缓和艰难 4. 项目成员积极性往往不是很高 5. 跨部门之间的交流沟通较困难	适用于规模较小的项目管理

续表

组织形式	优点	缺点	备注
项目式	1. 有利于子项目经理与成员合作 2. 有利于项目经理与上层领导沟通 3. 有利于项目成员团结合作 4. 项目决策快 5. 有效避免多头领导	1. 多项目时，增加成本 2. 项目成员没归属感 3. 项目成员与部门沟通困难 4. 行政管理松散	大规模的项目管理
矩阵式	1. 环境适应能力强 2. 有利于项目与部门沟通，管理加强 3. 多项目时，可平衡资源 4. 增加了项目成员对部门的亲近感 5. 项目决策快 6. 项目组织分权、民主、合作	1. 职能部门与项目间易争权 2. 信息处理量大 3. 制度和管理办法多 4. 需较多项目管理人员	适用于大规模项目管理
复合式	1. 方式灵活，利于发挥资源优势 2. 有利于培养一专多能人才 3. 项目专业人员集中办公，提高工作效率	1. 组织成员同一时期工作任务差别大 2. 人员工作环境变化大，影响工作积极性 3. 职能部门优势无法发挥 4. 公司层面项目的信息流、沟通易产生障碍	适用于职能部门长期存在的项目管理

3.3 工作部门设置与职能设计

工作部门是工程项目组织中最小的组成单位，合理设置工作部门，制定其职能职责，是确保工程项目组织高效、有序运行的基础。

3.3.1 工作部门设置

工作部门应根据组织目标和组织任务合理设置。每一个工作部门都有一定的职能，完成相应的工作内容，并形成相互分工、相互配合、彼此相协调的组织系统。确立一个工作部门，同时需要确定这个部门的职权和职责，做到责任与权力相一致。

(1) 工作部门设置方式

工作部门设置有以下几种方式：

1) 职能部门化

这是最普遍采用的一种划分方法。即按专业化准则，以工作或任务的性质为基础来划分部门。按重要程度可分为：基本的职能部门和派生的职能部门。职能部门化的优点是：有利于专业人员的归口管理；易于监督和指导；有利于提高工作效率。缺点是：容易出现部门的本位主义；决策缓慢；较难检查责任与组织绩效。

2) 生产(产品)部门化

按组织向社会提供的产品来划分部门。如：建筑企业可能会依据其产品类别划分出住宅项目部、铁道工程部、桥梁隧道部、水利工程部等部门。产品部门化的优点是：可提高决策的效率；便于本部门内更好地协作；易于保证产品的质量和进行核算。缺点是：容易出现部门化倾向；行政管理人员过多；管理费用增加。

3) 地区部门化

按地理位置来划分部门。如：跨国公司依照其经营地区划分的各个区域性事业部。地区部门化的优点是：对本地区环境的变化反应迅速灵敏；便于区域性协调；有利于管理人员的培养。缺点是与总部之间的管理职责划分较困难。

4) 服务对象部门化

按组织服务的对象类型来划分部门。如：银行为了给不同的顾客提供服务，设立了商业信贷部、农业信贷部和普通消费者信贷部等。服务对象部门化的优点是：可以有针对性地按需生产、按需促销。缺点是：只有当顾客达到一定规模时，才比较经济。

(2) 影响部门设置的因素

在具体的部门设置过程中，要考虑到以下因素：

1) 系统性

工程项目管理的特征是权力集中，但机构多、人员多、协调难。因此，要打破以往按职能划分的习惯，通过流程重组，优化管理流程和组织结构。

2) 经济性

为了实现工程项目成本最小化和效益最大化，必须考虑部门设置的经济性问题。设置任何一个部门，都需安排管理人员和业务人员，确定办公地点以及必要的费用支出，如办公费、差旅费、电话费等。因此，在设置一个部门时，管理及办公费用是必须考虑的因素。

3) 控制因素

工作如何在不同岗位之间和部门之间分配，并在整个流程中形成制约关系，对实现有效控制有着重要的影响。部门的设置，在很多情况下要考虑有助于控制的因素。比如：某一作业是另一项作业的控制点，如生产与质检、会计与出纳等，这两类作业一般来说应该划分成不同的岗位。

4) 服务与保证

设置部门时，还要考虑岗位之间或部门之间的服务或保证关系。传统观念是下级服从上级，现代工程项目管理在处理工作岗位或部门之间的关系时，应遵守工序服从原则，下一道工序的管理者可以监管上一道工序的管理者。

5) 专业化

设置部门时，要尽可能配备专业人员，相同的专业人员尽可能地分派在一个部门，这样可以在部门中更有效地行使某种管理职能，并使其符合"规模经济性"的原则。在实际管理流程中，需要具备某些特定的知识和技能，需要得越迫切，在设置部门时，对此类知识和技能的考虑也将越多、越深刻。

6) 人性的因素

由于内部摩擦和互相推诿，一个不合理的组织结构即使有最好的人才，也会造成浪费。这种组织不可能留住和培养优秀的人才，也不可能吸引高质量的人才进入这个组织。所以，在设置部门时，应在有关人性方面给予足够的考虑。

3.3.2 职能设计

工程项目组织要根据其目标任务设计其管理职能。如果工程项目组织的某些职能不合理，就需要进行调整，对其弱化或取消。职能设计的一般步骤如下：

(1) 列出职能清单

将工程项目中的全部作业归并为由若干不同的管理岗位承担的工作任务，再将若干工作归并为若干职能。凡是实现工程项目战略所必需的职能，都要列出。同时，职能的分列应注重逻辑上的严谨，不能交错重复。

(2) 明确各种职能之间的关系

联系紧密的职能应置于同一个管理子系统内，便于协调；相互制约的职能不能由同一个部门承担，否则不利于监督控制。

(3) 分清主要职能与辅助职能

按职能在实现工程项目战略目标过程中的重要性，有主要职能与辅助职能之分。主要职能的工作对组织的生存至关重要，承担主要职能的部门是关键部门，应将其置于组织结构的中心地位。如果颠倒了主要职能与辅助职能的位置，组织结构的设置就不合理。

(4) 落实各种职能的职责

在列出职能清单的过程中对各种职能的具体职责应有一个大致的考虑。但是，作为规范的职能设计，还必须细化职责，全面落实，以便进一步做好流程设计。

表 3-5 所列为某大型公共建筑工程项目的管理职能分工表，该表把工程项目管理的任务分成几个大类，并对每项任务的规划、决策、执行和检查的管理职能明确了由哪一个工作部门承担。

某大型公共建筑项目的管理职能分工表　　　　表 3-5

序号	类别	任务	项目经理/执行经理	总工	各管理组组长	专业工程师	信息组
1	策划	项目投资目标规划	PDC	PC	PDE	PEC	E
2		项目进度目标规划	PDC	PC	PDE	PEC	E
3		项目质量目标规划	PDC	PC	PDE	PEC	E
4		项目采购模式的规划	PEC	PC	PEC	E	E
5		施工招标模式的规划	PEC	PC	PEC	E	E
6	信息处理	信息编码	PDC	PC	EC		E
7		信息收集与整理	PDC	PC	PDEC	E	E
8		信息的存档与电子化	PC	PC	PC		E
9		网络平台的信息管理与处理	PE	P	P		E

续表

序号	类别	任务	项目经理/执行经理	总工	各管理组组长	专业工程师	信息组
10	进度控制	利用 Project 进行进度控制，形成报表	P D C	P C	P		
11		设计进度的检查	P E C	P C	E C	E	
12		施工进度的检查	P E C	P C	E C	E	
13	发包与合同管理	参与评标	P E C	P C	P E C	E	
14		利用合同管理软件进行合同管理，形成报表	P D	P	P		
15		合同编码	P D C	P C	P E C		E
16		参与合同谈判			P E	E	
17		合同跟踪管理			P E C	E	
18	投资控制	投资分解与编码	P D	P	E C	E	
19		参与付款审核	P C	P C	P C		
20		参与决算审核	P C	P C	P D C		
21		参与索赔处理	P D C	P C	P D E	E	
22		利用投资控制软件进行投资控制，形成报表	D		P		
23	质量控制	重要分部分项工程验收	C	C	P E	E	
24		重要材料、设备的检查、验收	C	C	P E	E	
25		参与设备调试	C	C	P E	E	
26		参与系统调试	C	C	P E	E	
27		参与竣工验收	C	C	P E	E	
28	项目管理成果	各专业工作月度报告	P C	P C	P D E	E	
29		各专业项目管理工作总结	P D C	P D C	P D E	E	
30		项目管理工作报告(定期和非定期)	P E C	P C	P E C	E	E
31		重大技术问题咨询及报告	P E	P	P E	E	
32		竣工总结	C	C	E C	E	E
33		竣工后项目管理资料的整理归档	P C	P C	E C	E	E

注：表中 P——规划，D——决策，E——执行，C——检查。

3.3.3 工程项目组织流程设计

工程项目组织流程设计是指在整理和优化项目管理工作的内在逻辑关系后，在各部门之间进行分工和协作。以业主方为例，主要包括投资控制流程、进度控制流程、合同管理流程、质量控制流程、招投标管理流程、财务管理流程、人力资源管理流程等。各类工作流程又可按照工作任务分解和细分。例如，变更审核流程是合同管理流程的细分流程，如图 3-11 所示；工程款支付流程是投资控制流程的细分，如图 3-12 所示。而招投标管理流程是项目组织的基本流程之一，如图 3-13 所示。

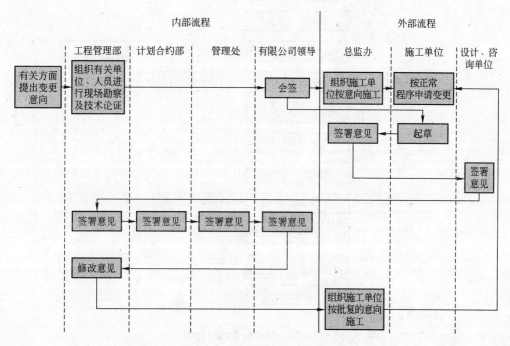

图 3-11　工程变更审核流程图

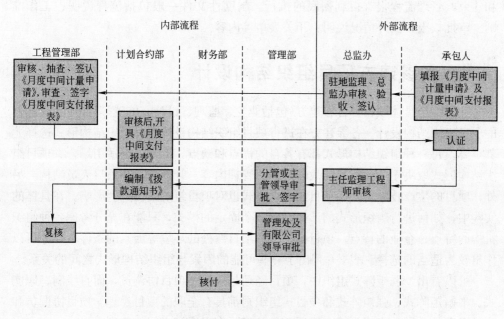

图 3-12　工程款支付流程图

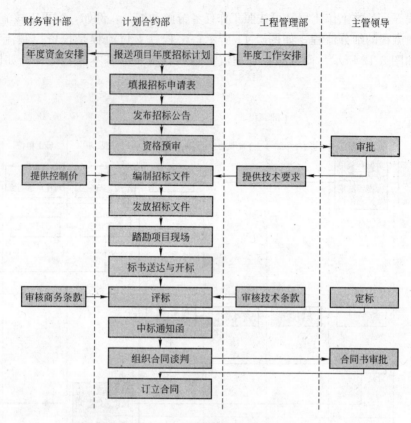

图 3-13　招投标管理流程图

项目管理流程的执行效果取决于相关配套制度是否完善。没有制度性文件支持和约束，管理流程很难得到彻底的执行。制度性文件一般包括流程说明、工作准则、审批权限、例外情况说明、相关表单等内容。

3.4 各参建方项目组织结构设计

针对一个具体项目，各参建方（包括业主、监理、设计、施工等）都应完成各自的项目组织结构设计。各参建方在进行项目组织结构设计时，组织结构形式选择尤其重要。每一种组织结构形式都有各自的优点和缺点，有其一定适用场合。项目组织结构形式取决于项目组织的战略目标、管理内容、管理流程和项目人员结构。另外，项目的生产技术特点和项目的建设方式也对项目组织结构产生影响。在具体的实践中，如何进行组织形式的选择没有一个固定的模式，只能在充分考虑各种组织机构的特点、企业的特点、项目的特点和项目所处的环境等因素的条件下，才可以作出较为适当的选择。表 3-6 列出了一些可能的因素与组织结构形式之间的关系。

可以看出，弱矩阵式组织中，项目经理是兼职的项目协调员，而直线制、职能式、平衡矩阵式、强矩阵式和项目式组织则都具有全职的项目经理。项目协调员和项目经理的不同，表现为综合协调项目与实际作出决策之间的差别。

组织特征比较表　　　　　　　　　　表 3-6

组织形式 特征	直线制	职能式	矩阵式			项目式
			弱矩阵式	平衡矩阵式	强矩阵式	
项目经理的权限	很高	很高	有限	小到中等	中等到大	很高或全权
全职工作人员的比率	100%	100%	0~25%	15%~60%	50%~95%	85%~100%
项目经理任务	全职	全职	兼职	全职	全职	全职
项目经理的职能	项目经理	项目经理	项目协调员	项目经理	项目经理	项目经理
项目管理行政人员	全职	全职	兼职	兼职	全职	全职

3.4.1 业主方工程项目组织结构设计

为了项目的顺利实施，业主方应根据具体的项目特点，分析项目管理的主要内容，选择合适的组织结构形式，设计合理的组织结构。

案例1　某工程业主方组织结构设计

（1）工程简介

YH 工程是某城际快速干线项目，由东线、南线、西线、北线等多个项目组成，呈方形环状位于该市 5 个区，沿线经过 9 个镇，路线全长约 99.2km，总工程造价 130 亿元人民币。

（2）工程项目管理组织结构设计

YH 项目因建设规模大，经市政府授权，由市交通局在建设系统内部抽调资深专业技术及管理人员，组建市路桥建设有限公司，作为国有全资的专业化管理公司，在政企分离的基础上，代表市政府行使业主权力，对项目实行"交钥匙"式的统管。

项目引入专业化集中管理后，构建了完整的组织结构体系。总体上，该项目分解为 3 个工作过程，构建了 5 个层面的组织结构，如图 3-14 所示。组织机构核心由 4 个部分组成：工程建设指挥部、市路桥建设有限公司、工程管理处、设计施工监理单位。各单位的职能分工如下：

战略管理层——工程建设指挥部。负责整个项目与外部的协调工作，对建设项目起到督促作用。监督资金使用与质量安全工作，促进各项工作顺利进行以保证进度。工程建设指挥部组织架构，如图 3-15 所示。

高级管理层——市路桥建设有限公司。高级管理层，为建设项目业主。这一层次通过确立目标，选择不同的方案，制定实现目标的计划；通过对项目进行宏观控制，保证项目目标的实现。市路桥建设有限公司组织架构，如图 3-16 所示；路桥建设有限公司部门职责，见表 3-7 所列。

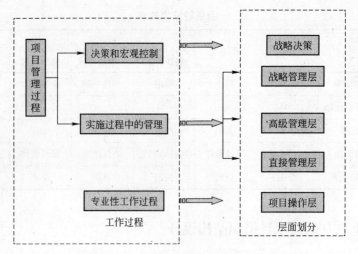

图 3-14　YH 项目组织结构的层面划分

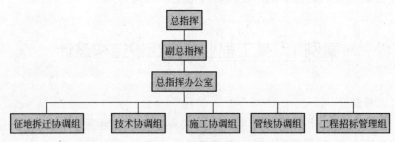

图 3-15　YH 项目工程建设指挥部组织架构图

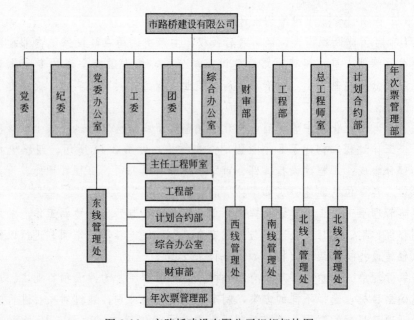

图 3-16　市路桥建设有限公司组织架构图

第3章 工程项目组织结构设计

市路桥建设有限公司部门职责一览表 表3-7

部门	职责划分
综合办公室	行政管理、收发文件、人事管理、劳资、党建、廉政建设、纪检、接待和会议会晤等日常工作
财审部	公司内部审计、各种款项的控制和管理、工程款的拨付、组织项目贷款和筹划项目还贷工作
计划合约部	工程项目的招投标、进度计划、合同管理和对工程变更进行计价
总工室	技术管理、施工图审查及验收、组织科研项目、组织质量管理和监督工作、重大事故处理、工程验收交接以及路网维修中的技术业务
工程部	前期立项、管线和征地拆迁、工程计量支付、安全检查及部门档案管理
年次票管理部	组织实施市通行费年(次)票制、指导各征收点的日常工作

直接管理层——工程管理处。由于YH项目建设规模大，管理工作重，所以在高级管理层下设置了直接管理层——工程管理处。各工程管理处是临时机构，由市路桥建设有限公司5个区的分公司组建，主要工作是负责辖区内的公路建设管理。各工程管理处与市路桥建设有限公司的关系，如图3-17所示。

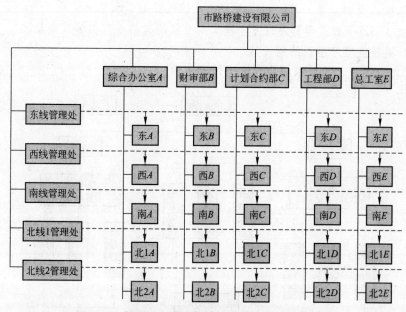

图3-17 管理处与市路桥建设有限公司的矩阵关系

项目操作层——选择的设计单位、监理单位和施工单位。项目操作层由业主择优选择，为业主提供有效的独立的工程承包和服务。项目操作层负责项目实施中的具体的事务性管理工作。其职责是根据合同实现业主的投资意图，保证整个项目目标的实现。

(3) YH项目组织结构的特点

1) 形成了多层面的组织结构，如图3-14所示。

2) 工程管理处与市路桥建设有限公司的关系为矩阵关系，如图3-17所示。
3) 发挥工程建设指挥部和专业化集中管理的优势，创新了项目组织模式。
4) 项目组织管理职能清晰，职责明确。

3.4.2 监理方工程项目组织结构设计

监理方受业主委托按合同对工程项目进行监理，监理方设在项目现场的机构称项目监理部。按照项目建设的不同阶段，包括决策阶段监理、设计阶段监理和施工阶段监理。为了项目的顺利实施，监理方的项目监理部应根据具体的监理项目的特点，分析监理项目管理的主要内容，并以此选择合适的组织结构形式，设计合理的组织结构。

案例2　某市政工程监理部组织结构设计

(1) 案例背景

某监理公司承担某市政工程施工监理任务，工程内容包括道路、桥梁、雨水管、污水管以及雨水泵一座、污水泵一座，该项目施工承包单位共8个，监理单位为此成立了SZ项目监理部对这8个施工企业就所有的承包内容实施监理。

(2) 项目监理部组织结构设计

SZ项目监理部的组织结构设计，如图3-18所示。

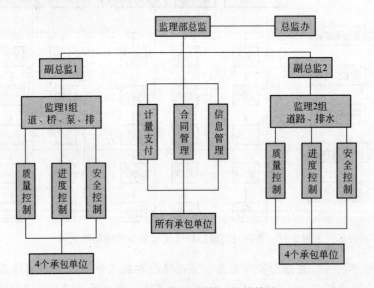

图3-18　SZ项目监理部组织结构图

(3) SZ项目监理部组织结构设计分析

本监理项目全线长45km，业主方对项目实施了平行发包，将整个工程按工程内容划分为8个标段，分别发包给8个施工企业。为了有利于监理工作的展开，有利于控制目标，有利于信息沟通和指挥决策，SZ 项目监理部构建了直线职能式的组织结构。该组织结构分为 3 个层次：总监、副总监和职能部门。监理 1 组和监理 2 组分别负责 4 家施工单位的质量监理、进度监理和安全监理，而计量支付、合同管理和信息管理等职能部门负责所有施工单位的监理业务，实现了全施工单位全监理内容的监理。

3.4.3 施工方工程项目组织结构设计

施工方是工程项目建设中的主要实施方，为了项目的顺利实施，施工方项目部应结合承包方式、工程规模、结构复杂程度、专业特点，分析施工项目的主要工作内容，并以此为基础选择合适的组织结构形式，设计合理的组织结构。

施工企业最常采用的组织结构形式为项目式组织。当企业承揽到一项施工任务，就委派项目经理并成立项目经理部，全权代理企业行使对业主的承诺。项目经理部的组建应根据"项目管理实施规划"的要求，由项目经理主持确定项目部的内部组织机构、主要人员及其基本任职条件和职责权限。由项目经理办公室编制"项目部组织机构图"和"项目领导与各部门职责权限"，由项目人力资源部门编制各"岗位说明书"，经项目经理批准后实施。

项目经理部的机构安排、人员配备及职责分工必须保证各项施工管理工作的正常和有效运行。一个大型的项目经理部可采用图 3-19 所示组织结构形式。具体部门设置可根据工程项目的规模、结构复杂程度、专业特点和管理范围等，增减机构。

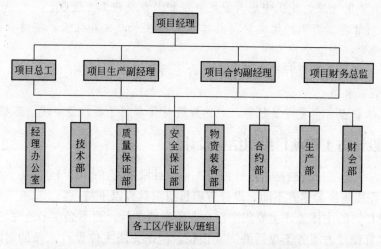

图 3-19 大型施工项目经理部组织结构图

案例 3 某工程施工项目部组织结构设计

(1) 工程简介

YG 装饰公司承担 HX 公司办公楼室内装饰改造任务，该办公楼建筑面积近

10000m², 室内装饰工程改造的主要内容有:地面、内墙面、顶棚和门窗的装饰改造。

(2) 施工项目部组织结构设计

该施工项目部采用职能式组织结构形式,如图3-20所示。

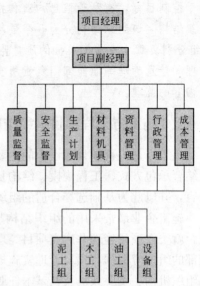

职能分工如下:

1) 项目经理。对工程全面负责。

2) 项目副经理。负责现场协调。负责监督施工中分包单位、材料供应计划、加工订货、劳动力计划等工作。

3) 质量监督。负责质量控制。负责前期准备(样板验收、加工订货验收),施工中进行监督,完工验收。

4) 安全监督。负责安全控制。负责前期准备(检查交底、防护检查),施工中监督排除隐患,完工鉴定安全情况。

图3-20 装饰施工方职能式组织结构形式

5) 生产计划。负责作业计划。按计划落实材料半成品进场,按计划落实劳动力进场,施工中监督排除障碍,按部位验收。

6) 材料机具。负责材料、机具供应保管。落实材料机具渠道,落实加工订货渠道,机具使用交底,施工中机具使用监督和保养及施工完验收。

7) 资料管理。负责档案文件。具体为信息往来,文件往来,文件台账,现场技术施工档案,完工交档工作。

8) 行政管理。负责行政生活。具体为生活管理和文明施工管理,监督检查现场卫生,供应食宿。

9) 成本管理。负责经济核算。分阶段进行量本利分析,监督现场各项支出。

3.4.4 设计方工程项目组织结构设计

设计方承担项目的勘察、设计以及工地设计服务等工作。与业主方、施工方以及监理方等其他各参建方不同,设计方项目组织具有以下特点:

1) 设计方的主体工作主要集中在企业所在地进行,而不必在工地现场完成。

2) 尽管设计方服务于项目的周期很长,但是完成主体设计工作的时间相对较短,随着项目进行阶段的不同,设计方的项目组织不论从工作任务、结构形式还是参与人员的数量都会产生较大的变化。

3) 设计方参与项目工作的人员相对较少,组织形式相对简单。

4) 设计方的工作内容主要集中在技术领域,管理以技术管理为主要内容,组织结构通常以专业分工为基础。

基于设计方工作的这些特点,设计方的项目工作人员更容易受其所属单位和部门的影响。因此,设计方的项目组织结构设计不仅要考虑工程项目的规模、复杂程度、专业特点和管理范围等因素,更重要的是要考虑设计院的现有管理模式。

目前,我国设计院的管理模式大致分为两类:第一类是专业处室管理模式,设计院处室的设置以专业分工为基础,设计项目所需工作人员需分别从不同专业处室调集,项目经理通常只负责技术协调,而不负责人员调配和组织协调,专业处室之间的关系由公司一级的领导负责协调。第二类为综合处室管理模式,每一个综合处室内部的专业配备比较齐全,设计项目所需工作人员在处室内部调配,项目经理具有较大的权力,组织相对比较紧凑。

由于设计方主体工作主要集中在公司所在地完成,设计方的工作以技术工作为主,且完成主体工作的时间相对较短,参与项目的设计人员也较少,因此,职能式项目组织较少被采用;而项目式组织结构形式只在大型、复杂、可分解的设计项目中才予以采用;直线式项目组织结构和矩阵式组织结构是比较常见的设计项目组织结构。当设计院采用综合处室管理模式时,设计项目经理较容易对项目组织内部进行控制,因此,当设计项目不是特别复杂时,设计方的项目组织通常采用直线式组织结构,如图3-21所示。而当设计院采用专业处室管理模式时,设计人员不仅要受设计经理的管理,同时也要受所在处室的管理,设计经理难以全面掌控项目组织中的人员,设计项目组织相对松散,因此,设计方的项目组织通常采用矩阵式组织结构,如图3-22所示。

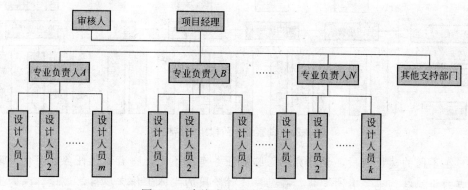

图3-21 直线式的设计项目组织结构

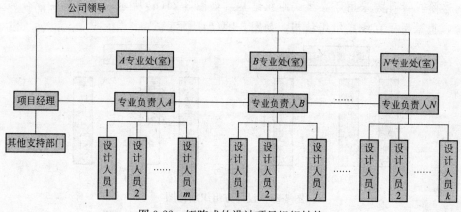

图3-22 矩阵式的设计项目组织结构

案例4　某输电线路工程项目设计方组织结构

某电力设计院承担了某 1000kV 输电线路工程 249.5km 的施工图设计任务。该工程为国家电网百万伏级特高压试验示范工程。线路沿途穿越多处煤矿开采区和规划开采区，有些地段与西气东输管线平行交叉，有些地段穿越国家级猕猴自然保护区，有些地段跨越保护竹林和塔高限制区。

为实现特高压试验示范工程"安全可靠、先进适用、经济合理、环境友好、世界一流"的总体目标，设计院认真落实和贯彻质量方针，按"安全可靠、技术创新、先进实用、经济合理"的原则，克服各种困难，精心组织，合理安排，确保了特高压工程的设计质量和进度，做到一流的设计、一流的技术、一流的质量。该工程设计人员涉及结构、电气、技经、测量、勘察、地质、水文等多个专业，由于该设计院按照专业设计室的模式进行管理，因此，在勘察设计阶段设计方所采用的项目组织为矩阵式结构，如图3-23所示。

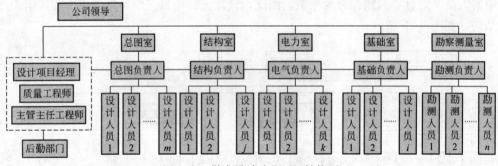

图 3-23　勘察设计阶段组织结构图

在不同的建设阶段，设计方所面临的任务有所不同，随着设计任务的变化，设计方的组织结构也会有所变化。在勘察设计阶段的主体工作完成后，该设计院的工作重心转为铁塔的优化设计工作，由于该阶段参与的人较少，工作任务也比较明确，这阶段设计方采用了直线式组织结构，如图3-24(a)所示；同样，在配合施工阶段，也采用了直线式组织结构，如图3-24(b)所示。

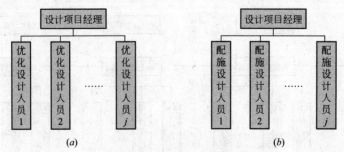

图 3-24　设计方组织结构图
(a)优化设计阶段组织结构图；(b)配合施工阶段组织结构图

思考与讨论

1. 简述项目组织结构的概念及其核心内容。
2. 项目组织结构的类型有哪些，各有什么优缺点？
3. 简述项目组织结构设计的基本原则、任务及方法，并阐述项目组织结构设计与一般企业组织结构设计的区别。
4. 项目组织结构设计的内容包括哪几方面？
5. 项目组织如何进行职能设计？
6. 各参建方（业主方、设计方、监理方、施工方）如何对各自的项目组织结构进行设计，各有何特点？
7. 以建筑企业为例，谈谈项目型项目组织结构与项目型企业组织结构有何区别与联系。
8. 联系实际思考各参建方项目组织结构形式发展变革的方向和趋势。

第4章 工程项目组织运行

科学合理的组织运行机制有利于促进组织系统的优化，不断提高组织运行效率并最终实现组织目标。本章从运行基础、驱动机制、协调完善机制以及绩效考核机制四个方面来分析项目组织运行机制，并对组织制度、组织驱动机制、组织协调机制和动态调整机制等内容进行详细论述。

4.1 工程项目组织运行机制

4.1.1 工程项目组织运行机制的概念与内涵

(1) 工程项目组织运行机制的概念

"机制"一词源于希腊文，原指机器的构造和动作原理。生物学和医学在研究一种生物的功能时，借用"机制"这一概念，用以表示有机体内发生的生理或病理变化时，各器官之间相互联系、作用和调节的方式。随着"机制"这一概念向经济学中的拓展，人们用"经济机制"一词来表示一定经济机体内，各构成要素之间相互作用的关系及其功能。

工程项目组织的运行机制有广义和狭义两层含义：

1) 广义的工程项目组织运行机制

广义的工程项目组织运行机制是指工程项目组织生存和发展的内在机能及其运行方式，是引导和制约工程项目组织计划、决策、生产等各项活动的基本准则及相应制度，是决定工程项目组织行为的内外因素及相互关系的总称。项目组织是一个由多个小系统构成的大系统，广义的工程项目组织运行机制可以理解为在实现项目组织目标的过程中，组织中各小系统之间以及小系统内部本质的、内在的相互关联、相互制约的工作方式的总和。

2) 狭义的工程项目组织运行机制

狭义的工程项目组织运行机制则是指在组织的寿命周期内，在一定的驱动力作用下，组织的运行方式和调节方式，包括驱动机制、协调完善机制、绩效考核机制等。驱动机制能够维持工程项目组织的协调、有序运行；协调完善机制则可以保证工程项目组织的高效运转；而绩效考核机制则是衡量组织是否运行良好的主要手段，也是进行组织协调与调整的主要依据。

(2) 工程项目组织运行机制的内涵

1) 工程项目组织运行机制是实现项目组织目标的一种投入产出机制

工程项目组织运行机制是指组织运行过程中投入—转换—产出运动中的各种机能、方式。在项目的生命周期中，项目组织是一个输入资金、技术、信息、劳动等各种资源，输出项目产品，并具有自适应能力的复杂系统。项目组织在实现这些物质、信息、能量变换的过程中，其运行和发展的技能、方式的总和，就是其运行机制。

2) 工程项目组织运行机制是组织内部要素关系的总和

工程项目组织运行机制是组织内部各种要素相互联系、相互制约而形成的，使组织得以运行，从而发挥多种功能的一系列运行机制的总称。由于工程项目组织不只具备一种功能，而是由多种功能结合而成的一个"功能体系"，因此，工程项目组织的运行机制也是由多种机制结合而成的"机制体系"，而不仅仅包含一种机制。

4.1.2 工程项目组织运行机制模型的构建及解析

工程项目组织运行机制是工程项目在实施过程中，项目组织系统正常运行所需要实现的各种功能的组合，以及项目组织系统各构成要素之间相互依存、相互影响、相互制约关系的总称。为了更好地描述项目组织运行的内在动力和调节方式，本章构建了工程项目组织运行机制模型。运行机制模型由四个部分组成，即项目组织运行基础、项目组织驱动机制、协调完善机制、绩效考评机制，直观反映了工程项目组织运行机制的内涵与特征。工程项目组织运行机制模型，如图4-1所示。

(1) 项目组织运行基础

为了实现项目组织目标，必须建立必要的项目组织运行基础。所谓项目组织运行基础，不仅包括了工程项目运行所需的各种要素，同时还包括这些要素之间的基本联结方式。具体地说，工程项目组织的运行要素包括：组织结构、管理流程、组织制度、项目文化等。这些要素之间相互关联，相互作用，为工程项目组织的运行奠定了基础，并取得一定绩效，见图4-1中的初始绩效。

(2) 项目组织驱动机制

项目组织驱动机制是指驱动各参建方围绕项目目标协同作业的动力机制。通常情况下，各参建方分属多个不同的利益主体，各参建方与业主之间通过契约来明确彼此的分工合作关系；而在各参建方的内部，则主要通过行政权力来支配分工合作

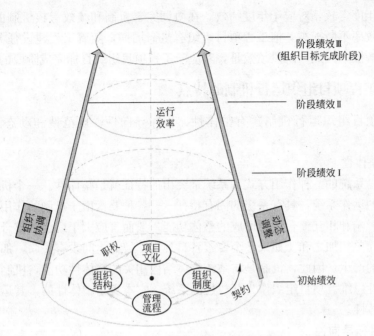

图 4-1 工程项目组织运行机制模型

关系。因此，项目组织的驱动机制包括契约驱动机制和职权驱动机制。契约驱动机制是指通过契约、合同方式驱动各参建方协同作业的机制；而职权驱动机制则主要体现在各参建方的内部。

(3) 项目组织协调完善机制

项目组织协调完善机制是指在组织的动态运行过程中，增强组织的内在活力和对外应变能力以维持组织的高效运转的组织协调、调整机制。项目组织协调完善机制包括组织协调机制和组织动态调整机制。组织协调机制主要是指在项目运行过程中对各阶段、各组织层次、各部门、各专业之间的冲突和矛盾进行协调，使之协同一致，形成最大的合力的机制。而组织动态调整机制则是指项目组织运行的过程中，根据工作的需要和环境的变化，分析原有的工程项目组织系统的缺陷和适应性，对原组织系统的要素渐进式地调整和重新组合，以保证项目组织高效运转的机制。

(4) 项目组织绩效考核机制

项目组织绩效考核机制是指在项目组织运行的不同阶段进行阶段性考核，来衡量组织运行的状况和效率，并为组织的优化和调整提供依据。运行效率高，意味着项目组织运行良好。但是效率本身是一个难以量化和衡量的指标，组织运行效率的高低通常要通过阶段性工作成效的累计来衡量，而阶段性的工作成果要通过阶段性的绩效考核来体现。工程项目组织的绩效考核具有多个考核指标，分别反映了组织运行不同方面的状况，通过这些考核指标的高低和考核结果来引导项目组织的动态调整。

在图 4-1 中，阶段绩效Ⅰ、Ⅱ、Ⅲ，表示在项目实施过程中不同阶段的绩效。

例如，按年度考核，对应于年度绩效。在协调完善机制和绩效考核机制的作用下，组织运行效率不断提高。但工程项目组织有生命周期，随着工程建设任务的完成，项目组织解散，因此，阶段绩效Ⅲ，对应于工程项目组织目标完成阶段的绩效。

4.1.3 工程项目组织运行机制的特点

工程项目组织运行机制具有整体性、目标导向性、规范性和动态适应性等特点。

(1) 整体性

机制是系统的一种作用方式，系统最突出的特征就是整体性。一个机制是一个相对独立的运作系统，具有系统的固有特征——各种要素由于机制的作用，相互联系、相互影响和相互整合，所形成的整体功能一般而言应大于或优于整合之前单个主体功能简单相加之和。如果各个要素各自独立，彼此之间没有关联，那么也就无所谓机制的产生。因此，机制是与系统整体结构相关的整体性功能，机制论思维也就是整体性思维。项目组织作为开放性的系统，它本身是整体性的，其运行机制也应具备整体性。

(2) 目标导向性

项目组织围绕特定的目标建立起来，目标系统越明确合理，组织活动越有成效。实现组织目标，是工程项目组织运行机制确立和行动的指南。项目组织运行应该紧紧围绕项目目标的整体实现来进行，具有目标导向性。

(3) 规范性

工程项目组织构成主体包括业主方、设计方、施工方、监理方等，其利益相关者的范围更加广泛，尤其是对大型工程项目而言，涉及政府部门、社会团体、拆迁民众、附近居民等。由于各主体价值选择具备多元化特征，并以主体利益最大化为最基本的价值取向，因此，在项目组织运行过程中，各参与方之间相互影响，形成错综复杂的关系。同时，工程项目组织外部环境的不确定性对项目组织的运行有着很大影响。为保证项目组织的稳定并促进其长远发展，就必须制定相应的规章制度，使项目组织各主体以及组织行为的运行都是在一定的规范中有序进行。

(4) 动态适应性

系统的开放性使系统每时每刻都处于物资、能量和信息的输出与输入的交换之中，正是这种不断的运动，才能使系统不断适应环境的变化，使组织系统充满发展的活力和张力。项目组织的动态适应性表现在两个方面：一方面是各个子系统内部相互作用、联系及互换的过程；另一方面表现在系统与外界环境的相互交换中。这两个方面的运动同时进行，共同推动系统不断地发展变化，达到一种平衡与适应。项目组织系统内部各组成部分按照系统的结构方式相互依赖、相互联系、相互制约，从而在组织运行之中发挥作用。而各组成部分在性质和功能上的变化也会影响和制约其他部门活动的开展和功能的发挥。因此，组织系统要依据组织内部条件与外部环境的变化，互相补充，不断地寻求动态平衡，变革自身的运动状态，以达到最理想的组合方式。

4.2 工程项目组织制度

在工程项目组织运行基础中,包括:组织结构、管理流程、项目文化、组织制度等要素。关于组织结构、管理流程的内容在前面章节中已经论述,而项目文化将在第5章专题讨论,因此,本节主要阐述组织制度。

4.2.1 工程项目组织制度的内涵

工程项目组织制度是组织中全体成员必须遵守的行为准则,包括工程项目组织外部制度和项目组织内部制度。工程项目组织外部制度,是为了确保工程项目组织得以运行,工程项目组织的所有参与方以及社会有关各方共同遵守的制度,包括正式制度(法律制度、市场制度等)和非正式制度(如文化、风俗等);工程项目组织内部制度,是工程项目组织内部为了确保工程项目组织运行良好,由工程项目组织的参与方有意识颁布或无意识形成的、对工程项目组织参与方形成约束的、各方共同遵守的制度,包括组织内的正式制度(如管理制度、合同体系等)和非正式制度(如组织使命、组织文化等)。狭义的项目组织制度是指项目组织内部的正式制度。

对工程项目组织制度含义的理解还需要注意以下几点:

1)新制度经济学中的制度一般都是以社会作为制度的载体进行研究,而这里的制度是以工程项目组织作为载体来研究,概念范围相对较小,具有更大意义上的特殊性。

2)工程项目组织制度是一个系统的概念,对制度的分析应当从系统的角度来研究。制度的不同组成部分之间是相互关联的。

3)工程项目组织的制度体系具有特殊性,这是由工程项目组织的一次性所决定的,每个工程项目组织的制度体系都是独特的。

4)工程项目组织制度的存在是为了确保工程项目组织的健康发展。工程项目组织具有目的性,其制度最终是为了保证工程项目目标的实现。

5)工程项目组织制度是一个动态的概念。对于某一个工程项目组织而言,其制度在生命周期的不同阶段,存在的形式和内容是不同的。同样,对处于不同时期的工程项目组织来说,其制度也是不一样的。

6)工程项目组织制度受制度环境的影响。由于制度功能的发挥受到制度环境的约束和限制,因此,同样的制度在不同的制度环境中功能的实现程度是不一样的。同样,不同的制度在相同的制度环境中也表现出制度功能的差异。

4.2.2 工程项目组织制度的功能

项目组织制度是为保障项目组织正常运行而制定的,从功能的角度来看,可概括为以下几个方面:

(1) 界定权利边界和行为空间

由于工程项目组织是由多个参与方为完成工程项目建设任务而组建的一次性的临时组织，各方之间的权利、责任及义务关系复杂，因此，项目组织制度需要对各方的行为提供依据和约束，并给定争议的解决途径，从而降低以合同契约为主要缔结方式的工程项目组织的不确定性和不可预见性。

(2) 促进效率和实现资源分配

项目组织运行过程中，涉及频繁的人流、物流和资金流的，项目组织制度为这三者的流动提供方向和依据，并依据实际状况进行调整，提高整个组织的运行效率，优化项目组织中资源的分配。

(3) 协调和整合

作为组织规范的一种重要而有力的手段，制度对于组织秩序是至关重要的。制度本质上就是人们在分工与协作过程中经过多次博弈而达成的一系列契约的总和。工程项目组织虽然具备一次性特征，但随着项目管理相关经验的推广，项目组织制度的构建是在总结同类工程项目的管理经验基础上，结合项目本身特点进行的，并在项目建设过程中，经过各参与方博弈而不断进行优化。因此，组织制度为项目组织各参与方的协调整合提供了基本的框架。

(4) 实现激励

制度设置支配着所有项目成员的行为，规范着成员行为方式的选择，影响着成员间的利益分配、资源配置的效率和人力资源的发展。因此，制度的激励作用在不同领域的表现都应当符合项目目标价值的公共导向。

(5) 预防与规范

制度具有确定性和可预见性。通过完善项目组织制度，规范组织成员的行为，明确遵守规则的益处和违规的后果，从而使项目成员产生心理预期，按照组织管理规范来调整自己的行为。

4.2.3 工程项目组织制度设立的原则

工程项目组织制度的设立，应遵循以下原则：

(1) 合法性

项目组织制度是国家法律法规在项目中得以贯彻落实的基础，项目组织制度只有符合国家法律法规才是有效的。首先，管理权限要合法，即项目的管理权力必须在法律法规赋予的权限内。其次，管理内容要合法，如项目的质量管理、财务管理、安全管理等，其内容必须符合国家法律法规的相关规定。

(2) 实用性

项目组织制度是为更好地实现项目管理目标而存在的，所以项目的各项规章制度必须符合项目的实际情况。

(3) 规范性

项目组织制度要做到形式规范统一，表述简明扼要。应明确制度的具体执行部门，并与相应的激励措施相配合，以保证制度的执行力度。

(4) 协调性

工程项目相关的规章制度很多，且相互联系，互为补充。项目组织制度的内容，应避免冲突和遗漏。同时，应注意制度的批准和发布程序上与其他规章制度的协调统一性。

4.2.4 工程项目组织制度的内容

由于工程项目组织具备一次性、离散性等特征，项目组织制度体系往往具有特殊性，即不同的工程项目，其制度体系不相同。但工程项目组织运行的基本制度则是每个工程项目组织必备的。鉴于工程项目组织运行基本制度的复杂性，可将其划分为合同体系、项目管理制度和日常管理制度三大类。

(1) 合同体系

工程项目组织是许多不同隶属关系、不同经济利益、不同组织文化、不同区域地域的单位构成的，它们之间以合同作为组织关系的纽带。这是工程项目组织的特殊性，这个特殊性就决定了合同在工程项目组织以及工程项目管理中的重要地位，是项目组织制度的核心，是项目各参与者的最高行为准则，也是其他制度的依据、基础或补充。

(2) 项目管理制度

项目管理制度是全生命周期过程中对工程项目进行管理的所有规章和制度的总和。项目管理制度主要是为了能够更好地对项目参与方进行管理而建立并实施的，是组织运行的保障，一般有以下三种类型：

1) 责任性规章制度

即明确项目组织各参与方和组织各部门的职责、权利及义务和工作任务、目标等。

2) 程序性规章制度

即规定项目组织各参与方及各部门相关工作的操作步骤、方法和标准等。

3) 激励性制度

即明确奖惩标准，对组织各参与方及各部门的工作进行评价和约束。

随着项目各周期阶段任务的不同，组织规章制度的实施重点也会有所侧重。如招投标阶段的主要规章制度包括招投标管理制度、征地拆迁管理制度等；施工阶段主要的规章制度包括项目进度计划管理、质量管理、安全管理、工程变更管理、计量与支付管理、环境保护管理、文明施工管理、物资供应管理、监理管理办法等。

(3) 日常管理制度

日常管理制度是为保障项目管理组织日常运作的有序性和条理性而建立起来的相应管理制度，主要包括办公用品采购及管理制度、员工基本准则、考评制度、日常行政与业务文件的接收保管制度、员工休假制度、公章管理制度、食堂及后勤管理制度、用车管理制度等。

工程项目组织制度的主要内容，见表 4-1 所列。

项目组织制度体系 表 4-1

项目组织运行制度	合同体系	土建合同	土建施工合同
			装饰施工合同
			绿化施工合同
			……
		设备合同	设备供应合同
			设备安装合同
			调试总成合同
			设备服务合同
			……
		勘察设计咨询服务类合同	可行性研究合同
			勘察合同
			设计合同
			科研咨询合同
			管理咨询合同
			……
		其他合同	保险合同
			贷款合同
			……
	项目管理制度	前期策划阶段	可行性研究报告
			申报文件
			审批文件
			……
		招投标阶段	合同与招投标总体策划
			设计文件
			招标文件
			招投标管理办法
			设计管理办法
			征地拆迁管理办法
			……
		施工阶段	质量管理办法
			进度管理办法
			资金管理办法
			计量支付管理办法
			工程变更管理办法
			监理管理办法
			物资管理办法

续表

项目组织运行制度	项目管理制度 施工阶段	安全管理办法
		文明施工管理办法
		监测管理办法
		图纸管理办法
		……
	日常管理制度	办公用品采购及管理制度
		员工基本准则
		考评制度
		日常行政与业务文件的接收保管制度
		员工休假制度
		公章管理制度
		食堂及后勤管理制度
		用车管理制度
		……

4.3 工程项目组织驱动机制

4.3.1 项目组织驱动机制的内涵

人是构成项目组织的最基本、同时也是最能动的要素，组织运行的基本任务是驱动组织中的人为组织目标服务。而在项目组织中，人们分属于多个不同的利益主体，对项目组织而言，驱动不同利益主体围绕项目组织的目标开展工作是至关重要的。因此，项目组织驱动机制，是指驱动组织中的人和各参建方围绕项目目标协同作业的动力机制，而组织驱动力是项目组织驱动机制的具体表现形式。

(1) 项目组织驱动力的定义

动力有两种解释：①使机械做功的各种作用力。如水力、风力、电力、畜力等。②推动工作、事业前进和发展的力量。项目组织作为工程项目管理的主体，其运行动力又称为项目组织驱动力，是指激发组织内部不同利益主体的利益动机，将组织成员的工作动力整合在一起，推动项目组织为实现项目组织目标而运行的力量。

(2) 组织驱动机制的动力根源

组织运行的根本动力在于组织内部各参建方对自身利益的追求。项目组织各参与方之间是非零和合作博弈，具有价值创造功能，并可以实现多赢局面。项目组织所创造的超额利益将在项目成员之间进行分配，实现其作为理性经济人所追求的目标。因此，利益是组织各参与方为实现其作为理性经济人所追求的目标。当组织成员的既定利益得不到满足时，项目组织的运行很可能因为该成员的不配合而受阻。

因此，利益是项目组织得以运行的根本动力。

责任是利益追求得以实现的基础，是驱动力的附着点。组织及成员通过履行责任来实现组织目标，从而实现项目组织的运行，完成利益的创造。项目组织目标的实现，需要各参与方、各成员的协力合作。因此，首先要依据组织目标进行责任划分。通过将组织目标进行科学合理的分解，将目标具体体现为各部门、各成员的责任，使个人的能力得到充分发挥，并协调各参与方、各成员的努力方向，保证项目目标的有序推进。

而权力则是履行责任的必要保障，项目组织的运转依赖各参与方组织的运转，组织的运转实际上是组织中权力的行使过程，通过权力的运行或行使，使组织内信息得以传递、资源得以配置、控制得以实施、目标得以达成。

(3) 项目组织驱动机制的表现形式

组织运行的根本动力在于组织及个人对利益的追求，而在运行过程中，则是通过组织中责任与权力的匹配来具体体现。工程项目组织是通过契约缔结起来的，组织成员的职责、权力、利益是以契约形式确定下来并保障实施的。在各参与方内部，这种职责、权力、利益的匹配主要表现为职务权力，即职权，而职责、利益也在职权的履行过程中得以实现。

1）契约驱动力

工程项目组织各参与方之间并不存在上下级关系，而是为了实现各自的利益，基于项目合作在一起的平等主体。项目组织所创造的超额利益将在项目成员之间进行分配，而分配的具体方式则是通过契约来确定。因此，契约是推动项目组织各参与方运作的核心。通过契约，项目组织不仅明确了项目各参与方的收益，同时，也确定了在项目运行中，各参与方应该承担的责任和享受到的权力。在科学设计项目组织契约体系的基础上，实现组织各参与方权力与责任的对等，并围绕各自分配的利益，推动组织的运行。契约是实现组织各参与方之间权责匹配的工具，亦是组织运行动力在各参与方之间的具体形式。

2）职权驱动力

工程项目组织中的职权是处于某一职位上的权力，是一种能够影响别人处理、管理业务的权力。这种权力是由正规的层级链和报告关系规定的，是项目组织赋予各级管理者的权力。

职权与组织内的一定职位相关，是一种职位的权力，而与担任该职位管理者的个人特性无关，职位可以被设计得拥有更大的权力。组织中权力的总量可以增大，主要办法就是妥当设计各层级的任务和互动关系，以便使每个人都能有一定的影响力，都受到重视。

(4) 组织驱动机制的作用模式

在利益的驱动下，工程项目组织通过构建目标体系来实现对各参与方以及组织成员的导向作用。在组织环境、组织规模、权力控制的影响下，项目组织在职权和契约的双重驱动力下，推动组织运行，实现利益分配，最终实现组织目标。组织驱动力作用模式，如图4-2所示。

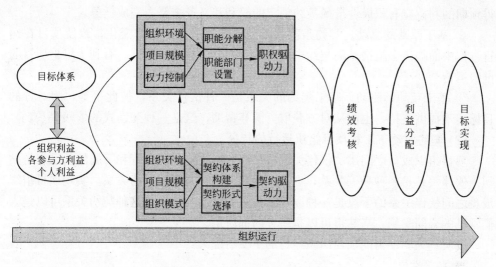

图 4-2 组织运行驱动力作用模式

4.3.2 工程项目组织的契约驱动机制

(1) 工程项目契约的形式和特点

1) 契约的表现形式

工程项目与一般的企业组织相比,其主要的不同点就是工程项目是以开放的建筑市场为载体,通过正式契约(即合同)的形式来为项目配置资源,即项目组织主要是通过契约将各参与方缔结在一起。也可以说,在项目组织中,契约驱动主要是通过各类合同来具体体现,包括咨询合同、设计合同、施工合同、监理合同、采购合同等。

合同是平等主体的自然人、法人或其他组织之间设立、变更、终止民事权利义务关系的协议,由合同的主体、合同的客体以及合同的内容三大要素构成。合同的主体是指签约双方或多方的当事人,也是合同的权利和义务的承担者。合同的客体是指合同的标的,是签约当事人权利和义务所指的对象。合同的内容,就是合同签约当事人之间具体的权利和义务。

法律所规定的有效合同的基本要素有:双方当事人或各方当事人在缔结合同时必须具有缔结合同的能力,并且具有缔结该合同的合法权限;必须就其交易的全部主要条款达成协议,通常的方法是交换要约和承诺;当事人的意图必须是建立在法律上的具有强制力的合同,而不是一个社交性的或超出法律的协议;合同在执行上不得有障碍,若出现合同的目标不能实现、违法、违背公共政策以及其他不可强制执行的情况,需要一定的手续和证明,否则,合同即不具有强制力,甚至完全无效。

2) 契约驱动机制的特点

契约驱动机制具备以下特点。

① 主动驱动性。契约驱动对于项目组织是一种主动驱动机制,各参与方为获

得预期的利益应有积极性按照契约规定的权利和义务去努力完成任务。

② 基于原则的驱动。契约条款的不完备性和项目环境的变化，致使项目在运行过程中面临诸多阻挠，而契约中规定的双方公认的基本原则，有利于维护项目的健康运行。

③ 基于互动的驱动。基于契约的关系是一种伙伴关系，彼此平等，为对方的目标实现提供支持，也能从对方获取资源和帮助，这是一种互动式的依赖关系。

(2) 契约驱动下工程项目组织运行的特征

项目组织成员之间用"伙伴关系"来形容远比传统的主管和下属的关系来得贴切。伙伴关系是一种平等关系，也是一种双方能够共谋福利的关系。实现项目组织成员之间伙伴关系的手段是一种以双赢为主要目的的契约，这种契约关系可以是人们常见的合同契约，当然也可以是一种内部协定。

以契约为驱动力的项目组织运行的主要特征为：

1) 平等性

契约双方具有平等的法律地位，能够充分体现双方当事人的意愿和经济利益。平等性还表现在主体之间相互独立，不像职权那样存在上下级关系，这样，有利于双方的沟通和交流，有利于维护双方的权益。

2) 开放性

契约是在一定的组织环境下制定的，它受许多因素影响和制约，任何一方的需求要得到满足必须依靠对方的支持。因此，契约双方必须相互沟通，并根据对方的反应调节自身的行为，具有开放性，而不像基于职权驱动的项目组织只关注内部的专业和职能。

3) 规范性

契约往往采用书面形式，契约双方为了维护自身的权力，会认真地对契约内容进行充分考虑，反复推敲和斟酌。因此，契约内容是严谨、规范的，它比基于职权驱动的组织简单命令的执行方式更规范、更科学。

4) 原则性

由契约驱动的项目组织运行机制在管理上不是基于官僚制度，而是基于契约双方都认可的原则。由职权驱动的项目，不管领导的指令是否正确，下达后下属就应当服从。而以契约为驱动力的项目组织则是以双方共同认可的承诺为行为准则。承诺不是因职权而产生的强制性行动规则，而是双方公认的基本原则，是一种价值观，它是原则而不是制度。此外，随着组织环境的变化，制度将不断地改变，而原则是可以相对稳定的，基于原则的管理比基于制度的管理更灵活、更有效。

4.3.3 工程项目组织的职权驱动机制

(1) 职权的形式、内容及特点

1) 职权的形式

职权分为三种形式，即直线职权、参谋职权和职能职权。

① 直线职权。直线职权是指给予一位管理者指挥其下属工作的权力。显然，

每一管理层的主管人员都具有这种职权，只不过每一管理层次的功能不同，其职权的大小及范围不同而已。这样，从组织的上层到下层的主管人员之间，便形成一个权力线，这条权力线，被称为指挥链或指挥系统。

在这条权力线中，职权的指向由上而下。由于在指挥链中存在着不同管理层次的直线职权，故指挥链又叫层次链。它颇像一座金字塔，通过指挥链的信息传递，由上而下，或由下而上地进行，所以，指挥链既是权力线，又是信息通道。在这个指挥链中，职权关系必须遵循分级原则和职权等级原则。

② 参谋职权。所谓参谋职权，是指管理者拥有某种特定的建议权或审核权，是某项职位或某部门所拥有的辅助性职权。

参谋的种类有个人与专业之分。前者即参谋人员，参谋人员是直线人员的咨询人，他协助直线人员执行职责。专业参谋，常为一个单独的组织或部门，就是一般的"智囊团"、"顾问班子"。

参谋和直线之间的界限是模糊的。作为一个主管人员，他既可以是直线人员，也可以是参谋人员，这取决于他所起的作用及行使的职权。当他处在自己所领导的部门中，他行使直线职权，是直线人员；而当他同上级打交道或同其他部门发生联系时，他又可能成为参谋人员。为避免出现参谋有职无权或者越权管理的情况，在进行职权设计时，一定要保证参谋机构有职有权，且职权合理。

③ 职能职权。职能职权是指参谋人员或某部门的主管人员所拥有的原属于直线主管的那部分权力。在纯粹参谋的情形下，参谋人员所具有的仅仅是辅助性职权，并无指挥权。但是，随着管理活动的日益复杂，主管人员仅依靠参谋的建议还很难作出最后的决定，为了改善和提高管理效率，主管人员就可能将职权关系作某些变动，把一部分原属自己的直线职权授予参谋人员或某个部门的主管人员，这样便产生了职能职权。

2）职权的内容

职权具体反映为指挥权、决策权和奖惩权等。

① 指挥权。在项目组织中，各直线领导需要对其所在的部门全权负责，必须明确其严格的职责，并赋予其明确的权限范围，以保证领导能够运用组织所赋予的权力，直接指挥下级，下级必须绝对服从上级的指挥和领导，以保证组织管理工作高效、有序地开展。

② 决策权。各级领导必须按照科学的决策程序和方法，进行正确的决策。否则，会给组织带来预想不到的后果。高层不能越俎代庖，代替下级作决策，各部门领导应在授权范围内有一定的决策权，这是保证各负其责、调动各级领导者积极性、增强其责任心的重要手段。

③ 奖惩权。项目组织必须拥有一定的奖惩权，能够根据工作考核的情况给予员工一定的奖惩。只有这样，才能发挥领导的权威作用，才能真正起到鼓舞先进、鞭策后进、增强动力的效果。

3）职权驱动机制的特点

职权驱动机制具有以下特点。

① 条件性。职权的存在和实现具有一定的条件性，它由时间、空间、任务性质、目标取向等限定，不能随心所欲。

② 稳定性。职权在组织内部某个职位上具有稳定性和长期性，只要占据该职位，无论行使与否都具备了相应的权力。

③ 主体意志性。职权由不同主体行使，作用对象的改变必须符合作用者的预期，因此具有主体意志性。

(2) 职权驱动下工程项目组织运行的特征

职权驱动的组织运行具有以下特征。

1) 独占性

在正常情况下，职权来自于正式职位，是合法的，它体现在人们所熟知的上下级关系中。拥有职权的上司有权力分配下属的任务，进行决策与规划，确定其工作内容及进度，下达指令，有权聘任或解聘下属，有权给予下属一定的奖惩。传统管理是以职权管理为核心内容的，一般认为下属作为上司的一个独有资源，可以完全占有。这种占有具有排他性和等级性。排他性是指下属被上司独自占有，一个下属不能同时被两个上司同时占有；等级性是指项目管理是分层次和等级的，有上层的高级领导、中层的部门领导和最底层的基层领导。其实，在"下属"这个称谓中已经隐含着"处于下层的雇员隶属于上层的领导者"的含义。

2) 封闭性

以职权为驱动力构成的项目组织是由很多部门构成的，这些部门有其明确的职责分工和相互协作关系，形成一个连续封闭的回路，首尾相接，环环相扣。封闭性包括管理组织的封闭，管理职能的封闭，管理制度的封闭和管理过程的封闭。在封闭的项目组织中，各部门领导往往只关注本部门的工作情况，往往为了本部门的利益而与其他部门产生冲突。

3) 强制性

行政方法具有明显的强制性。即上司下达指令后，不管指令正确与否，下属都应该无条件服从。强制性在保证政令统一和执行力度方面，有其优势，但这种管理方式不利于调动下属的积极性。权力的高度集中，会造成高层领导陷于日常的繁杂事务，会造成信息传递层次多，路径长而失真，影响到决策的质量和效率。权力的过于集中还会造成高层领导的权力欲高度膨胀，自我感觉良好，而影响到与下属的沟通和交流。

4) 制度化

制度具有规范性、严谨性和稳定性等特点。它在保证管理工作有序性方面可以起到有效作用。因此，制度是现代项目组织管理的基础和重要前提。但如果处理不好，也可能成为现代项目组织发展的障碍，导致项目组织的僵化。

所以，以职权为驱动力的项目组织在保证总体控制方面有其独特的优势，但这种组织运行方式也可能带来项目组织的僵化，不能形成一个敏捷的快捷反应系统，这将影响到组织竞争力的增强和组织的健康发展。所以，以职权为驱动力的项目组织在运行中应注意这些问题。

4.4 工程项目组织协调机制

4.4.1 工程项目组织协调的内涵

(1) 组织协调的界定

组织协调就是项目管理者通过协作与沟通，解决工程项目不同阶段、不同组织、不同专业、不同部门之间的大量结合部存在的复杂关系和矛盾，使之密切配合、步调一致，形成最大的合力，以提高组织效率的综合管理过程，是保障组织高效、有序运行的重要手段。工程项目组织协调是一个持续的过程，如图4-3所示。一般来说，业主方是工程项目组织各参与方关系的交汇点，因此，业主方作为项目组织系统的核心，有更强烈的意愿和协调自主性。

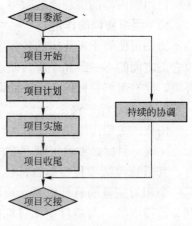

图 4-3 工程项目组织协调示意图

(2) 工程项目组织协调层次

1) 利益协调

利益协调主要包括制定项目组织的目标和原则，处理组织与环境之间的关系，协调组织利益相关者之间的利益分配等内容。

工程项目的利益相关者通过一定的契约（显性契约或隐性契约）关系，对项目进行专用性投资（资本专用性投资或人力专用性投资），承担一定的经营风险，并取得预期的收益。在项目实施的过程中，项目各参与方的需要、期望、要求和行为都不同程度地对项目施加影响或受到项目的影响。

2) 业务协调

业务协调着重于实现组织目标的方法，注重于计划和控制，负责组织内部业务、各参与方行为的协调等。在利益协调的基础上，已经达成一定的共识，为项目组织的健康运行提供了基础，业务协调则是利用生命周期评价、物质流分析、流程再造等工具，对项目组织的管理流程进行重组，并对物流、信息流、知识流与资金流进行监督与控制。

3) 信息协调

信息协调为协调活动提供数据和信息支持，主要完成相关信息和资源的集成与共享，实现组织各参与方之间的信息传递和交互。项目组织信息协调主要是围绕信息传递与共享问题，从技术角度实现信息系统的构建。信息流畅的程度很大程度上影响项目组织的运行效率，项目建设过程中面临众多不确定的突发情况，其合理的决策离不开各参与方之间信息的准确传递，因此，信息协调是组织运行的重要保证，是所有协调工作的基础。

网络技术与信息技术的发展给项目组织的信息协调工作带来了极大的机遇。它使得各成员企业可以实现异地协同工作，各种沟通协调工作也可经由信息共享平台实现快捷、即时、面对面的远程沟通。而且，通过信息共享平台，项目组织结构中存在的部门之间的组织性壁垒能被攻破或者削弱，同时组织结构中的纵向信息传递也因为信息共享平台的存在而多了一条传递途径，从而弱化了信息漏斗效应，增强了项目组织内部的信息流通效率。

(3) 组织协调的作用

协调可使处于矛盾中的各方组织居于统一体中，解决它们之间的界面问题，解决它们之间的不一致和矛盾，使系统结构均衡，为组织正常运转创造良好的条件和环境，促进组织目标的实现。协调的作用具体体现在以下几方面。

1) 协调目标一致

协调的主要作用是，使各参与者的目标与组织目标趋于一致，从而促进组织目标的实现。目标是项目组织存在的意义，是项目组织运作的方向。对项目组织而言，其目标包括项目整体目标、各参与方目标以及个体成员目标等多层次目标，是一个相对完整的目标体系。而项目组织各参与方或组织个人目标是基于其自身利益而设立的，与项目整体目标既有一致性，也存在着冲突。通过有效的协调措施，可以缓解组织各层次目标的冲突，提高其一致性，保证项目组织运行的效率。

2) 缓解冲突

项目组织关系的复杂性和环境不确定性使得各参与方的矛盾冲突是不可避免的，并且这种矛盾和冲突如果积累下去，就可能由缓和到激烈、由一般形式发展到极端形式。通过协调机制，可以很好地处理和利用冲突，发挥冲突的积极作用，使各参与方之间能够相互协作与配合。

3) 促进合作伙伴关系

随着工程项目规模的扩大和复杂程度的加剧，各参与方之间的对抗型竞争已经越来越不适应现代项目的发展与运行。面对项目在技术与管理上的不确定性，项目组织各成员逐渐改变原来的对抗竞争模式而转为携手互助式的合作型竞争。这种关系的转变，从纯粹的竞争关系到合作竞争关系的诞生，协调是不可缺少的手段。从博弈论的角度来看，无论是竞争还是合作，企业永远是一种利益主体，非合作博弈到合作博弈的转变必须满足一定的条件，协调在这种转变中起到创造条件的作用。

4) 提高组织效率

项目组织中各成员企业有着各自不同的核心业务、能力、企业文化和运作模式，异质性非常鲜明，由这些异质性的企业构成的工程项目组织系统，其整体绩效的发挥完全取决于这些异质元素之间的配合程度。协调能够促使各参与方对自己在完成组织总目标中所需承担的角色、职责以及应提供的配合有明确的认识，使组织内所有力量都集中到实现组织目标上来，各个环节紧密衔接，各项活动和谐地进行，从而极大地提高组织的效率。

4.4.2 工程项目组织协调的影响因素及协调原则

(1) 组织协调的影响因素

协调是一项艰难的工作。任何导致项目组织各成员只注重自身利益的因素，都是影响工程项目组织协调的因素。因此，在工程项目组织协调过程中，存在着许多影响因素，必须给予足够的重视。这些因素主要包括以下几个方面：

1) 冲突程度

项目组织成员的冲突可能是组织上的和文化上的动机或者其他因素所导致的。首先，项目组织中各个成员都有各自的目标，在利益的追求上是以自身利益为前提的，而各自利益往往具有排他性，形成利益冲突。其次，项目组织成员来自不同的组织，有着不同的背景，无法实施单一的文化管理。因而，在合作过程中，会自觉或不自觉地产生习惯性的防卫心理和行为，形成一定程度的心理和行为冲突。冲突程度越高，则组织各个成员越容易采取一系列导致变动性增加、总体利润下滑的行为，进而影响项目组织的协调。

2) 不确定性

工程项目建设过程受到很多不确定性因素的干扰，影响项目组织的协调。不确定性是指人们不能或是没有掌握将来活动或事件的全部信息的状况，它反映了客观事物与人们主观认识和估计之间的一种差距。不确定性有程度之分，有关活动或事件的信息掌握得越充分，不确定性越低，而且不确定性会随着时间的推移由较高层级向较低层级转化。根据不确定性的来源，可以将其分为环境的不确定性、过程的不确定性、人为因素引起的不确定性、相互关系的不确定性四类。不确定性不是偶然现象，而是普遍存在于项目组织运行全过程中的，有效地管理项目的不确定性将有益于项目组织的协调。

3) 相互依赖性

随着工程项目规模越来越大、复杂程度越来越高，项目组织成员之间的相互依赖程度越高，协调工作量越大，则越需要更多协调方式。随着相互依赖程度的增加，项目组织需要逐步增加局部的、非形式化与协作性的协调策略，需要有更高程度的协调来处理相应信息，并进行更多的沟通和决策。

4) 相互信任度

信任能够使活动所面临的不确定性减少，从而缓解了对机会主义行为的担忧，降低相互协调的需求。相互信任的组织更容易主动暴露自己，更愿意主动共享信息，更有利于增进相互了解。信任还有一种"不言而喻"的效果，互信的形成是一种相互认同的过程，在这个过程中，伙伴之间会建立起一种强烈的集体一致性。信任赋予组织一种强有力的、令人鼓舞的信心，这种信心也会弱化高风险交易对合同完备性的要求。信任还会改变组织承担风险的意愿，增强组织的风险吸收能力，从而使组织愿意承担更高的风险。总体而言，相互信任度影响工程项目组织的协调。

(2) 组织协调的原则

工程项目组织协调应遵循以下原则。

1）系统性原则

在进行工程项目组织协调时，应从系统的角度出发，进行整体统筹，既保证项目组织整体协调运转，又不要过多干扰其他参与方的正常运行。

2）效益化原则

建立项目组织的最终目的在于获取经济效益，而解决组织各参与方矛盾的关键也在于利益的合理分配。因此，组织协调活动应在保证项目组织效益最大化和各参与方利益的合理分配的基础上展开。

3）效率原则

协调的目的不是掩盖、抹杀问题，也不是"和稀泥"，而是通过发现问题、解决问题，明确各参与方、各部门、各岗位在完成组织总目标方面所应承担的工作和职责范围，使各参与方之间、部门之间、人与人之间更好地分工、合作，从而提高组织效率。

4）行为规范化原则

项目组织中出现的争议与冲突，在很大程度上，是由于组织各参与方的行为不规范带来的行为不协调，如何引导和约束各参与方的行为，关键在于要加强贯彻落实各参与方之间的行为规范化。

5）激励性原则

在协调过程中，合理使用激励手段，不仅可以预防问题和矛盾的发生，而且在问题发生以后，又能调动各方协作的意愿，提高协调工作的成效。

4.4.3 工程项目组织协调的内容

工程项目组织协调范围广泛，内容复杂。如图 4-4 所示，业主方项目组织的协调可分为业主内部协调和外部协调，而组织系统外部协调是重点。组织系统外部的协调，根据项目组织与外部联系的程度又可分为近外层协调和远外层协调。近外层是指直接参与项目建设的各参与方，包括承包商、监理单位、设计单位、咨询单位、供应商等。远外层是指对工程项目有一定影响但并不直接参与项目建设的利益相关方。远外层的协调需依据项目的特定环境进行，具体情况具体分析，在此，不作详细介绍。

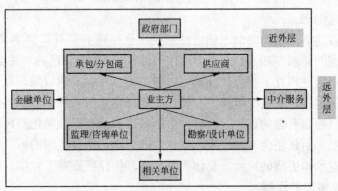

图 4-4　业主方工程项目组织协调范围示意图

(1) 业主方与承包商关系的协调

业主方和承包商对工程承包负有共同履约的责任。业主方与承包商的协调，不仅影响到项目的顺利实施，也影响到与承包商的长期合作关系。在项目实施过程中，业主方和承包商之间发生多种业务关系，实施阶段不同，这些业务关系的内容也不同，因此，业主方与承包商的协调工作内容也不同。

1) 施工准备阶段的协调

业主方和承包商的项目管理组织，都应参与工程承包合同的洽谈和签订，熟悉各种洽谈记录和签订过程。在承包合同中应明确相互的权、责、利，业主方要保证落实资金、材料、设计、建设场地和外部水、电、路，而承包商负责落实施工必需的劳动力、材料、机具、技术及场地准备等。承包商负责编制施工组织设计，并参加业主方的施工组织审核会，开工条件落实后应及时提出开工报告。

2) 施工阶段的协调

① 进度控制。业主方和承包商都希望工程项目能按计划进度实施。双方应密切合作，创造条件保证项目的顺利进行。业主方应经常督促、检查承包商的施工进度计划、施工作业计划及施工统计表等。

② 质量控制。在进行质量控制时，业主方应注意，对重要的隐蔽工程和关键工序（如地槽及基础的质量检查），确认合格后方可允许进入下道工序。承包商也应尊重业主对质量的监督权，及时向业主方提交材料报验单、进场设备报验单、施工放样报验单、隐蔽工程验收通知、工程质量事故报告等材料，以便业主方进行分析、监督和控制。

③ 变更处理。在项目的施工过程中，出现工程变更和项目的增减现象是不可避免的。工程变更可能由业主方、设计方或施工方提出，对于变更的处理，应该严格按照规定的程序来执行，主要关注变更起因、变更引起的相关费用和工期的变化等。

④ 支付进度款。业主方应根据已完成工程量及收费标准，计算已完工程价值，为承包商办理签证结算，防止因承包商资金不足而出现工期延误。

⑤ 合同关系与纠纷。业主方和承包商是平等的合同关系，双方都应真心实意共同履约。对合同纠纷，首先应协商解决，协商不成再向合同管理机构申请调解、仲裁或通过法院诉讼解决。施工期间，一般合同问题切忌诉讼，遇到非常棘手的合同问题，不妨暂时回避，等待时机，另谋良策。只有当对方严重违约而使自己的利益受到重大损失时，才采用诉讼手段。

3) 交工验收阶段的协调

当全部工程项目或单项工程完工后，双方应按规定及时办理交工验收手续。业主方应及时组织施工验收，承包商按交工资料清单整理有关工程档案资料，验收后交业主方保管。

(2) 业主方与监理单位的协调

在工程项目建设中，监理单位与业主方之间也是通过合同关系联系在一起的。监理单位接受业主方的委托，对施工质量、工期和资金使用等方面，代表业主方实施监督。业主方项目组织必须为监理单位开展工作提供方便，按照要求提供必要的技术及经济资料，并配合监理单位开展工作，树立权威。

(3) 业主方与咨询单位的协调

咨询单位指由业主方聘请的直接为工程项目建设服务的造价师事务所、律师事务所等单位。他们根据业主方的委托为项目提供技术和管理支持，帮助业主方减轻管理负担，减少项目风险。为了协调好两者关系，应通过密切接触，做到相互信任、相互尊重，遇到问题，友好协商，做好协调工作。

(4) 业主与设计单位的协调

设计单位亦属于咨询单位，但在工程项目组织中，设计单位相比其他咨询单位，对项目的实施具有更大的影响力，随着全生命周期管理理念的深入，项目管理者越来越重视设计阶段对整个项目实施的影响。业主与设计单位的协调要注重两个方面：一方面，业主应与设计单位做好关于建筑产品设想及功能规划方面的协调，保证设计单位的设计图纸能够更好地实现业主的建设意图；另一方面，业主作为设计单位与施工单位的沟通桥梁，应积极促进这两者之间的沟通协调，保证施工单位能够按照设计方的设想来完成建筑产品，并在施工实践中与设计方协调合作，优化设计，提高建筑产品质量。

(5) 业主方与供应方的协调

工程项目需要的资源供应，一般可由承包商负责采购，但是一些重要资源，业主方往往自行采购。采购方式有两种：一是直接与供应商签订合同，按合同供应；二是从市场上购买，不与供应商发生合同关系。在建立合同前应对物资供应方的质量体系进行调查，与已经取得认证资格的供应商签订合同。业主方也必须了解市场，利用市场的竞争机制、调节机制和约束机制，降低采购成本，提高采购质量。

4.4.4 工程项目组织协调技术

工程项目组织协调技术可分为通报技术、沟通技术、协商技术、谈判技术和冲突处理技术五大类。项目管理者要善于掌握运用这些方法与技巧，做好组织协调工作，以提高组织效率。

(1) 通报技术

项目实施过程中，各参与单位之间、参与单位与相关组织之间都要不断地通知、汇报、请示并报告项目的进展情况，这些活动可以统称为通报。项目实施中如何把工程情况通报给项目上层组织、相关组织及个人，是项目协调的重要内容。每一个与项目相关的组织和个人均需要得到有关工作进展的适当信息。缺乏信息，使得相关的组织和个人不能有效沟通，信息过量又可能使相关的组织和个人淹没在大量不必要的资料之中，浪费时间。工程所需最低限度的通报，可以在合同或工作计划内确定，明确各种通报及其性质、范围和频次。对于一项工程，通报工作基本上有六种方法：正式书面报告、非正式书面报告及信件、介绍、指导性的巡视、非正式会议和交谈等。

1) 正式书面报告

正式书面报告是独立的和完整的,便于长期保存,能提供工程的永久记录。同时,它能提供背景情况说明、相关评论以及了解工程各方面的情况。

2) 非正式书面报告及信件

非正式书面报告及信件,用以让项目组织各参与方了解最近的工程进度完成情况、存在的困难及近期计划,通常编成日报、周报、双周报、月报或季报等。异常的重要情况发生时,提交补充的报告。

3) 介绍

介绍相当于口头的正式报告,以项目会议的形式展开。介绍的目的是传达项目近期主要工作,取得当面交谈的机会。

4) 指导性的巡视

指导性的巡视是指业主到工程现场检查工作,了解第一手资料,并予以指导。

5) 非正式会议

非正式会议是最有效的通报方法之一,需产生一个双向的报告,即业主作的报告和参与方作的报告。

6) 交谈

在工程实施过程中交谈,可以建立相互理解,一旦达到这种理解,可进一步采用正式报告的方式。

(2) 沟通技术

沟通是项目管理系统所进行的信息、意见、观点、思想、情感与愿望的传递和交换,并借以取得系统内组织之间、上下级之间的相互了解和信任,从而形成良好的人际关系,产生强大的凝聚力。沟通是否有效取决于沟通过程中技术层面上的相关要素,它包括各参与者的参与程度、沟通氛围的营造、沟通制度的制定、各沟通主客体沟通策略与技能的应用及管理信息沟通平台的建设等。

1) 沟通范围

项目需要有效的沟通以确保在适当的时间、以较低的代价使正确的信息被适当的人所获得。有效沟通包括信息的交换、传送信息的行为、口头或书面消息、有效地表达想法的技巧、相互之间通过简单明了的符号系统交换意见的过程等内容。

2) 沟通渠道

项目沟通的渠道多种多样,而且往往相互交织在一起,共同发挥作用。

① 人际沟通渠道和组织沟通渠道

在项目内部,既存在人与人之间的沟通,也存在部门与部门之间的沟通。人际沟通和组织沟通是项目沟通的两种基本渠道。人际沟通是指两个或两个以上项目团队成员之间的沟通。在人际沟通中,信息一般是由一个人传递给另一个人或多个人,同时也包括人与人之间的相互理解,如项目负责人与团队成员、团队成员与团队成员之间的沟通。人际沟通主要是通过语言交流来实现,同时还包括情感和思想等的非语言交流、借助信息技术的交流等。良好的人际沟通是进行组织沟通的前提和基础。组织沟通是指部门之间、组织之间的信息交流、传递和理解活动，可通过正式沟通和非正式沟通进行。

② 正式沟通渠道和非正式沟通渠道

所谓正式沟通渠道是依据正式规定的组织程序，按照权力等级链而建立起来的沟通渠道，如会议制度、报告制度等。优点是信息可靠性强，有较强的约束力；缺点是信息的传递要通过多个层次，速度较慢。非正式沟通渠道是指不通过正常沟通渠道而进行的信息传递和交流，如团队成员之间私下的消息交流等。它是由于感情和动机上的需要而形成的，这些需要可能是因为工作而产生，也可能是由于外部的条件而产生。非正式沟通渠道比较复杂，信息经常会被曲解，与正式沟通渠道相矛盾，但有时也会成为正式沟通渠道的补充。非正式沟通渠道的优点是沟通方便，且能够沟通一些在正式渠道中难以实现的信息；缺点是信息容易失真。

③ 语言沟通渠道与非语言沟通渠道

语言沟通渠道是利用语言、文字、图画等进行信息的传递和交流而建立起来的，包括书面沟通和口头沟通两种形式。非语言沟通渠道则是利用动作、表情、姿态等体态语言方式而建立起来的，通常包括身体语言沟通、副语言沟通和物体的操纵沟通三种形式。一个动作、一个表情、一个姿势都可以向组织成员传递某种信息，有时候非语言沟通在项目组织中所起的作用并不亚于纯粹的语言沟通。

④ 应用信息技术的沟通渠道

随着项目组织的扩大以及信息复杂性的增加，许多项目为了把信息传递给更多甚至全部的项目成员，更倾向于应用信息技术（如多媒体、闭路电视、电子邮件、语音信箱、内部网络、网站、录像等），来提高信息沟通的互动性和快捷性。信息技术改变了许多信息加工、处理和发送的方法，利用信息技术进行信息沟通，是因为信息传递具有速度快、信息容量大、一份信息可以同时传递给多人的特点，而且往往由于不受时空范围的限制而使远距离的沟通更便利。信息技术促使项目的人际沟通和组织沟通、正式沟通和非正式沟通、语言沟通与非语言沟通有了飞速的发展和进步，但是与传统的语言沟通和非语言沟通相比，存在缺乏情感交流的缺陷。

3) 沟通反馈机制

从沟通过程来看，反馈是双向沟通的一个重要环节，是整个沟通体系的核心部分。反馈机制的设计关键在于保证信息传递的流畅性、完整性和真实性，包括：外部环境变化的反馈机制和内部的反馈机制。工程项目各参与方有责任提供有关项目实施信息，并保证其完整性与真实性，业主方按合同文件的规定对参与方的阶段成果进行评价和反馈。

(3) 协商技术

协商是为了解决某些事情而与他人商量、商议。协商的基础是项目计划和有关文件。

1) 协商要素

协商要素包括合作基础，满足双方真正的需求，双方受益，实现共同利益等。

协商是通过正式的途径，双方交换信息，讨论、商议各自的让步与回报。这种行为使双方能够估计某一时刻可以提供多少信息和让步，以及预期得到多少回报。每一方都这样认为，他们的交换与让步应该大致平衡，直至双方对整个情况满意为止。

2）协商技巧

① 确定问题

对于协商者来说，重要的是双方都应确定好自己要进行协商的内容及条款。双方应列举所关切的事，并建立研究这些问题的程序或议事日程。

② 给协商参加者授权

既然协商实质上包含了相互让步，则协商者具有与作出让步相称的权力对双方都很重要。为了避免作出的让步大于得到的回报，每一方应该知道另一方的授权。

③ 建立良好的愿望

良好的愿望有助于协商过程。良好的愿望，使得拒绝的可能性降低。良好的愿望，是由双方互相小心对待而发展起来的，也可以通过轻易地解决几个问题而发展。

④ 请求更高的权威

有时候，一方发现与另一方进行协商很困难时，就会要求与一个更高的权威打交道。而且，更高的权威不应当答应单独协商，而是始终由原来参加协商的某些人陪同，这将避免对方试图重新协商老问题。

(4) 谈判技术

谈判是为了达到双方均可以接受的局面而采取的行动，旨在就彼此认为很重要的问题、可能引发冲突的问题、需要合作才能得以解决的问题等达成协议。谈判通常是解决冲突的一种手段。谈判比协商的重要性或正式程度要高，或者说，谈判是更高一级的协商。

在谈判过程中，应遵循认同原则、竞争原则、截止期原则、理解原则、让步原则等，以取得谈判的成功。

(5) 冲突处理技术

尽管引发冲突的因素各式各样，不同的冲突源在项目的整个生命周期中呈现出不同的性质，但面对众多的冲突有五种基本的解决模式。

1）撤出

撤出或回避的方法就是尽量避免直接冲突，让卷入冲突的项目成员从这一状态中撤离出来，从而避免发生实质的或潜在的争端。

2）面对

直接面对冲突是克服分歧、解决冲突的有效途径。通过这种方法，项目组织成员直接正视问题、正视冲突，要求得到一种明确的结局。这种方法既正视问题的结局，也重视项目组织成员之间的关系。在这种情况下，项目组织成员之间的关系是开放的、真诚的、友善的。

3）缓和

这种方法通常的做法是忽视差异，在冲突中找出一致的方面。尽管这一方式能缓和冲突，避免某些矛盾，但它并不利于问题的彻底解决。

4）妥协

协商并寻求争论双方在一定程度上都满意的方法是这一模式的实质，主要特征是"妥协"，并寻求一个调和的折中方案。

5）强制

肯定一方，否定另一方。通常用在有竞争且"非赢即输"的情形下。直接解决冲突也是克服分歧、解决问题的一种途径，这是一种积极的冲突解决方式。

4.5　工程项目组织动态调整机制

4.5.1　工程项目组织调整的内容与方式

（1）工程项目组织调整的定义

工程项目组织调整是指项目组织在运行的过程中，根据工作的需要、环境的变化，分析原有组织的缺陷和适应性，对原组织要素（组织结构、管理流程、组织制度等）渐进式地进行调整和重新组合，以保证项目组织运行效率的提升和组织整体目标的实现。

（2）工程项目组织调整的内容

工程项目组织调整包括：管理流程调整、组织结构调整、规章制度的修订或废止、责任系统的调整以及信息流通系统的调整等。其中管理流程调整、组织结构调整是组织调整的重点。

1）管理流程调整

通过组织规划和组织结构设计，确定了管理流程、操作程序、工作逻辑关系，构成一个动态的管理过程。在运行过程中，通过不断调整和优化现有流程，使其更好、更省、更快，以更低的运作成本来实现项目组织目标。管理流程调整是组织调整的基础。

2）组织结构调整

根据组织权变理论，没有公认的普遍适用的最优组织结构和形式，只有在某一具体任务环境下，适用于这一个具体条件的最优组织结构。对于组织结构复杂、工作内容繁多的项目，组织结构的调整尤为重要。

3）其他

包括规章制度的修订或废止、责任系统的调整以及信息流通系统的调整等。

组织调整的内容间是相互影响、相互制约的，比如管理流程的调整也可能伴随着组织结构的调整。

（3）工程项目组织调整的方式

一般来说，工程项目组织调整的方式有三种：

1) 采取变革性的措施，即组织变革，一举打破原来的组织状态，彻底抛弃原状，采取全新的组织状态模式。

2) 采取局部渐进调整的方法，在原有项目组织现状的框架内进行一些局部的小范围的改革。

3) 采取系统的渐进法，即在充分分析原有组织要素不足的基础之上，确立工程项目组织优化调整的措施，逐步进行优化和改革。

组织调整方式的选择一定要和调整时机的确定、调整的层次性、调整的广度及深度以及调整目标等相结合，才能充分实现调整的效果。

4.5.2 工程项目组织管理流程调整

(1) 工程项目组织管理流程调整的概念和内容

1) 管理流程调整的概念

管理流程的调整是指工程项目组织运行过程中，在分析现有管理流程基础上，根据项目目标及相关原则对现有管理流程进行的调整，其关键问题是完成对项目核心流程的调整。流程调整不同于组织流程再造，它是在项目运行过程中，针对现有流程运作过程中的不适应的部分所作的局部的、渐进式的调整，风险较低，对正常运营干扰小。其缺点则是仍然以现有流程为基础，流程创新有所限制。

2) 管理流程调整的内容

工程项目组织管理流程调整的内容包括：工程项目目标管理流程的调整、合同管理流程的调整、风险管理流程的调整、项目决策管理流程的调整、项目协调管理流程的调整、项目人力资源管理流程的调整等。

(2) 工程项目组织管理流程调整的基本方式

一般来说，流程调整是通过改变活动逻辑顺序、改变活动的实施方式、调整领导的角色、改变绩效的考评体系、加快信息化的建设、加强横纵向的沟通等方式来实现的。流程调整的基本方式是 ESIA，即 E(Eliminate)清除，S(Simplify)简化，I(Integrate)整合，A(Automate)自动化。

1) 清除

清除主要是指将项目中原有流程的非增值活动予以清除。比如一些由职能设计和部门设置而产生的多余活动，最常见的就是过多的部门之间的协调。

① 等待时间。例如一些文件处理的等待时间、审批的等待时间等。这种情况使流程的周期加长，追踪和监测变得更加复杂，但却没有增加价值。

② 重复活动。如果一项任务是重复的，那么它将只增加成本而不增加价值，实行信息共享是解决重复活动的有效方法。

③ 重复检验、监测和控制。如果对任务事无巨细地进行完全检查，组织流程的效率将大大地降低，应该充分地授权给具体的工作部门。

2) 简化

从流程设计的角度来看，原有流程基于历史原因而增加的环节必须予以清除，基于原有流程要素而设置的环节也应当根据现有因素的变化而予以适当简化。例如，有些表格在流程运作中根本没有实际的作用或者表格设计上就有诸多重复的问题，可以通过重新设计表格系统使组织流程取得显著的改善。也可以就被迫分解的环节结合现有的处理能力重新进行考虑，以简化流程，达到提高流程效率的目的。

3）整合

在对流程的任务体系经过充分的简化以后，还需要对被简化的流程进行整合，以使流程顺畅、连贯。

4）自动化

对于流程的自动化而言，并不是简单的计算机化就能完成的，在有些流程中，计算机的应用反而增加了其复杂程度。因此，流程的自动化应该是在对流程任务的清除、简化和整合的基础上进行的。另外，自动化并非对任何流程的管理与控制都是有效的，也没有必要片面去追求完美的计算机系统。

数据的采集在流程中是一个相当费时的工作，通过信息技术来减少这种反复的采集并降低单次采集的时间，是自动化的一个重要工作。而运用信息系统的一个很重要的方面就是数据的分析与分析结果的共享。

(3) 工程项目组织管理流程调整的实施步骤

一般来说，工程项目组织管理流程调整的实施步骤可分为五个阶段。

1）构思设想

流程调整首先要得到高层领导的支持，得到各部门、各组织成员的理解以及公司信息部门及信息支持系统的支持，要进行详细的构思和设想，并选择合适的机会进行。

2）分析诊断

分析诊断的主要任务包括对现有流程建模、描述各流程的属性等，如活动、资源、沟通关系、管理职责、信息技术和成本等。通过确定流程的需求，分析现有流程中存在的问题及其根源，确定非增值的环节、瓶颈环节等。

3）流程调整

通过头脑风暴法和其他创新技术，提出各种流程调整的可能方案，同时要设计与调整后的流程相适应的组织结构。

4）流程实施

这个阶段主要是采取措施，确保项目在流程调整后的平稳过渡。在这个阶段，需要建立信息平台、完成员工的培训以及组织结构的转变。

5）监测评估

调整后的流程是否能达到提高组织运行效率的目的，还需对其进行监测和评估，实现流程的持续改进。

管理流程的每一次调整，都将使流程的范围、责任链发生一定的变化，从而使得相应的组织结构发生变化。伴随流程的清除、精简、简化、整合的是组织结构所进行的清除、精简、简化、整合。尤其是在进行关键流程调整时，要同时进行关键岗位和关键部门的调整，进而对组织结构进行调整。

4.5.3 工程项目组织的结构调整

(1) 工程项目组织结构调整的概念和内容

1) 组织结构调整的概念

工程项目组织结构调整是指项目伴随外部环境和内部条件的变化,依据组织目标对组织结构进行的适应性调整。其目的就是为了实现组织系统的优化,实现组织效率的提高。对于组织结构复杂、工作内容繁多的项目,组织结构调整尤为重要。

2) 组织结构调整的内容和意义

工程项目组织结构调整主要包括:组织内部的分工程度的调整、协调方式的调整、管理幅度的调整、垂直领导的层级调整、任务分配的调整、联结方式的调整、信息沟通方式的调整等内容。通过调整,可使组织内各参与方内部和各参与方之间呈现出良好的状态,并使彼此之间的关系(如协作、分工、联结等)充分融洽,从而提高组织效率。

(2) 工程项目组织结构调整的动因分析

所有组织调整都是有因而发的行为,诱发原因无非两个方面:内部原因和外部原因。工程项目组织结构优化调整的动因主要包括适应工程项目组织环境、实现组织目标和提高组织效率三个方面,即环境动因、目标动因和效率动因。

1) 环境动因

环境变化(如社会环境、原材料市场的变化)往往给工程项目组织的运行造成一些负面影响,如项目计划的修订、部门职能范围的划定等,当这些负面影响积累到一定程度,组织结构必然要进行一定的调整,保证组织系统与环境的适应性。因此,适应环境变化是组织结构的主要动因。

2) 目标动因

每一种组织结构形式都是为了顺利完成特定阶段的组织目标而设计的,一旦无法完成目标甚至阻碍组织目标的实现时,就不可避免地要对其进行调整。

项目生命周期是由若干不同阶段或过程组成的整体。一般来说,工程项目包括可行性研究、规划和设计、建设实施以及移交等阶段,各阶段的工作重点和分目标甚至执行主体都不相同。如可行性研究阶段的工作重点是进行可行性研究、测量等,由项目业主委托相关设计咨询机构完成,而实施阶段的工作重点在于工程施工,由相关施工单位实施。因此,项目推进到不同的阶段,工程项目组织结构需要依据该阶段的特点进行调整,以保证组织结构能有效实现工程项目组织目标。

案例分析:某政府投资工程业主方组织结构形式调整

项目前期策划的任务委托给市政府的一个职能部门,仅有一个临时性的协调小组;在可行性研究阶段,成立一个专门的领导小组,由于项目的参加单位很少(主要为咨询单位),则采用直线式组织结构;在勘察设计阶段,成立了项目公司,划分了许多职能部门,项目参加单位逐渐增加,则采用直线职能式的组织结构形式;在施工阶段,由于项目由许多子项目构成,各子项目有承包商、供应商、监理单位等,则项目公司采用矩阵式的组织形式;在运行阶段,项目公司采用公司化管理,结构形式回归直线职能式,职能部门的数量及职权发生了变化。

在整个项目生命周期内,组织形式变化,如图4-5所示。

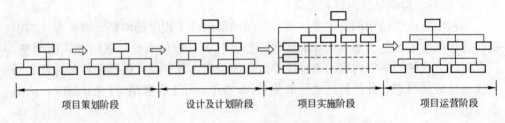

图4-5　工程项目组织生命周期各阶段的组织形式

3) 效率动因

工程项目组织结构决定了工程项目组织的权力分配,同时也决定着组织的决策模式,而权力分配与决策模式是影响组织效率的关键要素。适时调整组织结构是提高组织效率的一个重要手段。通过对项目目标、各参与方之间关系以及激励和控制体系的整合与组合,使工程项目组织中各参与方的关系达到一种新的良性状态,有利于提高工程项目组织效率,实现相关利益主体的利益最大化。

(3) 工程项目组织结构调整的程序

组织结构调整的程序就是组织结构优化调整的行动次序和步骤,可分为四个阶段和八个步骤,如图4-6所示。

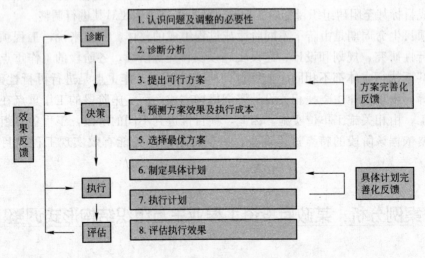

图4-6　组织结构调整程序

四个阶段是诊断、决策、执行和评估,八个步骤分别是:

1)认识问题及调整的必要性

分析工程项目组织运行的现状,通过将现状与理想状况对比,认识到进行结构调整的必要性,并且要尽可能让更多的人认识到调整的必要性,以减少实施过程中的阻力。

2)诊断分析

认识到调整的必要性后,就要着手诊断工程项目组织结构效率低下的原因,确定项目结构优化调整的内容及途径。

3)提出可行方案

根据原因诊断和所确定的调整途径,初步拟定多个结构调整的方案,通过反复评审和筛选,最后确定可行的调整方案。

4)预测方案效果及执行成本

提出可行方案之后,下一步就是对这些方案的效果及执行成本进行预测分析反馈,以对效果不突出的方案加以重新修改和完善。

5)选择最优方案

对各可行方案进行对比(效果和成本方面),然后在全面衡量和比较的基础之上,选择最优调整方案。

6)制定具体计划

根据所确定的最优调整方案,制定具体的行动计划,如具体步骤、费用预算、可能出现的意外情况及处理等。

7)执行计划

通过不断推动、激励和监督等手段使计划顺利进行。同时,执行过程中不断地将执行情况反馈到前一步骤,以使具体计划更加完善、更加适应执行过程中已经变化了的情况。

8)评估执行效果

评估执行的效果是最后的步骤,在执行过程中和执行完成后都要对执行效果加以分析、认识和评估。评估执行效果的目的是通过认识调整的效果和不足,来完善调整的方法和措施,以求更好地达成组织结构调整的目标。

案例分析:某工程项目组织的动态调整

(1)项目背景

某建设有限公司由两家国有投资企业共同投资组建,于项目设计招标开始前成立,负责对工程进行融资、建设、经营管理和还贷。公司实行以总经理为核心的集体领导和分工负责制,其中总经理1人、副总经理2人、董事长助理1人、总工程师1人。公司有7个职能部门:综合部、工程部、前期部、合约部、财务部、技术部和大桥指挥部。公司组织架构及各部门的职责见图4-7和表4-2。

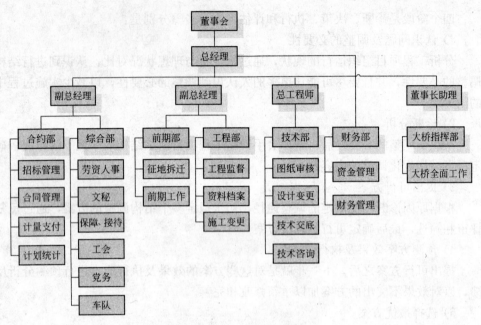

图 4-7 项目公司组织架构图

项目公司部门职责一览表　　　　　　　表 4-2

部门	职责划分
综合部	人事、劳资管理；行政事务管理；档案资料管理
财务部	财务管理；资金管理；经济计划分析
合约部	招标管理；合同管理；工程造价管理；计划编制与统计
技术部	日常技术管理；设计变更管理；技术资料管理
工程部	日常施工管理；施工变更管理；施工资料管理
大桥指挥部	负责大桥全面工作
前期部	征地拆迁、项目前期工作

由于设计变更、征地拆迁困难等原因，该项目公司面临着越来越大的进度压力，迫切需要将公司的各项资源集中到施工现场，以提高项目管理效率。

(2) 分析诊断

在对项目公司管理流程和组织结构进行诊断后，发现：

1) 不同部门之间的协调困难

在目前职能式的组织结构下，流程较复杂，流程很长时间才能完成。流程进行到了什么程度，各部门经理只是在碰头会上口头传递，平时很难了解。而且每项活动完成后，向下传递的速度较慢，自己的任务完成了，对下一道工序关注较少。

2) 流程效率低下

流程中活动的效率决定了流程的产出，项目公司各流程中存在一些无用的活动，这些活动在传统的管理模式下是适用的，逐渐在员工思维和工作中形成了一种定式，认为做这项活动是理所当然的，当项目管理模式发生变化后（本项目采用"施工图设计＋施工"的总承包模式，即 DB 模式），依然无法跳出原来的思维定式，仍然按照老办法，走老路，导致流程效率低下。例如，承担设计咨询和监理的单位，配备人员较少，缺乏工作经验，在对设计单位的图纸审核中，审核不细，时间过长，不仅没有发挥其应有的作用，而且影响了工期，也造成了一些质量隐患。

3) 信息流转延误

由于缺乏一套科学、高效、快捷的管理信息系统，对项目信息的搜集、处理、加工、存储及传递工作在很大程度上还依赖人工来完成，延误以及人为因素的差错现象比较普遍。

(3) 进行管理流程的调整

面对公司管理流程中的这些问题，该项目公司大胆地进行了流程再造工作。

1) 改变活动逻辑顺序

工程部和技术部在流程上采取的是串行作业方式，即工程部工作的开始往往要等到技术部的工作完成，相互之间的协调沟通也很少，从而造成设计管理和施工管理脱节，延长了处理问题的时间。在流程再造过程中，公司要求工程部和技术部这两个关联程度高的部门进行联合办公，共同负责工程进度、质量及技术管理，加强设计与施工的紧密联系。

2) 改变活动的实施方式

该项目公司作为一家新成立的业主单位，在一些专业化要求高的业务活动上，缺乏相应的经验和有能力的工作人员。如果一味采取对员工进行长期的业务培训后再上岗的方法，势必会延长时间，降低整个流程的效率。为此，公司与相应的专业中介机构签订咨询合同，将中介机构的专业人员纳入到公司从事相应的业务活动，并在实践中对公司的自有人员进行业务培训，从而既确保了目前流程的顺畅、快捷，又为将来流程的高效运作打下了基础。例如：公司与会计事务所签订咨询合同，将专业会计人才充实到公司的财务部，帮助公司进行财务管理等。

3) 公司领导角色的调整

由于该项目划分为 9 个标段，各标段进度不一，协调工作量大，为缓解施工进度滞后的压力，项目公司将各副总经理与总工程师定位为"标段负责人"，其职责由原来主管各职能部门调整为对各施工标段业务流程体系进行管理和监控，对施工标段各流程涉及的相应部门进行沟通、协调，关注相应施工标段的执行情况和结果，以保证此标段目标的实现。而总经理进行计划、协调和组织，根据各标段运转的好坏及目标达成度对相应主管副总经理及职能部门进行考核激励。

4) 改变绩效考评体系

由于各施工标段涉及的流程是由来自不同部门的员工共同完成的，他们的利益与所在部门密切相关，因此，流程中的人员考虑问题时往往更关注自己所在的部门，而非流程的执行效果。所以，在流程再造过程中，公司领导把各职能部门及员工的工作业绩同其从事的业务流程的执行情况相挂钩，促进各职能部门及员工对整个流程的关心。

5) 加快信息化建设

公司通过采用先进的计算机技术和现代通信技术，实现公司的人流、物流、资金流、信息流等要素的网络化传播和处理,从而减少了信息传递的中间环节,避免了信息的人为歪曲、屏蔽。

6) 加强横、纵向的沟通

公司还通过建立高层领导之间、职能部门之间的横向沟通机制及公司高层、中层和基层之间的定期纵向沟通制度,增强组织协调能力,确保公司的目标与意图得到全体成员的理解与支持。

(4) 进行组织结构的调整

在组织结构调整方面采取的相应调整措施主要有:

1) 公司领导从流程而不是职能部门的角度来管理公司,把各职能部门及员工的工作业绩同其从事的管理流程的执行情况相挂钩,促进各职能部门及员工对整个流程的关心。

2) 总经理对公司所有管理流程进行计划、协调和组织。根据各流程运转的好坏及目标达成度对相应流程负责人及职能部门进行考核与激励。

3) 为充实现场管理力量,将决策指挥机构下移,成立两个现场指挥部,分别由2名副总经理、总工程师、董事长助理、总经理助理(根据需要新提拔)担任指挥长,且制定了完善的质量控制流程、进度控制流程、投资控制流程、安全控制流程,形成了完整的流程体系。各职能部门是流程的主要执行人,对流程的效率负责。调整后的组织结构由原来的直线职能式,变成了矩阵式,如图4-8所示。

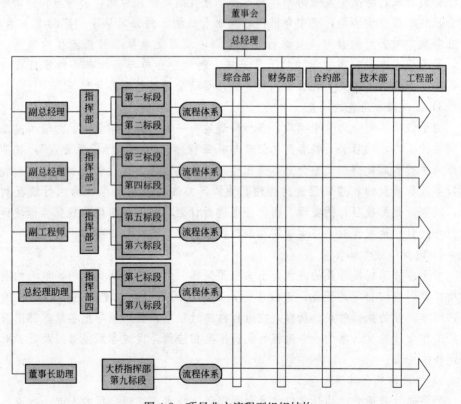

图4-8 项目业主流程型组织结构

(5) 成效与启示

该项目公司根据建设管理的需要,在认真分析诊断的基础上,大胆优化流程,创新性地形成了"项目公司+指挥部"的流程型组织结构,积累了许多宝贵的经验,取得了明显的成效,使整个工程的进度、质量和投资目标全面实现。

思考与讨论

1. 你是如何理解运行机制这一概念的?
2. 你认为运行要素还可以包括哪些内容,理由是什么?
3. 比较职权驱动力与契约驱动力的异同。
4. 工程项目组织协调的内容和方法有哪些?
5. 组织动态调整是基于什么原因开展的?
6. 结合案例谈谈你是如何理解组织流程和组织结构动态调整的?
7. 请根据你的理解,对工程项目组织运行机制模型进行重新解析,并在此基础上,提出相应的完善建议。

第5章 工程项目文化

在工程项目管理过程中，项目文化对项目的成功发挥巨大的作用，不仅能够增强工程项目组织的凝聚力，而且能提高工程项目组织的绩效。本章主要从工程项目文化内涵、工程项目文化内容及工程项目文化建设三个方面来论述什么是工程项目文化，工程项目文化的功能和内容，工程项目文化建设的难点及措施等一系列的问题，力求对工程项目文化进行全面而系统的阐述。

5.1 工程项目文化概述

5.1.1 工程项目文化的含义

工程项目文化作为一种独特的文化形态，具有两种属性：一种是文化属性，是整个社会文化的有机组成部分，具有文化的共性；另一种是管理属性，是为适应工程项目管理而产生的独特性文化，具有鲜明的个性，是共性文化和个性文化的辩证统一。但在项目管理过程中，常因目的、情感、学识的不同对工程项目文化有着不同的理解甚至曲解和误解，影响和制约了工程项目文化的功能发挥。因此，对工程项目文化的含义进行精确的界定显得尤为必要。

许多国内外的专家、学者从不同的视角和侧重点对工程项目文化的含义进行了界定。如挪威学者安德森认为，工程项目文化就是基层组织对工程项目工作的态度和理解。工程项目文化决定了组织成员对精神满足程度的确认，也决定了对项目中一切事物的判断与认定，对组织成员的行为、态度具有影响力，从而内在地决定了人的行动取向。美国学者 David.Celand 对工程项目文化的定义为：工程项目文化就是将项目组织成员联系在一起，赋予他们工作的意义以及在工作和生活中履行各自项目责任时所应遵循的原则和标准。我国对工程项目文化的研究起步较晚,也对工程项目文化进行了一些探讨,认为工程项目文化是工程项目特有的领导风格、管理方法、工作水平、成员素质、成员信仰、值价观和思想体系,是有意无意中指导项目的准绳;工程项目文化是工程项目内部环境的综合表现,是在项目实践中形成的组织成员普遍接受的对项目目标的认同感、价值观、道德观、行为规范和项目组织氛围等。也有人对工程项目文化作了如下定义:工程项目文化是一种管理文化,是项目管理过程中的沟通方式、规则、技术和文件的标准以及项目管理特有的领导风格、方法、素质、水平、信仰、价值观和思想体系,是内在的指导项目管理进程的准绳,是组织内部所独有的,不易被效仿的有利竞争武器。

上述界定各具特色,结合国内外有关专家学者的观点,对工程项目文化的一般概念定义如下:工程项目文化是企业文化在项目中的延伸,由项目管理者紧密结合工程项目的实际情况所倡导和推动,组织成员认同并积极参与形成,并内化到每一个成员心中成为其自觉行动的一整套管理体制、领导风格、价值标准、基本信念、思想道德、行为规范等内容的复合体。

5.1.2 工程项目文化的发展历程

工程项目文化伴随着项目的发展而发展,与项目一样久远。但在项目管理的视角下,将工程项目文化视为重要的管理理论、思想和方法而有意识加以识别、培育和发展并没有多久的历史,从体系和理论高度来看待工程项目文化,可以分为4个发展阶段:

(1) 工程项目文化的无意识阶段

在20世纪中期以前,工程项目主要靠经验、严格的制度来维系,项目目标单一,一切项目管理要素都被看成工具和方法,人们对工程项目中的文化处于无意识状态。

(2) 工程项目文化的萌芽阶段

从20世纪中期开始,项目管理开始在美国出现,工程项目管理理论逐步形成并被广泛推广。在这一时期,工程项目管理开始注意利益相关者的需求,逐渐重视人的因素,注意对项目中文化因素的利用。但是工程项目管理中并没有对工程项目文化进行界定,只是处于萌芽阶段。

(3) 工程项目文化的出现阶段

20世纪70年代以后,面对日本企业的迅速崛起,美国企业界和学术界开始从"软"管理方面研究日本企业并提出了企业文化理论。企业文化理论的出现和巨大的成效使一些企业将其中一些理论甚至全部理论运用于该企业所参与的项目中,并系统地进行分析、表述、应用和整合,使用了"工程项目文化"作为这些项目中文化建设与应用活动的指代词,工程项目文化正式产生。

(4) 工程项目文化的重视阶段

20世纪90年代后期,随着工程项目向复杂化、大型化的方向发展,工程项目成为一个大的系统工程,参建者众多,各方利益相互冲突,在这种背景下,如何来达到各参建方的协作共赢,成为工程项目组织面临的一个难题。项目管理者通过理论和实践的探索,发现通过加强工程项目文化的建设,可以提升工程项目管理绩效,于是工程项目文化得到了蓬勃发展。

从工程项目文化的发展历程可以看出,工程项目文化是伴随着项目管理的发展,孕育于企业文化之中,与企业文化密不可分的。

5.1.3 工程项目文化的特点与功能

(1) 工程项目文化的特点

文化是水,项目是舟。在工程项目文化有益于组织时,完成项目就如顺水推舟,不怎么用力,河水自然的力量就会使项目向目标推进。一般而言,文化的构建需要相对稳定的组织,而项目组织具有很大的临时性。因此,工程项目文化具有一些不同于企业文化的特征。

1) 周期性

工程项目从启动到最终交付项目成果表现出明显的寿命周期特性,工程项目文化也具有鲜明的生命周期特性,并且随着工程项目的进行阶段的不同,工程项目文化呈现出强度上的波动性。由于工程项目的不同阶段人员的更替、环境、工程项目的实施情况以及工程项目文化建设力度等影响,使工程项目文化要经历一个从无序到有序的发展过程,即不断认知、学习、提高的过程。

2) 影响性

工程项目组织成员来自特定的组织,必然受到原所在组织文化的影响,从而表现出对工程项目文化建设的有意无意中的抵制或惯性作用。另外,工程项目文化必定会在一定程度上改变项目的组织成员,项目结束后,组织成员可将工程项目文化传播给新的项目,为新项目带来示范效应,从而引起组织文化某种程度上的改变。

3) 显型性

在每一个项目上,多方行为主体各自履行项目建设的职责,但其行为都必须通过工程项目文化来约束、沟通和协调。例如,工程项目文化CI形象是一种统一现场标识和统一管理制度的显型文化,具有统帅项目多方行为主体的作用。项目文化不涉及各个行为主体的隐型文化,有利于化解现场的各种矛盾。

4) 开放性

工程项目建设周期长、社会联系广,作业现场是向社会公众展示企业形象的重要窗口,体现着工程项目组织的综合实力,能够扩大企业的社会影响面,因而具有十分明显的广告作用。

5) 大众性

工程项目是劳动密集型场所,许多成员聚集在一起,作业环境艰苦,各种作业队伍人员素质、文化取向千差万别,如何激发组织成员干劲,调节组织成员情绪,做好质量安全控制和文明施工,就需要依靠这种融合了作业层次的大众文化的力量来运筹。

6) 困难性

工程项目文化建设比企业文化建设相对困难。工程项目由于其存续时间的有限，工程项目文化建设期限也相当有限。工程项目的一次性特征使得工程项目文化建设也是一次性的，不可能像企业文化那样有机会不断调整和改进，其不确定性和风险性也很大。另外，工程项目组织内的成员来自不同的组织，他们有巨大的文化背景差异，可以说工程项目是文化的大融合，工程项目文化建设必须对这些不同文化进行整合，使其产生合力，这无疑又增加了工程项目文化建设的难度。

(2) 工程项目文化的功能

通过全面推进工程项目文化建设，能够促进工程项目管理的良性发展，给工程项目组织带来生机和活力。具体来说，工程项目文化的功能主要体现在以下几个方面：

1) 增强凝聚力

一个项目的成员各有不同的背景，健康的工程项目文化犹如润滑剂，给有各种期望抱负和技能的工程组织成员以互相了解的时间和条件，创造良好的沟通、团结氛围，凝聚人心，形成整体协同作战。文化的魅力在于对心路历程的塑造，共同价值观的培养，达到从主观上调动人的积极性的目的。通过工程项目文化的建设能够增强组织的凝聚力，可以培养一支相互支持，密切协作，目标一致，精诚团结的优秀团队。

2) 优化管理力

适宜的工程项目文化可以建立一种有利于实现项目目标的无形机制，引导工程组织成员对项目目标的认同，增强工程组织成员的责任意识。工程项目文化建设是对项目管理规划和道德规范的双重构筑，是刚性约束和柔性约束的相互结合，由它所建立起来的项目管理体系，更多体现了沟通与互动式的交流，信息渠道畅通，为缓解和解决冲突问题打下良好的基础。

3) 提升辐射力

工程项目文化建设，能很好地解决企业文化建设易于浮于表层，推动不深入的问题，使其更加贴近基层，深入人心。能对广大基层员工进行良好的精神塑造，可实现企业文化在项目管理中各层面的渗透，达到提升企业整体形象的目的。

4) 产生导向力

文化就是导向，它明确告诉员工什么是大力提倡的，什么是道德所不允许的。这种导向作用，引发了员工奋发进取，追求完美，不甘失败，敢于挑战的意识。同心生合力、共识出良谋，正是这种导向力，使得分散的力量被集中起来，就能形成强大的凝聚效应。

5) 发挥激励力

工程项目文化提高工程组织成员对工程项目的参与度、适应性，唤起组织成员的进取精神和克服困难、主动改善工程环境的意识。一种健康的工程项目文化，会使工程组织成员的潜能获得解放而为项目目标的实现积极工作，人的自我价值也可以在较高的境界上得以实现，使人获得极大的精神满足。

6) 起到约束力

工程项目文化约束组织成员的不良心理和行为，使之遵守项目行为规范，不偏离组织目标。

5.1.4 工程项目文化与工程项目组织

工程项目文化对工程项目组织的建设有着重要影响,在整个组织建设过程中,能够促使每一个组织成员明确他们的目标,激励每一个组织成员为组织目标的实现贡献自己的力量,并建立开放的合作氛围,使组织成员之间形成相互依赖、相互信任的和谐关系,形成具有战斗力的组织。

成功的工程项目组织能够创造出优秀的工程项目文化,优秀的工程项目文化能够代替刻板的规章制度,增强组织的凝聚力,提高组织的创新能力,统一组织成员的思想,激励组织成员的行为,促使组织成员为共同的目标而奋斗。同时,工程项目文化能够形成强大的驱动力,推动整个项目组织的学习创新,促使项目组织向学习型组织发展。通过工程项目文化建设还能增强组织成员对工程项目组织的忠诚度、归属感和荣誉感。

5.2 工程项目文化的层次与内容

5.2.1 工程项目文化的层次

工程项目文化作为企业文化在工程项目中的延伸,可以分为四个层次,各个层次有各自特定的含义,各层次之间又有紧密的内在联系,如图 5-1 所示。

这四个层次并不是平行的关系,而是沿着物质文化→行为文化→制度文化→精神文化的路径不断由表及里,从低级到高级进化,如图 5-2 所示。

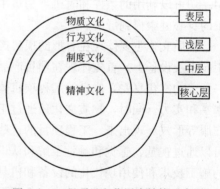

图 5-1 工程项目文化层次结构示意图

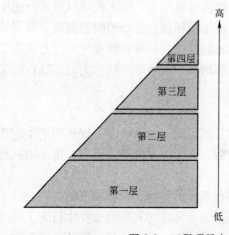

图 5-2 工程项目文化层次关系示意图

精神文化位于工程项目文化的核心层，统领着工程项目文化的建设，集中体现一个工程项目独特的、鲜明的经营思想和个性风格，反映着工程理念和方针，是工程项目组织整体意识的集中体现；制度文化位于工程项目文化的中间层，是由工程项目管理的法律法规、组织形态和管理形态等构成的外显文化，它是工程项目文化的中坚和桥梁，把工程项目文化中的物质文化和精神文化有机地结合成一个整体。行为文化位于工程项目文化的浅层，是项目员工在生产经营、学习娱乐中产生的活动文化，它是项目经营作风、精神面貌、人际关系的动态体现，也是项目宗旨、项目价值观的折射；物质文化位于工程项目文化的表层，是以物质为载体，是工程项目文化的外部表现形式，它包括生产环境、建筑产品、广告宣传和员工面貌等。

5.2.2 工程项目文化的内容

(1) 物质文化

物质文化是以物质形态显现出来的表层项目文化，主要包括工程项目的生产环境、建筑产品、企业广告和员工面貌等内容。

工程项目文化由于工程项目的流动性特点，因此其物质文化不同于企业文化的物质文化，诸如文化娱乐设施、员工生活设施等不可能搞得很完善，但是应充分利用一切可以利用的条件和时机，为员工营造一个干净整洁的生产和生活环境，使员工的身心健康得到舒展。

物质文化主要体现在有形的项目产品上、鲜明的企业宣传标示牌上和先进的施工技术及设备上。首先体现在项目产品上，项目产品的布局、造型和特色等都给人一种美的文化享受，优良的工程项目体现着工程项目文化，反映着工程项目管理的水平和实力。同时，物质文化还通过工程项目的广告宣传标语、工程项目员工的工作服等形式展现出来。工程项目的这些象征物不仅可视，而且可感可摸，社会公众可以通过视觉、感觉和触觉了解和认识一个工程项目。其次，物质文化还包括先进的施工技术和使用现代化的设备和机具，技术和设备是物质文化的保证。工程项目的员工在采用先进的科学技术、驾驭现代化装备的时候，形成的新思想，会冲击传统的思想沉积，破除旧的价值观念，萌生新的价值追求，给工程项目带来新的生机和活力。例如，重庆大剧院工程项目部在施工现场通过蓝绿相间的围墙、鲜明的企业宣传标语、施工人员和施工管理人员的不同服饰，以独特的视觉冲击力构成了一道靓丽的风景线，展示着工程项目高超的管理水平、雄厚的技术实力和独特的工程项目文化。

(2) 行为文化

行为文化是工程项目全体员工在经营管理、施工劳动、学习娱乐中产生的活动文化。它是项目员工的工作作风、精神面貌、人际关系的动态体现，也是团队精神和价值观的折射。

工程项目文化中的行为文化主要由项目经理的行为、先进模范的行为、员工群体的行为以及文体活动体现出来。项目经理的行为是工程项目文化中行为文化的重头戏，起着导向作用。项目经理是工程项目的统帅，总揽全局，既要运筹帷幄，又要临阵指挥,但绝不是不分巨细,事必躬亲,而是要运用宏观思维方式,合理分权,承担责任,加强民主管理。项目经理的临阵指挥要表现在哪里有问题就到哪里去,哪里最危险就在哪里出现,遇到困难临危不惧,沉着镇定,克服前进道路上的一切阻力,增强员工实现项目奋斗目标的信心和决心。

先进模范人物是工程项目的中坚力量,在员工中占有重要地位。他们的行为集中体现了工程项目的价值,使项目的价值观"人格化",常常被树为员工效仿的行为规范,是员工们学习的榜样。先进模范人物产生于项目员工内部,他们在各自的岗位上作出了突出的成绩和贡献。在我国,先进模范的称谓很多,有"劳动模范"、"先进工作者"、"新长征突击手"、"革新能手""三八红旗手"等等。先进模范也是普通人,他们能做到的事情,别人通过努力也能做到,把他们作为员工的效仿对象,很有现实教育意义。

工程项目员工是工程项目的主体,员工群体行为体现着工程项目队伍的精神风貌和文明程度,因此,员工群体行为的培育和塑造,是工程项目文化建设的重要组成部分。要塑造好的群体行为,必须做好思想政治工作,加强纪律教育,开展文体娱乐活动,促进人际交往,鼓励员工学知识、学技术,开发智力,引导员工把自己的工作与项目的奋斗目标联系起来。工程项目工作是实现自己人生价值的重要组成部分,通过努力工作去描绘自己光辉灿烂的人生,如果员工都能这样去想,这样去做,员工群体的行为就会形成一股巨大的推动力量。

(3) 制度文化

制度文化包括法律法规、工程项目治理制度、工程项目合同体系和工程项目管理制度,是为了实现工程项目的目标对员工的行为给予一定限制的文化,具有强制性、约束性、规范性和保证性。《诸葛亮·兵要》上说:"有制之兵,无能之将,不可败也;无制之兵,有能之将,不可胜也。"可见制度文化的重要性。在工程项目文化中,制度文化是人与物的结合部分,是人的意识与观念的反映,是由一定物的形式所构成的。同时,制度文化具有中介性,既能适应物质文化的固定形式,又是塑造精神文化的主要机制和载体,对工程项目文化建设具有重要作用。

制度文化首先体现在工程项目的治理制度上。项目的治理制度是指,在工程项目的实施过程中,由业主、承包商、设计方、供货商等通过合同契约形式进行联系,通过合同的规则、程序和安排来规范业主和其他各方之间的责、权、利关系,形成的有别于企业组织的治理机构。业主拥有工程项目的所有权和最终决策权,与其他各方存在委托代理关系。在项目管理中,业主、承包商和监理工程师三方是独立的,形成了治理上的三角关系,这是工程项目管理特有的治理文化的体现。

制度文化体现在工程项目的合同体系上。在工程实践中,业主、承包商和众多的供应商之间都会签订合同,构成了复杂的合同体系。任何一个工程项目的实施,都是通过签订一系列的合同来实现的。通过对合同内容、范围、价款、工期和质量标准等条款的制定和履行,业主和承包商可以在合同环境下调控工程项目的运行状态。通过对合同管理目标责任的分解,可以规范工程项目管理机构的内部职能,紧密围绕合同条款开展工程项目管理工作。因此,无论是对承包商的管理,还是对项目业主本身的内部管理，合同始终是工程项目管理的核心。同时，通过合同明确承发包双方的职责、权利和义务，可以合理分摊承发包双方的风险，合同中明确约定的各项权利和义务是承发包双方的最高行为准则，是双方履行义务、享有权利的法律基础，也是处理工程项目实施过程中各种争执和纠纷的法律证据。

制度文化还体现在工程项目管理的管理制度上。管理制度是为规范和调整项目管理中各项工作和团队成员行为而制定的一整套规定、程序和条例。管理制度是工程项目文化建设中必须使用的工具和手段，是工程项目文化建设的重要保证手段。

(4) 精神文化

精神文化相对于物质文化、行为文化来讲是更深层次的文化，在整个工程项目文化系统中处于核心地位。它受一定的社会背景、民族文化、意识形态的影响，其内容包括团队精神、建设理念、建设方针、价值观念、品格风貌等，是项目意识形态的总和，是物质文化、行为文化的升华。

精神文化是工程建设理念、价值准则、管理信条的集中体现，它可以支配员工的行为，控制员工的活动和修正员工的作风。工程项目的成功，需要全体员工透射出强烈的向心力和凝聚力，将全部的力量和智慧投入到工程项目的工作中去，精神文化恰好能发挥这方面的巨大功能。例如，在青藏铁路的开工之初，青藏铁路建设总指挥部就提出了"挑战极限，勇创一流"的青藏铁路精神，在青藏铁路精神的鼓舞下，广大青藏铁路建设者不顾家庭羁绊、不顾环境艰苦，满怀建功立业的豪情壮志，踊跃集合到青藏铁路建设第一线，攻克道道难关，战胜种种困难，涌现出了一大批先进集体和模范人物。青藏铁路精神为青藏铁路建设目标的全面实现作出了不可估量的贡献。

5.3 工程项目文化的建设

5.3.1 工程项目文化建设的特殊性

(1) 工程项目组织的临时性和开放性

工程项目组织有很大的临时性、开放性和柔性，组织形式在工程项目不同的阶段呈现不同的形式，组织边界模糊，这就对工程项目文化建设提出了新要求。组织的易变性无法给工程项目文化建设提供一个相对稳定的实施环境，不利于工程项目文化推进和文化特征固化，初步成型的工程项目文化对组织变化的反应具有迟滞性，工程项目组织的临时性和频繁的变更往往使工程项目文化不能很好地适应组织的要求，发挥理想的功效。模糊的组织边界对工程项目文化建设也是一个挑战，如果文化建设与组织边界不匹配，很可能使工程项目文化缺乏全面性，效果大打折扣。同时，工程项目相关制度的变化将导致团队成员价值观念和行为方式等的改变，形成工程项目文化变革的压力。

(2) 项目经理的权变性

项目经理是项目的主要责任人,是工程项目组织的灵魂,是工程项目文化建设的领导人、倡导者和培育者。项目经理对工程项目文化的形成和完善具有不可替代的示范效应,对组织成员有着极大的潜移默化的影响。

工程项目组织成员具有不同的文化背景,具有各自的动机和需要,根据工程项目特征和成员的文化特点设计出适合的工程项目文化,并通过其领导、控制、推动和示范,使团队成员共同遵循和接受,这是项目经理在工程项目文化建设中的艰巨任务。另外,工程项目文化有不同的层次,分散于不同组织成员、不同部门中,如何进行整合是一个难点。利益相关者对项目有着不可忽视的影响力,工程项目文化建设离不开利益相关者的支持,如何使工程项目文化建设兼顾项目利益相关者的利益,体现利益相关者的意志以获得支持和配合,也是项目经理的重要任务。

(3) 时间的制约性

工程项目组织临时组建,存续时间相对有限,而文化的形成通常需要较长时间的实践及调整,采取企业文化的建设策略,其结果可能是工程项目文化尚未形成,而项目就已结束。文化建设的长期性与项目的相对短期性成为一对矛盾,怎样使工程项目文化快速见效成了工程项目文化建设的难点。

(4) 文化融合的困难性

工程项目参建方多,且都来自不同的组织,文化背景差异大,工程项目文化建设需要对这些不同的文化进行融合,这个融合过程具有一定的难度。其次,工程项目的建设周期一般都较短,有限的时间也增加了文化融合的困难。同时,各参建方来自不同的利益主体,利益诉求差异大,要在各个利益主体相互博弈的过程中完成文化的融合显然具有相当的难度。

5.3.2 工程项目文化建设的基础条件

(1) 明确共同目标

共同目标是各参建方产生协作意愿、互相认同的前提。只有各参建方认识到共同目标的存在,才能明确他们为什么而协作,明确通过协作达成共同目标可以使自身目标和利益得到多大程度的满足。所以,工程项目文化建设必须要明确共同目标,这个共同目标必须要被组织成员所理解和接受。各参建方之所以愿意为组织目标的实现而作出各自的努力和牺牲,是因为认识到通过相互合作使组织目标得以实现,将有利于自身目标的实现。

(2) 业主倡导并推动

工程项目文化需要业主亲自倡导并亲力亲为。在业主的亲自倡导和积极推动下,工程项目文化才能贯穿于项目组织生存和发展的方方面面。业主的举止言行、做事方式会被各参建方模仿,业主的行为往往决定了工程项目文化的方向,因此,业主必须以身作则,严格执行,树立榜样,这样才能培育和提升项目文化,提高组织成员的文化认同感。

(3) 利益相关者支持

工程项目文化建设离不开利益相关者的支持，而利益相关者积极参与文化建设本身就体现出了工程项目文化的特色，也是工程项目文化建设的基础和前提。

5.3.3 工程项目文化建设的步骤

工程项目文化建设是一项贯彻项目始终的系统工作，应遵循一套科学的流程或步骤，促进工程项目文化建设有序、有组织、有目的地进行，保持文化建设的全面性、系统性和有效性。工程项目文化建设是由业主推动的，一般包括：设立工程项目文化实施办公室，开展项目文化现状调研与建设方案设计，进行过程项目文化建设方案实施以及工程项目文化建设评估、完善和提高等步骤和环节，如图5-3所示。

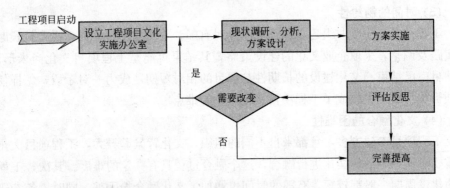

图 5-3 工程项目文化建设步骤

(1) 设立工程项目文化实施办公室

工程项目启动后，业主项目经理应该为工程项目文化建设工作设置专门的机构——工程项目文化实施办公室（规模较大、影响较广泛的工程项目应设立工程项目文化实施办公室或工程项目文化部，规模较小的项目不一定设立专职部门，但是仍然需要指定专人负责）。文化实施办公室是全面负责工程项目文化建设的机构，负责文化现状调研、方案设计、实施评价、改善等全部流程的工作。办公室一般由业主项目经理直接领导，对业主工程项目组织中各部门以及工程项目相关单位的文化建设工作进行规划、指挥、协调和控制。

(2) 工程项目文化现状调研与建设方案的设计

工程项目文化建设必须针对工程项目的实际情况而进行。为此，办公室成立后，就应当对工程项目的有关现状进行调研，掌握文化建设的基本参数。情况调查可以采取办公室领导与工程项目管理班子成员及各相关单位人员的正式或非正式谈话、座谈、问卷、资料分析与实地调查等方法。通过对调查资料的分析，明确以下内容：工程项目的特色和目标；业主原上级组织的文化传统；业主工程项目经理文化情况；工程项目管理班子成员之间工作和文化的碰撞；工程项目相关单位与工程项目提倡的价值观的碰撞等。

在分析现状的基础上,针对工程项目的实际需要对症下药,对优秀的文化传统、经验、价值观念、作风等与工程项目需求一致的文化进行提炼并表达出来,对工程项目需要而又不具备的文化内容进行设计,以共同构成系统的工程项目文化。具体来说,方案设计就是要进行工程项目组织形象的设计,制定行为规范,对工程项目产品、环境、设施等文化的表象进行统一规划,确定工程项目的愿景和使命,设计工程项目的价值观等。

(3) 工程项目文化建设方案的实施

完成了工程项目文化建设方案的设计,建设工作就进入了第三步——方案的实施。办公室应通过动员会、例行会议、工作文件、参建队伍及管理班子成员培训、各方面竞赛等方式和途径,组织学习、领会和贯彻,使工程项目文化进入实际运作。在试运作过程中,利用制度、规范等措施对组织成员的正确行为予以强化,对错误行为予以纠正;培育实施文化的先进模范,树立行动的榜样和前进的目标;对不合理的地方进行调整。经过方案的实施阶段,总结经验教训,将成熟的做法固定和内化,逐步形成完整的项目文化体系。

(4) 工程项目文化建设的评估、完善和提高

工程项目文化建设在程序上基本完成之后,办公室要对前一阶段的工作进行评估和反思,考核设计的文化方案是否达到了预期的效果,是否对工程项目的进程产生了推动,是否提高了工程项目组织的凝聚力和工作成效,文化方案是否适应该工程项目,实施是否存在问题。在此基础上作出判断——该文化建设方案是否需要改变。如果需要改变,则重新进行工程项目文化现状调研并设计方案,进行实施;如果不需要改变,那么继续执行该方案,然后再评估、反思,不断完善和提升工程项目文化。

案 例 分 析

【案例1】 X 工程项目文化的提出与建设

(1) 工程背景

X 工程项目是根据广州市总体发展规划的"南拓"战略而建设的城市主干道,设计里程约 16.8km,批复概算为 37.863 亿元。广州市 A 公司和 B 公司共同出资组建项目公司,负责对工程进行融资、建设、经营管理和还贷。整个工程项目划分为 10 个标段,采用设计与施工总承包模式进行公开招标。X 工程项目的建设,对于改善天河区、海珠区和番禺区的交通状况,加强番禺区与城市中心区的联系,完善城市路网结构,促进区域经济发展具有举足轻重的作用。

(2) 工程项目文化的提出

X 工程项目属于重大城建项目,参与部门多,管理难度大。同时,由于采用设计与施工的总承包模式,且承包主体为设计施工联合体,实现了强强联合、优势互补。但面临着相对松散、协调工作量大、易发生冲突的难题。鉴于此,项目公司为了有效协调各参建方的立场，达到和谐共赢，运用辩证的思维，提出了"项目利益高于一切"的工程项目文化，旨在以"项目利益高于一切"的指导思想来统一工程项目各参建方的行为，作为各参建方在工程项目建设中应该共同遵守的价值观及一切行为的出发点和落脚点。

"项目利益高于一切"的工程项目文化内涵：

1) 当项目利益与个人利益相矛盾时，以项目利益为重。
2) 当项目利益与小集体利益相矛盾时，以项目利益为重。
3) 当项目利益与项目各参与方利益相矛盾时，以项目利益为重。
4) 在项目实施过程中，对组织、管理、经济和技术问题进行处理和决策时以有利于实现工程建设目标为第一判别原则。

（3）工程项目文化建设途径

在 X 工程项目建设过程中，始终从"工程项目利益高于一切"的核心价值观出发，坚持宣传和灌输这一理念，并以此凝聚工程项目各参建方，产生团结向上的合力，形成一种奉献拼搏的精神，为共同的目标而努力工作，取得良好的效果。具体建设途径如下。

1) 运用辩证思想，进行科学决策

① 创新与务实。X 工程项目管理者在工程的建设过程中，注重把握好创新与务实的关系，把求新求异的精神与求实务实的科学态度统一起来。由于设计施工总承包模式是一种较新的项目管理模式，还需要有一个适应、消化、吸收和调整的过程，因此，项目公司在"项目利益高于一切"的指导思想下，在探索、实践新型项目管理模式，进行管理创新的同时，注重借鉴先进的管理理念和项目管理经验，并务实地根据项目的实际情况，有条件地取其精华，大胆改造，动态优化，不断完善。

② 目标协调控制。X 工程项目管理者运用辩证管理思想，合理安排质量、进度等的关系，通过新技术、新工艺、新方法及新设备的使用，使工程目标得到协调控制。特别是设计与施工总承包模式的采用，使得设计方与施工方能够紧密地沟通、配合，减少了设计与施工脱钩所带来的工期延长，提高了项目的质量，同时，也有利于成本的降低。

2) 创造和谐氛围，统一群体目标

① 营造和谐氛围。X 工程项目管理者针对参建队伍多、人员来源复杂、"离心力"较大的实际情况，牢固树立"项目利益高于一切"的思想，积极营造和谐的文化氛围，增强团队凝聚力。首先，积极组织各参建方人员进行岗位培训和专项文化教育，以提升参建人员的综合素质和文化修养。其次，和各参建方建立了风险共担的机制，共同开展了多项团队活动，并通过主动与工程项目所在地政府部门及相关单位联系等措施，对内加强了沟通，发扬了团队精神，取得了相互信任，建立了团结互助的集体形象，对外扩大了交流，赢得了支持，便于开展工作。

② 加强思想教育。在工程项目的建设过程中，X 项目管理者积极开展职业道德建设和思想政治教育活动，不断加强参建人员的思想素质、文化修养，提高责任

意识、竞争意识、忧患意识,大力宣传"爱国守法、明礼诚信、团结友善、勤俭自强、敬业奉献"的公民道德基本规范,提倡以"做社会好公民、做行业好建设者、做家里好成员"为主题的道德实践活动,使参建人员更能理解和自觉加强自身的道德建设,以树立良好的社会公德、家庭道德和职业道德,防止因个人道德问题而可能导致的管理流程不畅等问题。

③ 树立模范典型。在工程项目管理过程中,项目公司的职能部门和管理人员对工程项目文化的形成具有不可替代的示范效应,他们是项目参建人员最重要的模范典型。因此,项目公司管理人员时刻注重培养自己的人格魅力,以引导和示范健康工程项目文化的形成。如,在对待批评与自我批评的关键问题上,他们敢于暴露问题,不回避问题,并勇于探索解决方案,形成了"实事求是"的工作氛围。同时,项目公司还评选了一批先进个人、生产标兵等,花大力气宣传他们的先进事迹。通过这些模范人物的树立和推广,激励所有参建人员爱岗敬业、无私奉献,在树立正气、培育参建人员良好的思想道德风尚等方面,都产生了良好的效果。

3) 健全项目制度,加强廉政建设

① 健全项目制度。项目公司在成立之初就建立了一整套工程管理制度,随着工程项目的展开,又对工程项目的管理制度进行了补充完善。同时,还出台了"议事规则",实行集体决策,分工负责,做到了既有民主,又有集中,民主和集中相结合。通过规范、科学的规章制度,保证工程项目的正常进行,并调动全体参建人员的主动性、积极性和创造性,增强了战斗力和凝聚力。

② 加强廉政建设。工程建设行业是目前职务犯罪的高发领域,若要保证每一分钱都用到工程建设的实处,廉政建设是关键之一。项目公司抱着对党、对国家和人民高度负责的态度,堂堂正正做人,老老实实工作,为努力把 X 工程项目建成优质工程、廉政工程和安全工程,采取了不断开展反腐倡廉的思想政治教育、完善制度建设、严格管理、坚持党内监督、组织监督与群众监督相结合等措施来加强廉政建设,培养造就了一批廉洁务实的管理干部和工程建设者。

4) 依靠专业力量,服务项目实施

① 组建工程项目专家组。由于 X 工程项目采用的是设计施工联合体方式进行的工程总承包,因此,能够利用其较强的设计能力、独特的技术优势,进行设计和施工方案创新与优化,从而节约成本,加快进度。但是,联合体兼具设计与施工职能,设计和施工不能相互制约,需要监理单位对其设计方案、施工技术进行全面、充分的评估和把关;从联合体本身来讲,也需要有强大的管理和技术力量解决工程中出现的大量管理及技术难题,特别是技术难度极大的 X 大桥更是如此。这一切对监理单位以及联合体的管理和技术实力都提出了极为严格的要求。然而,由于客观原因,无论监理单位或是联合体,都无法达到完全意义上的总承包所要求的管理与技术实力。为此,项目公司借助社会力量,组建了 X 大桥专家组,专家组为大桥的修建提供全面有力的技术支持,召开或参与了一系列研讨会、专题会、课题评审会、方案论证会等,为大桥的设计、施工、科学研究及施工阶段的监控、监测等重大技术问题提供咨询意见,作为 X 大桥建设指挥部决策的主要参考及依据,同

时对联合体提出的设计与施工方案进行指导或评审。

② 加强与咨询、科研单位的合作。X 工程项目边设计、边施工的方式需要很强的技术能力以及技术管理能力。因此，项目公司及各参建方积极借助"外脑"，委托专业机构进行技术咨询、材料检测和监督等工作，实行专业化管理及运作。根据实施情况来看，一方面，通过社会专业力量的技术咨询与科研课题，解决了项目中的许多技术难题，减少了技术风险；另一方面，社会专业力量的参与在很大程度上减轻了项目管理者的负担，降低了管理难度，提高了管理质量。

(4) 工程项目文化建设成效及启示

X 工程项目在采用设计施工联合体模式的基础上，通过加强工程项目文化的建设，凝聚了人心，缓和了组织之间、部门之间以及成员之间的矛盾，解决了以往大型工程项目流程不畅、管理效率低下等问题，取得了显著成效。同时，工程项目文化的建设对于完善管理模式，集中体现项目的价值观，促进管理理念的提升，也起到了极为重要的作用。

X 工程项目文化的实践，获得了显著成效，但也得到一些启示。如在工程项目文化的建设中要强调以人为本，针对工程项目的重点开展建设，注重"软"文化和"硬"制度的有机结合，时刻注意协调局部利益与项目整体利益的矛盾，并根据实际情况进行管理流程与组织结构的创新。这些启示对于工程项目文化建设具有指导意义。

【案例2】 HP 工程项目的"执行控制"文化

(1) 工程背景

HP 工程项目总投资 41.15 亿元，其中控制性工程——HP 大桥全长 7016.5m，还包括国内第一座双向八车道长隧道（单洞长 2016m，净宽 18m）、5 座互通立交、大跨径跨越高速公路和铁路编组站连续刚构桥、路基路面等工程线路全长 18.69km。工程批复工期为 4 年，并于 2008 年正式建成通车。由 3 家公司按资本金 6∶3∶1 的比例组建成 HP 工程项目建设有限公司，负责整个工程项目的融资、投资管理、工程建设管理乃至工程项目竣工后的运营。

(2) 工程项目文化的特色

根据项目参建方多、技术难度高、协调工作量大、执行力不足的情况，为营造良好的工程管理氛围，确保工程项目目标的实现，HP 工程项目建设有限公司创造性地提出了工程项目"执行控制"文化，旨在强调以人为本，致力于工程项目各参建方对工程的积极参与，齐心合力，共同为工程项目目标奋斗。HP 工程项目公司的工程项目文化的特色具体可以概括为："一个中心，两个原则，三个能力，四个重点。"

1) 一个中心

HP 工程项目以"执行控制"理念为核心，即"严执行，全控制，有计划、有节奏、有目的地完成各项具体工作并实现总体目标"，并在工程项目的文化建设中处处体现"执行控制"这一思想。

2) 两个原则

HP工程项目在文化建设中遵循两项原则，为开展执行控制创造有利的条件。

① "创新机制，重在落实"的原则。HP工程项目通过体制创新，建立完善一系列结构合理、程序严密的权力运行、监督机制，为工程项目的执行控制提供"硬制度"。

② "有机结合，协调行动"的原则。各参建方的工作都应与工程项目整体建设有机结合，并坚持服从和服务于工程项目整体建设，为工程项目的执行控制创造"软环境"。

3) 三个能力

工程项目成员具备的执行控制能力是确保工程项目达到"严执行，全控制"的前提，因此，通过对成员三个方面能力的培养来保证工程项目执行控制成效。

① 学习能力。HP工程项目工期紧、技术难度大，需要工程各参建方具备勤学肯钻、善于总结、学以致用的能力。

② 凝聚能力。HP工程项目的项目文化是多个组织共同形成的组织文化，即跨组织的文化，它需要工程项目全体成员上下同心，同舟共济。

③ 创新能力。工程项目建设本身就是实现组织变革和创造性的活动，具有不确定性，因此需要创新人才和创新能力，以发展的眼光看待问题并克服工程项目进展中遇到的困难。

4) 四个重点

HP工程项目在执行控制文化建设的过程中，抓住影响执行控制的四个重点，通过这四个重要方面的建设进一步推进执行控制文化建设。

① 创优活动的开展。业主在HP工程项目建设中处于核心地位，为提高工程项目整体执行控制水平，业主除积极倡导亲力亲为外，还通过组织多项创优评奖考核活动，提高了项目各参建方执行控制的积极性。

② 廉政建设的加强。项目公司大力推行体制创新，全面落实廉政建设责任制，推进工程项目的廉政建设，保证工程项目执行控制的有效性。

③ 文体活动的建设。HP工程项目文体活动建设由业主牵头，带动各参建方进行文体活动建设，丰富了工程项目成员的业余生活，培养了工程项目成员的归属感。

④ 信息系统的完善。HP工程项目通过统一的办公软件使整个办公流程程序化、强制化，通过网络技术对工程项目各个环节进行监督和监控，加大了执行控制的强度。

(3) 工程项目文化建设的成效

HP工程项目在执行控制文化的指导下，营造了奋发向上的精神风貌，创造了和谐的建设氛围，取得了显著的成效，其文化建设的经验也获得交通部的肯定，在行业内得到推广。

1) 通过执行控制文化建设使工程项目成员思想观念与工程项目目标一致，提高了工程项目成员对工程项目的参与度、适应性，工程项目成员的潜能得以充分发掘。同时，工程项目成员通过努力工作，在工程项目建设中实现了自我价值，获得了极大的精神满足。

2) 在执行控制文化建设中，业主建立了一系列激励机制，提高了工程项目成员的工作积极性，增强了工程项目成员在执行中的责任意识，约束了不良心理和行为，使工程项目成员遵守工程项目行为规范，不偏离工程项目目标。

3) 通过执行控制文化建设使工程项目管理者和成员之间的关系进一步融洽，并产生相互信任感，业主为实现工程项目目标而采取的管理措施容易被工程项目其他参建方理解和接受，齐心协力地为实现工程项目目标而努力。

4) 针对工程项目不同的参建方以及不同的工程项目管理阶段，业主的工程项目组织与相关单位组织的协调工作内容也就不同，工程项目组织协调对实现工程项目管理目标具有重要意义。HP工程项目通过执行控制文化建设，调动工程项目各参建方的积极性，消除或降低项目组织间的冲突，提高了项目组织运行效率。

5) 业主及各参建方在建设项目管理中所处的地位、责任和利益关系是不同的，各方的意识和行为，将对工程项目的质量、进度、投资目标产生正面或者负面的影响。HP工程项目通过执行控制文化建设，强化整个工程项目组织各方之间的履约责任意识，促使了各方自主管理机制的形成和实际管理责任的到位，顺利完成了工程项目，成为了优秀样板工程和标志性工程。

(4) HP工程项目文化建设的启示

HP工程项目执行控制文化建设为今后的工程项目的开展积累了宝贵的经验。通过HP工程项目执行控制文化建设的案例分析，可以得到如下启示：

1) 文化与制度相结合

工程项目文化建设作为"软环境"建设，需要权力运行、监督机制等一系列"硬制度"作支撑，同时，"硬制度"实施也取决于"软环境"建设的好坏。通过文化与制度的结合，一方面推动了工程项目文化发展；另一方面加快了工程项目制度建设，实现了程序化、格式化、合同化和信息化管理。

2) 利益相关者的支持

HP工程项目执行控制文化建设中，业主的亲力亲为，利益相关者的积极支持和参与，形成了和谐的项目管理氛围，作为HP工程项目文化的有机组成部分，体现了HP工程项目执行控制文化的特色。

思考与讨论

1. 工程项目文化的定义是什么？简述工程项目文化发展的历程。
2. 工程项目文化的特点有哪些？工程项目文化具有什么功能？
3. 对工程项目文化有哪些认识上的误区？
4. 有人认为工程项目文化就是项目公司文化，这种说法对吗？
5. 工程项目文化的层次结构有哪些？
6. 工程项目制度文化的主要内容是什么？
7. 工程项目文化与工程项目组织的关系是什么，对工程项目组织建设起到哪些作用？

8. 工程项目文化建设的难点和重点分别是什么？工程项目文化建设的基础条件是什么？

9. 工程项目文化的建设分为哪几个步骤？请详细论述。

10. 在案例1中，工程项目文化的特色是什么？取得了哪些经验与启示？

11. 在案例2中，工程项目文化建设的途径有哪些？取得了哪些经验与启示？

第6章 工程项目组织绩效

为了使项目管理者对工程项目组织的运行效果有一个充分的认识与评判,并且能有的放矢地进行改进,需要加强绩效管理与考评。本章主要从工程项目组织绩效内涵、工程项目组织绩效的影响因素以及工程项目组织绩效的考评与改进三个方面,介绍什么是工程项目组织绩效、在进行工程项目组织绩效管理时考虑哪些因素以及怎样进行工程项目组织绩效的考评与改进。

6.1 工程项目组织绩效内涵

6.1.1 绩效的含义与特征

(1) 绩效的含义

单纯从语言学的角度来看,绩效包含有成绩和效益的意思。用在经济管理活动方面,是指社会经济管理活动的结果和成效;用在人力资源管理方面,是指主体行为或者结果中的投入产出比;用在公共部门中来衡量政府活动的效果,则是一个包含多元目标在内的概念。

对绩效的理解有两种观点:一种观点认为绩效即结果。其中比较典型的是伯拉丁的定义:绩效是"在特定时间内,在特定工作职能或活动上生产出的结果记录"。现在,人们对绩效是工作成绩、目标实现结果的观点提出了新挑战,比较接受绩效的另一种观点,即行为观点。墨菲给绩效下的定义是:"绩效是一套与组织或个人体现工作组织单位的目标相关的行为。"坎贝尔指出:"绩效可以被视为行为的同义词,它是人们实际采取的行动,并且可以被观察到。"结合以上说法,绩效是一个组织或个人在一定时期内的投入产出情况,投入指的是人力、物力、时间等物质资源,产出指的是工作任务在数量、质量及效率方面的完成情况。

从管理学的角度看，绩效是组织期望的结果，是组织为实现其目标而展现在不同层面上的有效输出，它包括个人绩效和组织绩效两个方面。组织绩效实现应在个人绩效实现的基础上，但是个人绩效的实现并不一定保证组织是有绩效的。如果组织的绩效按一定的逻辑关系被层层分解到每一个工作岗位以及每一个人的时候，只要每一个人达成了组织的要求，组织的绩效就能实现。绩效有两个层次：对组织而言（组织绩效），绩效就是任务在数量、质量及效率等方面完成的情况；对成员而言（个人绩效），绩效就是上级、下级以及同事对其工作状况的评价。因此，绩效是一个多维结构，观察和测量的角度不同，其结果也会不同。

1）绩效是完成工作任务

这一相对较早的定义简单明了，其主要使用的对象是一线生产工人或体力劳动者，但是在如今，对于知识工作者而言，"任务是什么"就变得异常模糊、难以鉴定。

2）绩效是成员的"工作结果"或"产出"

它是从考核的内容上将考核划分为绩效考核、能力考核和态度考核三种，相对于能力考核和态度考核来讲，绩效考核强调的是"结果"或"产出"。

3）"绩效"就是"行为"

将绩效与任务完成情况、目标完成情况、结果或产出等同起来的观点在许多心理学的文献中受到了质疑，因为一部分产出或结果可能是由个体所不可控制的因素决定的；再者，过分强调结果或产出，会使得管理者无法及时获得个体活动信息，从而不能很好地进行指导与帮助，而且可能会导致短期效益。正因如此，绩效是"行为"的观点开始流行。

4）绩效是结果与过程（行为）的统一体

一般意义上来讲，绩效一词的使用相当宽泛，既包括产出，也包括行为。也就是说，不仅看你做了什么，也要看你是怎么做的，优秀的绩效，不仅取决于做事的结果，还取决于做这件事所拥有的行为和素质。从实际意义上讲，将绩效界定为"结果＋过程"是很有意义的，它不仅能很好地解释实际现象，而且一个相对宽泛的界定往往使绩效更容易被大家所接受，这对绩效和管理是至关重要的。

5）绩效是做了什么（实际收益）与能做什么（预期收益）

它实际上已经将个人潜力、个人素质纳入了绩效评价的范畴，它强调的一点在于，绩效不再作为对组织过去工作成绩评价的工具，而更关注组织未来的工作状况。

(2) 绩效的特征

从以上所述的绩效的丰富内涵中，可以看出其具有以下特征：

1）多因素性

现代科学技术与心理学研究表明，绩效主要是受以下因素的影响：能力、激励、机会、环境。环境和机会对成员来讲是客观的，但对工程项目来讲是可以争取和创造的;能力完全取决于成员的主观因素;激励主要取决于组织的主观因素,但与工程项目的制度有关,工程项目应当科学有效地利用各种方法,调动成员的积极性。

2) 多维性

多维性是指绩效表现在多种维度上,应该从多个方面去考核绩效。例如,对于一名生产工人,他的绩效不仅表现在工作数量上,还表现在工作质量、原材料消耗、出勤状况、合作性等方面;对于一名部门经理,他的绩效不仅表现在他的部门的管理指标上,还包括他对下属的管理、指导以及整个团队是否有创新性。因此,只有沿着多种维度对工作人员进行考察,才能作出正确的评价。

3) 动态性

动态性是指绩效不是一成不变的。由于绩效受到众多因素的制约,随着时间的推移,这些因素会发生变化,因此,绩效也会随之发生相应变化,切忌以主观僵化的观点看待绩效。

6.1.2 工程项目组织绩效

(1) 组织绩效的含义

组织绩效就是用来衡量管理者利用资源满足消费者或服务对象的需要并实现组织目标的效率和效益的尺度。组织绩效包括三个层次的绩效,即人力资源绩效、运营绩效及财务绩效,三者之间逐级支持、逐层推动。一般而言,在成员个人的绩效水平一定的情况下,运营绩效水平越高,财务绩效水平也越高。因此,组织绩效管理不仅要提高工程项目组织中每一位成员个人的绩效水平,而且要努力提高组织的绩效水平。

组织绩效是具有一定素质的团队在职位职责要求下,实现的工作结果和在此过程中表现出来的行为。组织是将许多人集中起来,发挥团队精神,以达成一个共同的目标。将3~5个人组织起来比较简单,把许多人组织起来且很好地达成目标,在人力资源管理中仍属难点问题。在社会中,个人被称作个体,个体的家庭与社会背景不同,修养与见解各异,这就需要健全合理的组织机构和进行组织设计,才能最大限度地使组织发挥绩效。

(2) 工程项目组织绩效的含义

工程项目组织绩效是在特定时间内为了完成特定工程目标而对建设参与各方组织的人力资源绩效、运营实施绩效以及财务绩效的综合反映。

工程项目组织作为一种利益相关者共同协调、作用的网络型组织结构,绩效管理必须得到各参与方及其他利益相关者的重视和认同。

与一般组织绩效评价相比,工程项目组织绩效主要集中呈现出利益相关性、集成特性、并行特性及可持续发展性。通过有效的工程项目绩效管理来引导工程项目组织效率的提升是工程项目组织实施绩效管理的根本目的。

6.2 工程项目组织绩效管理

6.2.1 绩效管理内涵与步骤

(1) 绩效管理的内涵

所谓绩效管理，是绩效计划、绩效沟通、绩效考核和绩效反馈四个环节构成的一个完整的系统。在这个系统中，组织、项目经理和成员全部参与进来，项目经理和成员通过沟通的方式，将工程项目组织的战略、项目经理的职责、管理的方式和手段以及成员的绩效目标等管理的基本内容确定下来，在持续不断沟通的前提下，项目经理帮助成员消除工作过程中的障碍，提供必要的支持、指导和帮助，与成员一起共同完成绩效目标，从而实现组织的远景规划和战略目标。

作为一种崭新的管理模式，绩效管理兼有理性管理与非理性管理的特点，是这两种管理模式的统一。绩效管理在西方国家企业管理中已经被普遍推广和使用，而在我国则刚刚起步，还没有形成一套完整的管理体系。因此，开展以绩效管理为核心的管理工作是提高项目管理水平的一个新突破。

绩效管理相对于其他工程项目组织管理活动而言，具有以下特性：

1) 全面性

绩效管理是一个完整而全面的系统，它涉及工程项目组织的方方面面。具体来说，绩效管理通常包括如下环节：针对整个工程项目组织订立发展目标，并将工程项目组织整体目标分解到各部门及每一个成员，各自订立相应的绩效考评指标和标准。同时，在时间维度上把全年的目标分解为月、日。以绩效考评指标为指导，监控实现目标成员的能力、实现目标的条件。定期实施绩效考评，检查完成目标的绩效。根据考评的结果分析为什么会有这样的结果，反馈信息给成员本人以及其他相关人员，并采取相应的措施，包括奖励、惩戒、培训、指导、岗位调整、改善工作环境、调整目标等，以确保下一阶段每个人都有更好的表现。

2) 目标性

目标管理的最大好处就是让成员明白自己努力的方向，项目经理明确如何更好地通过成员的目标对成员进行有效管理，提供支持帮助。同样，绩效管理也强调目标管理，目标加沟通的绩效管理模式被广泛提倡和使用。只有绩效管理的目标明确了，项目经理和成员的努力才会有方向，才会更加团结一致，共同致力于绩效目标的实现，共同提高绩效能力，更好地服务于工程项目组织的战略规划和远景目标。

3) 致力于沟通

沟通在绩效管理中起着决定性的作用。制定绩效目标要沟通，帮助成员实现目标要沟通，年终评估要沟通，分析原因寻求进步要沟通，总之，绩效管理的过程就是成员和项目经理持续不断沟通的过程。离开了沟通，工程项目组织的绩效管理将流于形式。许多管理活动失败的原因都是因为沟通出现了问题，绩效管理就是致力于管理沟通的改善，全面提高管理者的沟通意识，提高管理的沟通技巧，进而改善工程项目组织的管理水平和管理者的管理素质。

(2) 绩效管理对工程项目组织的重要性

对于一个管理者来说，最关心的莫过于组织运行的效率。绩效管理对于引导组织运行的效率的提升无疑会起到重要的作用。无论从组织的角度，还是从管理者和成员的角度，绩效管理都能给工程项目组织带来益处。首先，绩效管理能为物质激励（工资调整、奖金分配）、人员调配和日常精神激励提供依据与评判标准，有效地激励成员。其次，通过绩效计划的设定、绩效考核和反馈工作，改进和提高管理者的管理能力和成效，促进被考核者工作绩效的改进，最终实现组织整体效率的提升，使绩效管理成为管理者有效的管理手段。再次，通过层层目标分解，绩效管理成为保证组织战略目标实现的重要手段。

1) 组织需要绩效管理

从整个组织的角度来看，组织目标被分为到各个业务单元的目标以及各个职位上的每个工作者的目标；而个人目标的达成构成了业务单元目标的达成，组织的整个目标是由各个业务单元的绩效来支持的，也就是由每个成员的绩效来支持的。因此，组织主要关注以下问题：

① 组织需要将目标有效地分解给各个业务单元和各个成员，并使各个业务单元和成员都积极向着共同的组织目标努力。

② 组织需要监控目标达成过程中各个环节上的工作情况，了解各个环节上的工作产出，及时发现阻碍目标有效达成的问题并予以解决。

③ 组织需要得到最有效的人力资源，以便高效地完成目标。一方面，通过人员的调配，使人员充分发挥作用；另一方面，加强对现有人员的培训和发展，增强组织的整体实力。

绩效管理是解决上述问题的有效途径。通过绩效目标的设定与绩效计划的制订，组织目标被有效地分解到各个业务单元和个人。通过对团队和个人的绩效目标的监控以及对绩效结果的考核，组织可以有效地了解到目标的达成情况，可以发现阻碍目标达成的原因。绩效考核的结果可以为人员的培训和发展提供有效的信息。因此，组织需要绩效管理。

2) 管理者需要绩效管理

管理者承担着组织赋予自己的目标，而每个管理者通过自己的业务单元或者团队来实现自己的管理目标。管理者都渴望自己在管理上取得成功，因此：

① 管理者需要有机会将组织的目标传递给团队中的成员，并取得他们对目标的认同，以便团队成员能够共同朝着目标努力。

② 管理者需要把组织赋予的目标分解到每个成员的头上，因为他们知道这些目标不是通过自己一个人的努力就可以实现的，而必须通过团队中的成员共同努力才能实现。

③ 管理者也需要有机会告诉成员自己对他们的工作期望，使成员了解哪些工作最重要，哪些工作成员自己可以作出决策；管理者也需要让成员知道各项工作的衡量标准是什么。

④ 管理者还常常希望能够掌握一些必要的信息。这些信息既有关于工作计划和工程执行情况的，也有关于每个成员状况的。这些问题也是在绩效管理过程中需要解决的。绩效管理提供给管理者一个将组织目标分解给成员的机会，并且使管理者能够向成员说明自己对工作的期望和工作的衡量标准。绩效管理也使管理者能够对绩效计划的实施情况进行监控。

3) 成员需要绩效管理

成员在绩效管理中通常是以被管理者和被考核者的角色出现的，考核对他们来说是一件有压力的事情，是与不愉快的情感联系在一起的。当理解了成员对工作的内在需要后，就会发现绩效考核与管理对于成员来说也是他们成长的过程中所必需的。

根据马斯洛需要层次理论，成员在基本的生理需要满足之后，更多的高级需要有待于满足。每个成员在内心都希望能够了解自己的绩效，了解自己的工作做得怎样，了解别人对自己的评价。这首先是出于对安全和稳定的需要，避免由于不了解自己的绩效而带来的焦虑。其次，成员也希望自己的工作绩效能够得到他人的认可与尊重。另外，成员也需要了解自己目前有待于提高的地方，使自己的能力得到提高，技能更加完善。成员希望了解自己的绩效表现，更多的是为了提高自己的绩效，提高自己的技能，增强自己的竞争力。因此，成员需要绩效管理。

(3) 绩效管理的步骤

绩效管理的步骤包括五个环节：

1) 绩效计划

绩效计划是绩效管理的起点，工程项目组织的战略要落实，必须先将战略分解为集体的任务或目标，落实到各个岗位上，然后再对各个岗位进行相应的职位分析、工作分析、人员资格条件分析。这些工作完成后，考评者就应该和被考评者一起根据本岗位的工作目标和工作职责来讨论，搞清楚在绩效计划周期内成员应该做什么工作，做到什么地步，为什么要做这项工作，何时应该完成以及成员的权力大小和决策权限等。

2) 绩效实施

制定绩效计划之后，被评估者就开始按照计划开展工作。在工作的过程中，管理者要对被评估者的工作进行指导和监督，对发现的问题及时纠正，并随时根据实际情况对绩效计划进行调整。在这个过程中，管理者要不断地对评估者进行持续的绩效沟通。

3) 绩效考评

绩效考评是按照事先确定的工作目标及其衡量标准，考察成员实际完成的绩效情况，发现绩效与标准之间的差距。绩效管理的过程并不是为考核打出一个分数就结束了，主管人员还需要与成员进行一次或多次的面对面的交谈。通过面谈，使成员了解主管对自己的期望，认识自己有待改进的方面，同时，成员也可以提出自己在完成绩效中遇到的困难，请求上级的指导。

4) 绩效反馈

绩效反馈是绩效管理过程中的一个重要环节,它主要通过考评者与被考评者之间的沟通,就被考评者在考核周期内的绩效情况进行面谈,在肯定成绩的同时,找出工作中的不足并加以改进。被考评者可以在绩效反馈过程中,对考评者的考评结果予以认同,有异议的可以提出申诉。由于绩效反馈在绩效考评结束后实施,而且是考评者和被考评者之间的直接对话,因此,有效的绩效反馈对绩效管理起着至关重要的作用。

5) 绩效改进

绩效管理的目的不仅是将考评的结果作为确定成员的薪酬、奖惩、晋升或降级的标准,而且要帮助成员提高能力以及为绩效的持续改进寻找改进方法,作为下一循环的开始,并不断提高。

6.2.2 工程项目绩效管理手段

通过有效的工程项目绩效管理来引导工程项目组织效率的提升是工程项目组织实施绩效管理的根本目的,而绩效考评与改进是本章的核心内容。为了有利于工程项目组织绩效考评与改进,应采取切实可行的工程项目绩效管理手段。本节将绩效管理中的绩效计划、绩效沟通以及绩效反馈归结为工程项目组织绩效管理手段。

(1) 工程项目组织绩效计划

1) 工程项目组织绩效计划内容

从静态角度看,工程项目组织绩效计划是一个关于工作目标和标准的契约;从动态角度看,工程项目组织绩效计划就是业主方和各参建方一起讨论以确定各参建方在评价期内应该完成什么工作和达到什么样的绩效的过程。在绩效计划阶段,业主方和各参建方应该经过充分的沟通,明确为了实现项目的整体目标,各参建方在评价期内的目标。从具体的表现形式看,工程项目组织绩效计划是用于指导各参建方行为的一份计划书。通过制定这样一份计划书,各参建方可以了解本周期内的工作安排和目标,并了解将会遇到的障碍和可能的解决办法。工程项目组织绩效计划的内容除了最终的个人绩效目标之外,还包括双方为达到计划中的绩效结果应作出什么样的努力、应采取什么样的方式、应进行什么样的技能开发等等。

工程项目组织绩效计划书中包括以下几方面的内容:

① 各参建方在本次绩效期间内所要达到的工作目标是什么?
② 达成目标的结果是怎样的?
③ 这些结果可以从哪些方面去衡量,评判标准是什么?
④ 从何处获得关于各参建方工作结果的信息?
⑤ 各参建方的各项工作标准的权重如何?

建立工程项目组织绩效计划的过程是一个双向沟通的过程,在这个过程中,业主方和各参建方都负有责任,它强调通过互动的沟通手段使业主方与各参建方在如何实现预期绩效的问题上达成共识。在这个双向沟通的过程中,业主方主要向各参建方解释和说明的是:工程项目的整体目标是什么;为了完成这样的整体目标,对各参建方的期望是什么;对各参建方的工作应该制定什么样的标准和期限。各参建方应该向管理者表达的是：自己对工作目标和如何完成工作的认识；自己对工作的疑惑和不理解之处；自己对工作的计划和打算；在完成工作中可能遇到的问题和需要的资源。让各参建方参与绩效计划的制订，实际上就是让各参建方感到自己对绩效计划中的内容是作出了公开的承诺，这样各参建方就会更加倾向于遵守这些承诺，履行自己认可的绩效计划。

2）工程项目组织绩效计划的准备

工程项目组织绩效计划是业主方与各参建方共同讨论以确定各参建方考核期内应该完成哪些工作和达到怎样的绩效水平的过程。许多人认为绩效评价是绩效管理最为重要的环节，但实际上绩效计划要重要得多。究其原因，主要在于评价仅仅是从反光镜中往后看，而绩效计划是往前看，以便在不久的将来能获得更好的绩效。

绩效计划通常是通过业主方与各参建方双向沟通的绩效计划会议得到的，为了使绩效计划会议取得预期的效果，事先必须准备好相应的信息。这些信息主要可以分为三种类型：一是关于项目的信息。为了使各参建方的绩效计划能够与工程项目组织的目标结合在一起，业主方与各参建方应在绩效计划会议中就工程项目组织的战略目标、工程项目运行计划进行沟通，并确保双方对此没有任何歧义。二是关于部门的信息。每个部门的目标是根据工程项目组织的整体目标逐渐分解而来的。不但经营的指标可以分解到生产、销售等业务部门，而且对于财务、人力资源等业务部门，其工作目标也与整个工程项目组织的经营目标紧密相连。例如，工程项目组织的整体运行目标是：①保质安全地完成项目建设任务；②在计划工期内完成；③降低工程成本。那么，人力资源部门作为一个业务支持性部门，在上述的整体经营目标之下，就可以将自己部门的工作目标设定为：①建立激励机制，表彰创新、降低成本的行为；②在人员更新方面，注重在开拓性、创新精神和关注成本方面的核心胜任素质；③加强在创造力、预算管理和成本控制方面的培训。三是关于个人的信息。关于被评估者个人的信息主要包括工作描述的信息和上一个绩效期间的评估结果。工作描述需要不断地修订，在设定绩效计划之前，对工作描述进行回顾，重新思考职位存在的目的，并根据变化了的环境调整工作描述。

3）工程项目组织绩效计划的沟通

工程项目组织绩效计划是双向沟通的过程，绩效计划的沟通阶段也是整个绩效计划的核心阶段。在这个阶段，业主方与各参建方必须经过充分的交流，对各参建方在本次绩效期间内的工作目标和计划达成共识。绩效计划会议是绩效计划制定过程中进行沟通的一种普遍方式，但是绩效计划的沟通过程并不是千篇一律的，要根据业主方和各参建方的具体情况，选择适宜的沟通环境和沟通时间，主要把重点放在沟通上面。

在对有关的信息进行简短的回顾后，就应该尽快把绩效计划的目标具体化。目标就是期待各参建方创造或达到的具体结果的描述。业主方和各参建方在设定目标的时候要把注意力集中在结果上，而不是在过程上，注意使每个目标尽可能具体，并将每个目标同工作或结果联系起来，明确规定出结果的时限和资源使用的限制，使每个目标简短、明确和直接。要制定衡量的标准，绩效标准应该具体、客观、方便度量，使各参建方通过努力后可以达到。它通常回答这样一些问题，如什么时候、怎么样、有多少失误、让谁满意等。在制定绩效标准的时候，人们会发现如果绩效计划的目标设定得越具体，绩效标准就会与目标越相似。但是不能因此就想把目标定得过于具体，要保持目标的灵活性，在不了解计划中的任务的具体要求时，目标要先尽量做得灵活些，然后在工作中按目标指引的方向去做，随着了解的加深再不断加以精确化。制定了绩效标准之后，还需要了解各参建方完成计划和达到标准过程中可能遇到的困难、障碍和问题，应尽可能防止计划执行过程中可能出现的各种问题，而不是等问题出现后再来解决。

4）工程项目组织绩效计划的确定

在制定绩效计划的过程中，对计划的审定和确认是最后一个步骤。在这个过程中要注意以下两点。

① 业主方和各参建方应该能以同样的答案回答几个问题，以确认双方是否达成了共识。这些问题是：各参建方在本绩效期内的工作职责是什么；各参建方在本绩效期内所要完成的工作目标是什么；如何判断各参建方的工作目标完成得怎么样；各参建方应该在什么时候完成这些工作目标；各项工作职责以及工作目标的权重如何；哪些是重要的，哪些是次要的；各参建方的工作绩效好坏对整个工程项目组织或特定的部门有什么影响；各参建方在完成工作时可以拥有哪些权力，可以得到哪些资源；各参建方在达到目标的过程中会遇到哪些困难和障碍；业主方会为各参建方提供哪些支持和帮助；各参建方在绩效期内会得到哪些培训；各参建方在完成工作的过程中，如何去获得有关他们工作情况的信息；在绩效期间内，业主方将如何与各参建方进行沟通。

② 当绩效计划结束时，应达到以下的结果：各参建方的工作目标与工程项目组织的总体目标紧密相连，并且各参建方清楚地知道自己的工作目标与工程项目组织的整体目标之间的关系；各参建方的工作职责和描述已经按照现有的工程项目组织环境进行了修改，可以反映本绩效期内主要的工作内容；业主方和各参建方对各参建方的主要工作任务、各项工作任务的重要程度、完成任务的标准、各参建方在完成任务过程中享有的权限都已经达成了共识；业主方和各参建方都十分清楚在完成工作目标的过程中可能遇到的困难和障碍，并且明确业主方所能提供的支持和帮助。

(2) 工程项目组织绩效沟通

制定了绩效计划之后，各参建方就开始按各自绩效计划来开展工作。在工作过程中，业主方要对各参建方的工作进行指导和监督，对发现的问题及时予以解决，并随时根据实际情况对绩效计划进行调整。在整个绩效期间，都需要业主方不断对各参建方进行指导和反馈，即进行持续的绩效沟通。

持续的绩效沟通能保证业主方和各参建方通过共同努力，及时处理所出现的问题，并根据情况变化修订绩效计划。业主方与各参建方在平等的交往中相互获取信息、增进了解、联络感情，从而保证各参建方的工作能正常地开展，使绩效实施的过程顺利进行。绩效实施阶段的绩效沟通内容主要包括：现在工作开展的情况如何；哪些工作做得很好；哪些工作需要纠正或改善；是否努力实现工作目标；如果偏离目标的话，管理者该采取什么纠正措施；业主方能为各参建方提供何种帮助和支持；如果目标需要进行改变，如何与各参建方进行协调等。

绩效沟通的必要性体现在以下几个方面：

1) 目标责任书、工作计划表必须在有效沟通的基础上完成

在对工作目标和计划进行分解时，业主方只有与各参建方充分沟通、共同商定，并让各参建方相互之间清楚各自的目标，才能达成共识，才能发挥团队作用。同时，在出现计划有较大调整的情况时，只有进行了以沟通为先导的规范操作，才能使业主方和各参建方在绩效考评时有一个双方认可的、合理的客观依据，减少业主方与各参建方在考评结果上的分歧。

2) 正向激励作用的发挥需要通过有效的双向沟通来实现

考评是手段不是目的，它创造了业主方和各参建方定期沟通的良好机会。对于业主方来说，沟通应该是他的一项职责，通过对各参建方工作的肯定，能够使各参建方产生认同感和成就感，提高其对工作的投入程度；对于各参建方来说，也可以就本职工作向业主方充分阐述自己的想法和在工作中遇到的困难，以求得业主方的支持和帮助。

3) 有效的绩效沟通是提升管理者素质的重要手段

"面对面"的沟通使管理者必须在工作中作出表率，提高自身的业务能力和水平，这样才能坦然而客观地指出各参建方工作中存在的问题和不足之处；为使沟通达到理想的效果，对管理者的管理技巧和管理水平提出了更高的要求，促进了科学化管理、人性化管理的实施。

(3) 工程项目组织绩效反馈

1) 工程项目组织绩效反馈的作用

工程项目组织绩效反馈是绩效考评的最后一步，是由各参建方和业主方一起，回顾和讨论考评的结果。如果不将考核结果反馈给被考核者，考核将失去极为重要的激励、奖惩和培训的功能。因此，有效的工程项目组织绩效反馈对绩效管理起着至关重要的作用。

① 工程项目组织绩效反馈是考核公正的基础。由于绩效考核与被考核者的切身利益息息相关，考核结果的公正性就成为人们关心的焦点。而考核过程是考核者履行职责的能动行为，考核者不可避免地会掺杂自己的主观意志，导致这种公正性不能完全依靠制度的改善来实现。工程项目组织绩效反馈较好地解决了这个矛盾，它不仅让被考核者成为主动因素，更赋予了其一定权力，使被考核者不但拥有知情权，更有了发言权；同时，通过程序化的绩效申诉，有效降低了考核过程中不公正因素所带来的负面效应，在被考核者与考核者之间找到了结合点、平衡点，对整个绩效管理体系的完善起到了积极作用。

② 工程项目组织绩效反馈是提高绩效的保证。绩效考核结束后，当被考核者接到考核结果通知单时，在很大程度上并不了解考核结果的来由，这时就需要考核者就考核的全过程，特别是被考核者的绩效情况进行详细介绍，指出被考核者的优

缺点，特别是考核者还需要对被考核者的绩效提出改进建议。

③ 工程项目组织绩效反馈是增强团队竞争力的手段。任何一个团队都存在两个目标：团队目标和个体目标。个体目标与团队目标一致，能够促进团队的不断进步，增强竞争力；反之，就会产生负面影响。

2）工程项目组织绩效反馈面谈

工程项目组织绩效反馈面谈是绩效评估中至关重要的一个环节，其重要程度甚至超过了绩效评估的本身。绩效评估的结果是拿来用的，而不是拿来存档的，没有反馈的绩效评估起不到任何作用。没有项目组织绩效反馈，各参建方就无法知道自己工作是否得到了业主方的认可，就会乱加猜测、疑神疑鬼，进而影响心情；业主方就无法知道绩效评估是否真正起到了作用，对继续进行评估没有信心；而且业主方就不能有的放矢地指出各参建方的不足，更无法给各参建方提出建设性的改进意见，最终将导致各参建方的进步受到限制，管理水平将无法得到有效的提高。如果业主方不组织反馈，各参建方就不关心了，也就不可以安心工作了。绩效评估结束后的一段时间内，各参建方的心情都不会专心于工作，那些担心绩效评估结果会对自己不利的参建方会感到不安，因为他们不能确定绩效评估的结果对他们会不会产生不利的影响，这些与各参建方切身利益密切相关的问题在没有答案之前肯定会给各参建方的心理造成严重的负担，降低各参建方的工作效率，这种情绪蔓延开来更会严重影响各参建方的工作积极性。如果真是这样，那么绩效评估的作用将受到严重的质疑——绩效评估到底是为了提高各参建方绩效，还是降低各参建方绩效？如果是为了提高各参建方绩效，那么我们应该和各参建方平等地坐在一起，将各参建方的绩效评估结果反馈给各参建方。因此，组织一次成功的工程项目组织绩效反馈面谈将对绩效评估起到积极的促进作用，使之真正发挥作用。

3）工程项目组织绩效反馈实施过程

① 陈述面谈的目的。面谈开始，管理者首先要清晰、明确地告知各参建方，沟通的目的在于对过去的工作进行回顾和总结，并对下一阶段工作进行计划和安排，是就事论事的管理环节之一。清楚地让各参建方明白此次面谈要做什么，尽可能使用积极的语言。

② 回顾计划及完成情况。管理者应该根据绩效管理文件，如绩效评估表等，对各参建方的工作进行回顾，让各参建方认识到自己的工作与公司目标、部门目标之间的关系以及自己的完成情况。在这个过程中，管理者要注意事实的准确翔实，描述的客观公正，进行积极正面的评价，善意地提出建设性意见。

③ 告知绩效评估结果。这个考估结果是基于绩效管理文件作出的，而不是管理者主观的打分结果。考估结果具有客观性、公正性，能够拿得出证据，让各参建方心服口服。

④ 商讨各参建方不同意的方面。由于考核者与被考核者双方的地位不同、认识不同，因此对于考核结果的认可程度不一致是很正常的事，管理者需要以积极的态度，了解各参建方的想法，了解各参建方的困难和期望，积极予以协助。最终，双方争取能够达成一致，为后期的工作合作奠定良好的基础。

⑤ 与各参建方商讨新的目标并制定具体的绩效改进计划。不管反馈面谈在什么时间、场所，以何种方式进行，过去的行为已不能改变，而未来的业绩与发展是努力的目标。通过工程项目组织绩效反馈面谈，确定各参建方年度绩效考核等级，制定来年的工作绩效目标，将年度绩效面谈记录副本交给各参建方，并商定下次面谈的时间、地点。

6.3 工程项目组织绩效考评与改进

6.3.1 工程项目组织绩效考评

(1) 工程项目组织绩效考评类型与作用

绩效考评就是针对工程项目组织中各参建方所承担的工作，应用各种科学的定性和定量的方法，对各参建方行为的实际效果及其对项目的贡献、价值进行考核和评价。绩效考评是奖励的合理依据，是薪酬体系设计的前提，同时也是激励各参建方的重要因素之一。

1) 工程项目组织绩效考评的基本类型

工程项目组织绩效考评可以分为品质主导型、效果主导型和行为主导型三种。

① 品质主导型。考评的内容以考评各参建方在工作中表现出的品质为主。

② 效果主导型。考评的内容以考评工作效果为主，重点在结果而不是行为。由于考评的是工作业绩而不是工作过程，所以考评的标准容易制定并且考评也容易操作。

③ 行为主导型。考评的内容以考评各参建方的工作行为为主，行为主导型重在工作过程，而非工作结果。

2) 工程项目组织绩效考评的作用

① 绩效考评是分配报酬的依据。绩效考评为组织作出工资以及工程款的拨付方面的决策提供了信息，因为绩效考评的结论是对工程项目组织所有成员公开的，并且获得各成员的认同。所以，以它作为依据是非常有说服力的。

② 为管理者和组织成员之间创造了一个正式的沟通机会。考评沟通是绩效考评的一个重要环节，它是指管理者（考评人）和组织成员（被考评人）面对面地对考评结果进行讨论，并指出优点和缺点以及需改进的地方。利用这个沟通机会，管理者可以及时了解组织成员的实际工作状况及深层次的原因，同时组织成员也可以了解到管理者的思路和计划。考评沟通促进了管理者与组织成员的相互了解和信任，提高了管理的渗透力和工作效率。绩效考评为业主方及各参建方共同审查工作行为提供了一个机会，而反过来又可以使业主方及各参建方共同制定一个相应的计划，以纠正在绩效考评过程中所揭示出的有缺陷的工作行为，并同时强化那些良好的工作行为。

③ 为改进工程项目组织绩效提供依据。通过绩效考评，组织管理者和人力资源部门可以及时准确地获得组织成员的工作信息。通过这些信息的整理和分析，可

以对工程项目组织的政策及制度等一系列管理政策的效果进行评估，及时发现政策中的不足和问题，从而为改进工程项目组织政策提供了有效的依据。因此，绩效考评可以帮助工程项目组织管理者更好地管理和改善组织的绩效。

(2) 工程项目组织绩效考评的方法

工程项目组织绩效考评的方法很多，比较常用的方法有：排序法、特征评定法、行为评定法、目标管理法、关键绩效指标法、平衡计分法等。

1) 排序法

这是业主方考评建设参与者时运用较多的一种考评方法，通过对建设参与者的业绩比较来确定，建设参与者业绩的表现不是评分，而是排序。建设参与者排序主要有以下三种方式：

① 简单排序。业主方依据建设参与者的工作业绩、表现和道德因素将建设参与者排成列，最好的排在最前面，最差的排在最后面。

② 对比排序。将建设参与者两两进行比较，较优者得分，得分最多的评为最高绩效，得分最少的评为最低绩效。

③ 归档排序。业主方将所有建设参与者的绩效划分为不同档次，规定每个档次的比例，根据该比例将建设参与者归入划分的档次。运用这种方法，业主方可以很快地对建设参与者进行业绩评估，节约了评估时间和精力。但是，这种绩效评估方法也存在着评定标准模糊或者缺乏明确界定、评估主观随意性较强、公正性和科学性较弱等弊端。

2) 特征评定法

将被认为是成功工作绩效所必需的个人特征用简洁明了的语言表达出来，然后由业主方根据建设参与者的绩效表现评定建设参与者所达到的业绩水平的考评方法。采用特征评定法，首先需要确定一个成功工作业绩建设参与者所应具有的个人特征。因此，相对于简单排序法来说，为建设参与者增加了行为导向内容，对建设参与者工作具有一定的导向作用。但是，特征评定法并没有明确建设参与者获得一定的业绩水平所需要完成的工作事项。比如，建设参与者在"与人合作"这一项上被评定为"2"这个级别，但建设参与者并不知晓其下一步的绩效改进途径，因此，其对建设参与者行为的指导意义并没有明显改善。

3) 行为评定法

将建设参与者的绩效等级用具体工作行为来描述，然后以此为依据来确定建设参与者达到的绩效水平。行为评定法用一个量尺来表示建设参与者所达到的绩效水平，量尺的一边是绩效等级，另一边是代表该绩效等级的描述性行为。行为评定法使用反映不同绩效水平的具体工作行为的例子来描述每个特征，相对于特征评定法来说，加强了对建设参与者行为的指导和监督功能。运用这种方法对各建设参与者进行绩效考评，使建设参与者知晓他们被期望表现哪些类型的行为，从而明确了努力方向。

4) 目标管理法

目标管理法倡导各参建方参与管理，强调组织成员的自我控制。其基本思想为：以业主方和各参建方事先确定的目标及实现的程度作为依据和衡量标准，对各参建方的绩效和总体绩效进行评估。这个目标是根据组织的目标，层层分解到部门再到个人而来的。管理者以工作目标来管理各参建方，业主方在事先和各参建方协商彼此可以接受的目标，即充分授权各参建方，让各参建方有充分的自由选择最有效达成目标的手段。事后，管理者再以原定目标与各参建方实际的执行结果相核对，决定纠正、调整和惩罚的行动，以确保目标的达成。可以看出，所谓目标管理就是一种程序或过程，根据组织的使命和一定时期内组织的总目标，决定业主方与各参建方的责任和分目标，并把这些目标作为组织绩效评估和评估每个部门和个人绩效产出对组织贡献的标准。

5) 关键绩效指标法

关键绩效指标法是实行绩效考评的一种常用工具。关键绩效指标法是对工程项目组织的环境及战略进行研究，找出影响工程项目组织发展的关键要素和指标的方法。在建立关键绩效指标时，通常由工程项目组织的高层对项目未来成功的关键达成共识，在确定项目未来的发展战略之后，通过对每个成功的关键的业务重点及相关的业绩标准和所占比重进行分析，然后根据该职位的任职资格要求对与其相应的业绩指标进行再分解后，最终确定对应于该职位的关键业绩指标。其优点是相对简单，利于操作。

6) 平衡记分法

平衡记分法是由哈佛大学商学院著名的教授勃特·卡普兰和戴维·P·诺顿创立的。他们通过对在绩效方面处于领先地位的12家公司进行的为期一年的项目研究，于1992年提出了一套科学的、用于经营业绩衡量与评价的财务与非财务指标评价体系——平衡记分卡。其核心思想是通过财务、客户、内部经营过程、学习和成长这四个指标之间相互驱动的因果关系，展现组织的战略轨迹，实现绩效评估—绩效改进—战略实施—战略修正的目标。平衡记分卡是一种绩效的衡量制度，也是一项与战略、报酬制度相结合的战略性管理工具，是项目将使命和战略转变为目标的衡量方法。

平衡记分法的优点是克服了单纯利用财务手段进行绩效管理的局限性，向组织管理层传达了未来业绩的推动要素是什么以及如何通过各参建方、技术革新等方面的投资来创造新的价值等信息。

(3) 工程项目组织绩效考评指标

工程项目组织的绩效考评指标包括财务指标和非财务指标两大类。

1) 财务指标

财务评价是对项目经营效果的综合评价，财务评价指标具有容易量化、数据获取方便、可直接利用现存会计报表的特点，多属定量指标。工程项目财务绩效主要来源于生产能力、管理能力两方面。

① 反映项目生产能力因素的指标。这方面指标主要有施工总产值、合同总额、劳动生产率等。

② 反映项目管理能力因素的指标。这方面的指标主要包括：体现项目盈利能

力的产值利润率、贡献利润、工程款到位率和上缴款率指标。

产值利润率是工程项目一定时期利润与施工产值的比率。它表明项目的获利能力,是评价其经营效益的主要指标。计算公式为:

$$产值利润率 = (工程利润/施工产值) \times 100\%$$

贡献利润表明项目部对公司利润的贡献大小。计算公式为:

$$贡献利润 = 施工产值 \times 合同规定的利润上缴比率$$

工程款到位率和上缴款率反映的是项目的盈利质量,前者是指工程款的实际到位数与施工产值的比率,后者是指项目实际上缴的利润与应上缴利润的比率。对此进行评价有利于引导项目加大工程款的催收力度,改善企业的财务状况。计算公式分别为:

$$工程款到位率 = (实际收到的工程款/施工产值) \times 100\%$$

$$上缴款率 = (实际上缴的利润/贡献利润) \times 100\%$$

2)非财务指标

工程项目的非财务方面绩效主要取决于项目质量管理能力、安全管理能力和文明施工水平三个决定因素,应从质量指标、安全指标、公司形象和文明施工指标等方面考虑。

① 质量指标。质量指标是衡量工程项目的质量控制能力的指标,评价工程项目绩效应选用的主要质量指标有:是否创优获奖、单位(分项)工程合格率、重大质量事故次数、返工损失率。

② 安全指标。安全指标主要有:工伤死亡人数、重大安全事故次数等。

③ 公司形象和文明施工指标。这类指标可以衡量企业与公众的关系,企业形象好坏,指标包括:重大工程投诉次数、媒体正面宣传程度、文明施工评优等。

(4) 工程项目组织绩效考评的实施方式

1)从执行主体进行分类

① 由业主方主管人员进行考评。由业主方主管人员对各参建方的工作绩效进行考评是大多数绩效考评制度的核心。这是因为,业主方是建设项目全过程的主要责任方,并且对建设项目的主要参与方有合同约束。因此,业主方对各参建方的工作绩效考评相对来说较为容易。

② 由施工方主管人员进行自我评价。施工单位是工程项目建设活动的主要实施主体,对建设活动中各个环节的细节掌握清楚,因此,施工方的自我评价是非常有必要的。

③ 其他参建方自我评价。工程项目参与建设的单位很多,如设计、监理、设备材料供应商等,并且由于项目的涉及专业多,还有其他的分包单位。每个参与单位都会有自身的工作范围,自身的工作特点。因此,各参建单位的自我评价显得十分重要。

但自我评价常会出现自我宽容、与他人的评价结果不一样的现象,因此,需要加强沟通和规范化建设。

不同考核主体参与考核的优缺点如下。

a) 业主方作为考核主体。主要优点包括：对项目有全局性的掌握，对考评内容比较熟悉；容易获得考评客体的工作业绩；有利于发现各参建方的优缺点。主要缺点包括：无法了解自身监控之外的建设参与者的表现，易造成以偏概全；受个人偏好及心理影响，易产生偏紧、偏松倾向或定式思维，损害考评结果的公正性。

b) 参建方自己作为考核主体。主要优点包括：有利于管理的民主化；对自身有更清楚的认识，评价更为客观；有利于增强参与意识，提高工作热情；有利于对问题等达成共识，降低抵触情绪；有利于发现业主方的不足之处，有利于业主方工作的完善。主要缺点包括：易于高估自己；易夸大成绩、隐瞒失误；易为自己寻找借口，积极开脱；为取悦业主方，只说好话，不讲缺点。

2) 从采用手段进行分类

① 基于特征的绩效考评方法。基于特征的绩效考评方法，就是假定相应的特征能够导致相应的绩效，通过对被考评者特定个人特征的考评来进行绩效考评。因此，进行基于特征的绩效考评，首先要识别所要考评的个人特征，然后，通过这些个人特征的状况来对工作绩效作出判断。

② 基于知识与技能的绩效考评方法。基于知识与技能的绩效考评方法，就是假定相应的知识与技能能够导致相应的绩效，通过对被考评者特定的知识与技能的考评来进行绩效考评。因此，进行基于知识与技能的考评，首先要识别所要考评的知识与技能，然后根据这些知识与技能的状况来对工作绩效作出判断。

③ 基于行为的绩效考评方法。基于行为的绩效考评方法，就是假定相应的行为能够导致相应的绩效，通过对被考评者特定工作行为的考评来进行绩效考评。因此，进行基于行为的绩效考评，首先要识别所要考评的行为，然后根据这些工作行为的状况来对工作绩效作出判断。针对具体工作环境而言，工作行为是特定的，基于行为的绩效考评以所表现出的行为为基础，根据所表现出行为的频率和程度来确定考评结果。

④ 基于结果的绩效考评方法。基于结果的绩效考评方法，就是假定所获得的工作结果等同于工作绩效，通过对被考评者所取得的工作结果的考评来进行绩效考评。因为很多人都把工作结果与工作绩效等同起来，也就认为对工作结果的考评就是绩效考评，因此这种基于结果的考评最能得到人们的认同，也是考评方法中最为重要的类型。在进行基于结果的绩效考评时，首先要确定对工作的哪些方面结果进行考评，在确定了所要考评的工作结果之后，要为每个方面的工作结果制定考评指标与标准。最后，要把所取得的工作结果与所制定的考评指标与标准进行比较，从而完成基于结果的考评。

6.3.2 工程项目组织绩效改进

绩效管理的核心思想是要不断提升和改进业主方和各参建方两个层面的绩效，评估、惩罚或嘉奖都是激励形式，归根到底是要改进绩效。

(1) 工程项目组织绩效改进要点

绩效改进是绩效管理的一个重要环节。一个完整的绩效管理体系由绩效计划、绩效实施、绩效评估、绩效反馈几部分组成，并形成一个全封闭的循环。绩效改进建立在绩效评估与反馈基础上，通过绩效评估文字性或数字性的结果挖掘更深层次的原因，提出有价值的综合性绩效改进意见，达到改进组织绩效的目的。

要有效地改进绩效，必须从以活动为中心的评估转为以阶段结果为中心的评估，通过对阶段结果的及时肯定，来增进绩效改进的驱动力。另外，差距是逐渐积累的，如果每年进行一次评估，可能会导致差距已经无法缩小或无法控制的情况出现。只有可缩小或可控制的差距才能构成有效的绩效改进驱动力。

1) 选择和界定所需的管理程序及革新办法

项目管理者要精心选择和明确界定自己所需的管理程序及革新办法，针对通过实践验证能够起到绩效改进作用的关键因素，采取相应措施，要制定一份详尽的工作计划以及相应的每周工作目标，并在每天的工作中加以实施。也就是说，要把各种管理和过程的具体措施与工程项目组织每个短期工作目标的结果加以联系。这样，不仅可以渐进地改进绩效，也可以通过实践检验各种方法对绩效结果的贡献程度，从而在实证的基础上剔除低效的活动过程，保证项目管理者绩效改进决策的正确性和合理性。

2) 变革的制度化和标准化

把有用的变革制度化和标准化，迅速淘汰过时的制度，及时抛弃无用的变革。项目管理者应把那些对绩效改进有效的活动、技术、手段和方法制度化和标准化，并纳入工程项目组织的基础制度结构，不断提炼和淘汰制度。这要求工程项目组织要善于学习，在学习中不断自我否定和自我扬弃。因此，工程项目组织应是学习型组织，逐步把成功的绩效改进手段纳入日常的经营管理活动中，迅速淘汰那些不成功的办法，这样，才能够在不断学习的基础上持续提高绩效结果。

3) 重视发展规划并制定长远目标

要重视发展规划和长远目标的制定，更要重视关键的工作任务，使之成为短期的绩效目标。通过长短期绩效目标的有机结合，实现绩效结果的有效达成。业主方所构建的"发展愿景"，通过明确项目战略思想来指导绩效改进的持续进行，成为业主方和各参建方的动力源泉。但是，要让这个发展愿景充分发挥作用，必须把这个规划变成各个阶段的、具体的短期目标，通过绩效结果的驱动，促进项目最终目标的实现。

4) 考核并强化绩效的改进

定期检查目标进展情况，通过及时的考核结果强化绩效的改进，是增强绩效改进动力的关键。项目管理者首先把大范围的、长期的目标转换成小范围的、渐进式的、短期的可迅速见到有形结果的目标；其次，要通过及时的考评结果鼓励建设参与者品尝成功的果实，这不仅可以进一步强化建设参与者改进绩效的信心，更增进绩效改进的动力；最后，制定下一轮的绩效目标。这样，可形成良性的循环上升和绩效扩展。

5）实现向"学习型组织"的转型

以结果驱动的绩效改进方案帮助工程项目组织向"学习型组织"的转型。通过"制定短期目标—及时评价—结果驱动"这个循环，项目管理者可以不断吸取前阶段的经验和教训，并把它应用于进一步的实践中，从而使工程项目组织形成一种持续的学习过程。项目管理者把每一个渐进式绩效改进目标都作为一种试验，从中获得经验，推动整个组织范围内绩效改进的整体推进。

(2) 工程项目组织绩效改进方法

在分析工程项目组织绩效的影响因素和改进要点的基础上，选择合适的改进方法，以保证绩效改进的顺利实施。

1) 基于工程项目组织自身的绩效标杆

以工程项目组织已实现的绩效成果为基础，追求绩效水平的不断提高。例如，工程项目组织去年绩效目标中的"业主满意度"为91%、"按时竣工率"为95%，那么，新设计的绩效目标可能就是"业主满意度"为95%、"按时竣工率"为98%。问题在于，这种方式所蕴涵的内向性容易产生封闭思维，往往与迅速变化的外部环境相脱离。同时，绩效标杆受制于工程项目组织本身，简单地以"强化优势，改革劣势，不断战胜自我"为努力目标，也许仍然与竞争环境的要求有差距，实现这些目标并不意味着工程项目组织在竞争中就具有强有力的优势。总之，封闭性的思维方式只能适应确定性的竞争环境，无法保证工程项目组织绩效的有效改进。

2) 六西格玛的思维方式

六西格玛主张消除偏差将会解决流程和业务中的问题。工程项目组织通过使用一系列的统计工具来了解流程的运动，管理者可预测流程的结果。如果结果不能让你满意，可以使用相关的统计工具去进一步剖析影响流程的输入要素。六西格玛指导工程项目组织在各个运营环节中尽可能地少犯错，从原材料的进场到工程的验收，在最早可能发生问题时避免质量错误。通过一套严格和结构性的测量方法，流程的要素可以被完全了解，整个流程的输出结果将会得到显著提高。六西格玛包含了五个步骤：定义（Define），测量（Measure），分析（Analyze），改进（Improve）和控制（Control），通常被简称为DMAIC。

3) 360度绩效反馈

所谓360度绩效反馈，是指由工作中与被考评者工作关系较密切、联系较多的人，分别从不同的角度，以调查问卷的方式，按照一定要求对被考评者进行统计、分析和管理，形成考评结果报告，并与被考评者的自我表现评价进行对比分析，将考评结果面对面地向被考评者进行反馈，以帮助被考评者总结成绩、寻找差距，进而促使其改进工作、提高绩效。360度绩效反馈与传统考评方法的最大差异在于：传统方法的主体是业主方和各参建方，而360度考评方法则包括政府、受项目影响的居民以及其他与项目有关的主体等。

运用360度绩效反馈考评方式，有利于管理者掌握更多的情况，便于决策者多渠道吸取反馈意见，使考评工作真正做到公开、公正；它将建设参与者个体目标与工程项目组织目标相统一，可促使工程项目组织目标的实现；还可以更好地适应现代组织结构层次减少和实行自我管理、控制自我的要求。

4）持续性的沟通

通过持续性的沟通，开展绩效面谈是业主方与各参建方共同确定下一绩效管理周期的绩效目标和改进点的主要方式。绩效管理是一个往复不断的循环，一个周期的结束恰好也是下一个周期的开始。面谈的一个重要内容就是确定下阶段改进重点和改进计划。在绩效面谈中，双方在讨论绩效问题的原因时，对于达成的共识应当及时记录下来，这些问题可能就是工程项目组织在下一期需要重点关注和提高的地方。面谈结束后，要将达成共识的结论性意见或双方确定的关键事件或数据，及时予以记录、整理，填写在考核表中。对于达成共识的下期绩效目标也要进行整理，形成新的考核指标和考核标准。

(3) 工程项目组织绩效改进实施过程

1）工程项目组织绩效改进过程

① 制作绩效改进计划书。绩效改进计划书的内容主要有：工作缺点、期望成果、责任人改善行动、业主方支持事项和改善进度考核。

② 绩效改进计划追踪。绩效改进计划制定后，重点在落实。各参建方在按改进计划步骤操作的同时，业主方应负起督导责任。要求业主方做到：

a) 关注各参建方的需求，随时提供帮助。

b) 按阶段对各参建方的绩效改进工作进行检查，发现问题及时与各参建方协商解决。

c) 绩效改进计划完成后的考评工作安排。

③ 改进计划考核及情况处理。绩效改进计划执行后，会出现两种情况：一是各参建方的工作成绩达到绩效标准；二是各参建方依然无法达成绩效目标。对后一种情况，采取以下处理措施：在实施绩效面谈时，可以同时确定下一轮的绩效目标，使制定的新目标更加合理。

2）工程项目组织绩效改进实施步骤

① 业主方与各参建方达成关于绩效问题的共识。许多时候，业主方认为其他参建方存在绩效问题，但是其他参建方并不认为这是个问题。要让各参建方认识到绩效问题的存在，并且让他们认识到他们的绩效问题对组织的影响，以及如果不改正错误将要产生的后果。

② 分析绩效问题的原因。绩效问题的原因是多方面的，可能是能力的原因，也可能是业主方的原因，还可能是其他方面的原因。

③ 确定改善的目标。业主方绩效必须准确地说出，想要各参建方作出怎样的改善，而且其他参建方也应该认同这一目标，以绩效改进计划书的形式予以明确。

④ 共同探讨可能的解决途径。商定如何实现和监督绩效改进的过程，要让各参建方充分了解，他们必须对自己的行为负责。

⑤ 对各参建方已经取得的进步加以认可和鼓励。任何行为改善都是逐步的过程，当各参建方行为开始有所改善时，应该及时认可和称赞。

案例分析：某大型工程项目组织绩效考评与改进实例

(1) 项目背景

G项目是一个重大城建项目，是推动城市基础设施建设，提高人民群众生活质量的重大举措。采用项目公司制进行项目化运作。G公司作为项目管理单位，负责对工程进行融资、建设、经营管理和还贷，采用施工图设计与施工总承包的模式进行工程总承包招标。

(2) G项目组织中各参与方

项目公司从成立之初就定位在规模精练的项目公司，负责项目的融资运作，行使业主职权，以合同管理的方式，充分利用社会专业力量来完成项目中大量的具体工作，以提高管理效能，从而实现决策科学化、管理专业化，最终达到"小业主、大社会、低成本、高效率"的目的。

在进行工程项目组织的设计与实施中，项目公司始终秉承这一理念，主要加强以下三个方面的管理：

1) 机构的精简必然要求项目管理班子工作的高效，在对业主方内部人力资源的管理中，项目公司制定了一系列科学合理的人力资源管理制度，在组织结构的规划与设计、人员的构成及来源以及项目班子建设等方面实施有效管理，取得了良好的效果。

2) 采用了项目公司模式以及以设计施工联合体为主体的工程总承包模式，明确了业主管理协调的重点是设计施工联合体，即工程总承包方，在管理协调过程中，重视合同约束与制度规范，加强对参建队伍的选择、考核、培训与激励等方面的管理。

3) 由于项目施工标段划分较细（共分10个标段），人员来源复杂，如何统一所有参建人员的思想和行为，提高项目人力资源绩效，成为管理者重点考虑的问题。在项目建设过程中，项目管理者提出了加强项目文化建设的目标，并在工作中严格落实，因而，项目文化建设成为了项目公司管理的主要内容之一。

(3) 问题

如何对于这样一个组织进行绩效考评？

(4) 案例分析

为做好G项目的绩效考评，主要从以下几个方面着手：

1) 绩效考评的职责分工

明确业主方、总承包方、分包方以及材料供应商等各方的相关职责，这样有利于提高绩效考评的有效性，提高各参与方进行绩效考评的责任感。

2) 绩效考评主体的确定

由项目公司牵头，考评者有足够的时间和足够多的机会来观察、了解各参与方情况，同时，有能力将观察结果转化为有用的考评信息，尽可能减小绩效考评偏差，真正体现参建各方的绩效。

3) 绩效考评程序

考评时间：进行月度考评、季度考评、年度考评。

考评过程：由项目公司作出考评安排，相关考评者对被考评者即参与建设的总承包方、分包方等各参与方进行考评，项目公司将考评结果进行汇总，将审批后的考评结果反馈给被考评者，并就其绩效和存在的问题进行讨论和指导。最后项目公司根据考评结果归档，同时用于支付工程款、奖金和其他用途等。

4) 采用关键绩效指标法进行绩效考评

按照G项目战略目标的重要程度和优先次序，首先，进行合理的资源配置，设定相应的关键绩效指标和目标。其次，明确过程是获得结果必需的通道和桥梁。在战略实施时，对主要价值创造过程和关键支持过程要设定相应的关键绩效指标和目标，通过对过程的监控，确保过程目标实现。第三，财务指标就是衡量经营和管理活动的重要指标，追求并确保财务指标的实现。

在确定关键绩效指标的基础上，定义出关键绩效指标的计算方法、计算周期和权重，避免产生指标歧义和导向不一致。

在G项目实施过程中，如果项目绩效指标过多、工作巨细不分、重点不突出，可能造成混乱和低效率，而项目绩效指标大而化之、关键指标遗漏又会失去说服力，使考评作用失效。标准的绩效评价体系应当包括哪些关键的指标，究竟应从哪些方面来评估G项目绩效，便成为一个非常关键的问题。

G公司根据实际情况选择并确定出关键绩效评价指标，包括：质量、安全、生产率、利润、成本、进度六大指标。

G公司掌握着项目质量、利润等方面的信息，从承包方那里获取更多关于成本、进度、安全、生产率等数据，进行绩效指标计算。

对于每个关键绩效指标，以所有同类项目或所有各类项目的最佳绩效作为基准值，用项目的绩效表现与之进行对比，得到0～1之间的一个比值。在此基础上，计算出这些比值的平均值，以反映项目的平均绩效水平。

5) 采用绩效面谈反馈方式进行沟通反馈

G公司将考评结果及时反馈给各参建方，鼓励先进，鞭策后进，促使项目业绩按照导向发生转变。通过多次绩效考评、沟通、反馈，G项目的整体绩效水平不断得到改进和提升。

思考与讨论

1. 对于绩效内涵存在着三种不同的观点，即"绩效是结果"、"绩效是行为"和"绩效是能力"。你的看法如何？
2. 工程项目组织绩效相对于其他组织绩效而言，有哪些特点？
3. 请思考绩效管理对工程项目组织运行的影响。
4. 工程项目组织绩效管理步骤应该突出哪些重点？
5. 绩效管理对于工程项目组织的作用有哪些？

6. 如何看待绩效管理手段对组织绩效影响的有效性？

7. 保证工程项目组织绩效反馈有效进行的措施有哪些？

8. 除了本章中提及的工程项目组织绩效考评的实施主体外，你认为还有哪些可以成为工程项目组织绩效考评的实施主体？

9. 如何理解"绩效考评就是绩效管理"这个观点？

10. 对于与业主方没有合同关系的分包商，业主方如何实施对这些参与单位的绩效考评？

11. 在过去的绩效评价中，目标设计往往是一个自上而下的过程，是强加性的。如何设计工程项目组织成员的绩效目标，以求达到提高建设参与者积极性的效果？

12. 有学者认为，组织绩效评价应以成员个人完成工作的状况为基本依据，理由是：激励只能作用于个人而不是群体；技能的提高和行为的改进最终必须落实到个人。若仅考核组织绩效，个体的努力得不到充分的肯定，就容易造成社会懒散现象，即个体由于参加组织工作，其工作效率比自己单独工作时的效率反而大大降低。同时，由于绩效考核与薪酬及个人价值的实现相联系，因此，在工程项目组织中，能力高的成员倾向于对个人绩效的考核，从而得到更高的认可和报酬。而另一些学者则认为，对个人的考评应考虑团队的整体绩效，因为组织的成功很大程度上依赖于组织成员间的团结合作，理解支持，若评估集中于个体层面，会导致个人主义盛行，忽视协作精神，阻碍信息、技能的共享和绩效的提高，降低组织工作的优势。那么，你认为绩效考评的客体应侧重于个体成员还是整个团队？

第7章 工程项目组织的变革与创新

随着经济、社会和科学技术的发展，工程建设规模越来越大，技术性、系统性越来越强，工程项目管理者面临的环境复杂多变，传统的工程项目组织方式难以适应形势发展的需要，必须不断进行项目组织变革和创新。本章主要介绍工程项目组织变革与创新的背景、内容及发展趋势。

7.1 工程项目组织变革与创新的背景

工程项目组织变革与创新主要受工程项目管理环境的不确定性、项目管理思想和项目管理模式创新的影响。

7.1.1 工程项目管理环境的不确定

在我国国民经济快速增长、产业结构调整升级的背景下，工程项目的管理理念和文化价值观不断更新，工程项目组织受到信息和资源的影响程度逐渐加深。任何一次组织变革都依赖于所处环境的不确定性，在现阶段信息发达、资源稀缺的情况下，工程项目组织在方方面面发生着深刻变革。

(1) 经济全球化

稳步发展的经济环境促使我国建筑市场逐步对外开放，国际上有着强大实力的承包商积极参与我国国内市场竞争，国内外市场开始全面融合，市场的竞争压力越来越大。激烈的竞争促使组织更倾向于成为适应市场的创新型组织，并通过更低成本和更高质量取得竞争优势。原有的工程项目组织方式难以适应经济合作背景下的内部沟通和外部协调状况，工程项目组织必将面临着一场深刻变革。

(2) 管理信息化

现代科技的飞速发展，使得计算机技术、网络技术和通信技术不断得到发展和应用，管理信息化成为各个行业可持续发展的重要保障。信息技术与现代管理手段的相互促进、相互融合，促使项目的管理方式发生了重要变化。新型的管理方式比传统的管理手段具有更高的效率和更低的成本，同时实现了资源的有效配置。现代化管理信息系统的应用不仅提高了工程项目组织的运行效率，还加快了组织内外部的交流，信息技术的发展为组织创新提供了物质技术条件。

(3) 技术创新化

工程项目组织受到技术进步的推动，由传统的项目组织结构逐渐演变成为新型的项目组织结构，从组织中的人员素质到项目信息的获取和运用，直至组织战略的实施，均离不开技术的创新。科学技术的发展引起了产品和工艺变革，技术的不断发展变化为社会和整个建筑行业带来了边际效益，科技成果的展现、产品的创新和工艺的创新保证了市场的高速运转。对于建筑业这样需要技术支撑的行业，技术创新的作用尤为明显，工程建设领域对新技术、新材料、新工艺和新设备等的应用推动项目组织变革加速。

(4) 资源稀缺化

资源的有限性与人类需求的无限性是人类社会最基本的矛盾，在世界范围内广泛开展的各种工程建设造成了资源稀缺程度的加深。资源的稀缺性已经成为现代项目管理中考虑的首要因素。资源约束是经济增长模式提升的重要杠杆，引起了现代国民财富结构的重大变化，寻找能够节约土地、资本或某些具体的稀缺资源的创新是促使工程项目组织产生真正变革的原动力，而完善资源配置和政府配置战略将直接对工程项目组织变革产生指导意义和约束力。

7.1.2 工程项目管理思想创新

现代工程建设环境的多变性、专业的复杂性及新技术的不断应用，使工程建设的业主与参与各方之间，设计单位与施工单位之间的内在相互关联性日趋加强，各方的利益互动性日趋明显，越来越需要在项目成员和项目建设各阶段之间进行有效的沟通，这些都客观地要求彻底改变过去那种建筑产品生产组织相对孤立的局面，而传统的组织及信息沟通方式已不适应现代工程建设的需求，也与迅速发展的现代信息和通信技术不相符合，必须打破传统的时间和距离对项目组织管理的约束。为了实现这一目标，探索并提出了工程项目虚拟建设、供应链管理、集成管理和全寿命周期管理思想，推动工程项目组织的变革与创新。

(1) 虚拟建设思想

"虚拟建设"的概念是美国发明家协会 1996 年提出的。经过十余年的实践与发展，当前的虚拟建设可以理解为是一种运用虚拟组织原理，借助现代信息和通信技术支持，采用无层级、扁平化的管理组织方式和工程总承包模式，通过网络共享的项目信息系统，实现节约投资、缩短工期、运用信息和知识使建设产品增值的目的。

虚拟建设是一种适用于知识经济时代的新型工程项目管理思想。虚拟建设是一种管理方式，工程项目领域虚拟建设研究的是工程项目各参与方之间的关系，而非企业内部的关系；目前虚拟建设主要适用于大型工程项目；工程项目要实现虚拟建设管理，需要建立相应的虚拟组织环境；为保证项目虚拟建设的顺利实施，项目各参与方应在平等互惠的基础上实现知识和信息的共享，共同维护组织文化。虚拟建设的关键，是在协调各方利益的基础上，在工程项目各参与方之间建立起合作伙伴关系，以实现各方的目标。虚拟建设思想的应用，如图 7-1 所示。

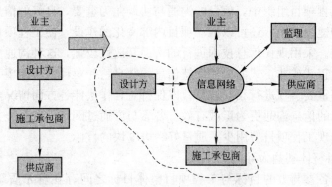

图 7-1　虚拟建设思想应用示意图

与传统的项目管理思想相比，虚拟建设思想的创新主要体现在以下几方面：

1) 采用扁平化的管理组织方式

虚拟建设采用虚拟组织作为其组织保证，由于虚拟组织的虚拟性、临时性和成员独立性，它更加强调成员之间的平等和信任。在传统工程项目组织模式中，组织内部成员地位不平等，缺乏相互协商的积极性，这也是组织效率低下的重要原因。由于业主在工程建设过程中占据着制高点，设计方和施工方的地位略显被动，这种管理模式非但不利于项目组织的平等沟通，还挫伤了直接从事工程项目生产活动的设计、施工及供应等各参与方的积极性和工作热情，造成工程项目的目标失控、资源浪费等现象。

2) 采用设计与施工相结合（即 DB）的生产组织方式

工程项目的设计与施工是不可分割的有机整体，将设计与施工相结合，不仅体现了工程项目的过程集成，还可减少工程项目建设过程中的变更、拖延、争议、索赔及浪费，以达到降低费用、缩短工期、提高工程质量的目标。随着信息技术的广泛运用，增强了设计施工的结合程度，同时加大了组织各参与方之间的合作程度。传统的工程项目由独立的设计、施工及供货方完成，独立的参与方从各自的上层联系方得到信息，信息的流动是纵向的；而设计与施工集成的虚拟建设方式则系统地考虑了业主的需求，使各参与方得到的信息真实而全面，信息流动变为横向，项目各参与方在充分了解对方信息的基础上开展工作，有利于缩短工程项目工期、降低工程项目费用。

3) 建立地位平等、相互信任、知识共享的组织文化

由于工程项目各参与方在组织行政上没有隶属关系，为完成项目建设而临时组合，是一种不确定的关系，因此在工程项目组织中容易出现这样的情况：当项目进

展顺利时，各方尚能保持良好的合作关系；一旦项目建设过程中出现问题，各参与方的经济利益受损，良好的合作关系就会破裂，相互间推卸责任。在虚拟建设组织文化的引导下，组织内部成员在项目实施过程中，相互信任，地位平等，知识共享，增加了生产过程的透明性，使业主、监理、设计方、施工承包商、供应商了解工程项目的全过程，有效降低工程项目生产的不确定性，控制项目的风险。

4）采用现代信息技术进行信息沟通

在现代工程项目组织中，信息的沟通与协调尤为重要，良好的信息沟通不但可以减少项目的建设费用，还可以推动项目内部文化的建设，使工程项目朝着合作互利的方向发展。采用现代信息技术进行的沟通开放性较强，这种沟通方式使相互信任的各方通过正式或非正式的渠道保持信息的共享，并对计划、期望、目标、动机和评价标准等重要事项进行相互披露，以保持对合作伙伴各方面情况全面及时地掌握，使得组织的信息沟通更为坦诚有效。各参与方通过网络信息系统共享信息、知识和经验，实现工程项目费用少、质量好、进度快的目标。

5）以项目整体利益为导向

工程项目各参与方的目标与工程项目整体目标之间存在着矛盾统一的辩证关系。在传统工程项目管理模式中，各参与方片面追求自身经济利益，忽视项目的整体利益，使各参与方的项目管理目标与项目整体目标之间的矛盾加大，从而使项目整体的利益冲突增加。这种冲突使项目建设过程中出现索赔、诉讼等不良现象，最终导致项目目标失控，项目利益受损。实际上，工程项目的业主、设计方、施工承包商、供应商、监理等各方的行为不但直接影响着工程项目的成败，还会滋生种种不当行为。虚拟建设在一定程度上控制这种现象的产生，它强调以项目整体利益为重，只有项目整体利益实现后，各参与方自身利益才会自然实现，并得以保证。虚拟建设所考虑的项目整体利益不仅仅包含业主自身的利益，还包含最终用户的利益、社会公众的利益及各参与方的利益等方面。以项目整体利益为重的思想要求项目各参与方树立以项目为导向的观念，发扬团结协作精神，为实现共同的项目整体目标而平等合作。

6）秉承新型项目管理思想

虚拟建设是知识经济时代的工程项目管理思想，在虚拟建设思想指导下，参与工程建设的业主、设计方、施工承包商、供应商及监理必须彻底抛弃传统的思想观念，树立全新的时代观念，重新思考工作方式，重新构建思考方式。项目的各参与方只有平等协商，相互之间才能建立起信任合作的工作关系，在共享信息知识的基础上，共同承担项目风险，共同享有项目利益，并最终取得对参与各方互惠互利的结果。虚拟建设需要从组织上消除不平等现象，建立无层级、扁平式的组织形式；在虚拟组织内，权力不再意味着对组织资源的支配特权，不再意味着命令和控制，而是知识和能力的象征；对于重大问题，各参与方要平等协商解决，调动各自积极性。正因为工程建设是一项要求各工种高度协作的系统性工作，各参与方要有高度的信任，培养相互合作的精神。这种信任是组织中各参与方和谐共存的基础，若组织各参与方之间的不和谐关系发展到一定程度，就会危害项目目标的实现。因此，为保证项目顺利实施，组织成员应自觉履行责任，相互理解支持，增强业主、监理、设计方、施工承包商和供应商之间的信任感。

(2) 供应链管理思想

传统的管理理念往往注重研究单个企业的管理问题，但伴随社会分工的细化，人们对扩大生产有了新的认识，组织活动不单只有生产经营，还包括上游的供应商活动和下游的销售服务活动，这种认识促进了供应链管理思想的形成。与传统的项目管理理念相比，供应链管理思想突破了针对单个企业去研究的界限，以现代信息技术为支撑，依附电子数据交换、电子资金传送等现代管理技术，采用包括制造资源计划及精细生产等新的生产模式，对处于供应链上的不同企业进行研究。可以说，供应链管理思想着眼于供应链上的扩展企业去研究项目的管理问题，也就是对整个供应链系统进行有效的管理和协调，以使整个链条达到最优绩效。

一般认为：在产品生产和流通的过程中，从产品原材料及零部件的采购、运输到产品的制造、分销，直至最终送到顾客手中，这一系列过程涉及的供应商、生产商、批发商、零售商以及最终消费者形成了一个庞大的供需网络，这一供需网络就是我们常说的供应链。而供应链管理则是指人们在认识和掌握供应链各环节内在规律和相互联系的基础上，利用计划、组织、指挥、协调和控制职能，对产品生产和流通过程中各个环节所涉及的实物流、信息流、资金流以及工作流进行合理调控以期达到最佳组合，发挥最大效率，提升顾客价值。

供应链管理区别于传统管理模式最大的创新之处在于：

1) 供应链管理使项目管理模式从功能管理向过程管理转变

供应链管理不仅使项目组织内部逐渐从功能管理向过程管理过渡，在项目组织外部的供应链上下游各个合作伙伴的业务活动，也需要从功能管理向过程管理过渡。传统的管理模式过于强调企业中采购、制造、营销等活动的独立性，容易使企业目标不统一；而供应链管理则是从根本上改变传统模式的管理分散性，处于供应链上的企业需要达成一致和协调的机制，避免供应链中各种功能活动独立运作的情况发生。

2) 供应链管理使管理模式以顾客为导向

真正引导市场变化的实际上是顾客的需求，这种从产品管理向顾客管理的转变是管理思想的一种重要突破。在管理活动中，顾客主导着组织的生产销售活动，是主要的市场驱动力，所以顾客的需求、顾客的购买行为、顾客的潜在消费偏好、顾客的意见等都是组织要谋求竞争优势所必须争夺的重要资源，而顾客是供应链上重要的一环。因此，顾客管理是供应链管理的中心环节。

3) 供应链管理使供应链上企业追求利益共赢

传统的管理模式将利润作为组织管理的重点，单一追求利润的增长，而忽视了组织的内外部关系的共赢性。供应链管理则追求供应链各方均拥有良好的盈利性，这种盈利性是建立在"双赢"的基础上，以组织内部企业之间的共赢衡量管理的有效性，是一种更加科学有效的方式，以此促进组织的健康成长。

4) 供应链管理强调合作伙伴之间的关系管理

传统的管理主要集中在合作伙伴之间的交易关系，主要考虑的是各自的既得利益，合作伙伴之间难免会出现牺牲对方利益以保全自身利益的情况。现代的管理则强调协调供应链伙伴之间的关系，以协调的供应链关系为基础进行交易，以使供应链整体的交易成本最小化、收益最大化，同时增加供应链各方的利益。

5）供应链管理以信息技术为依托

供应链管理实质上是在合作企业之间形成了一种战略联盟，企业之间在合作的同时保持各自的独立性。这种基于实物流、信息流、资金流和工作流的企业战略联盟需要健全的信息技术作为支撑，以增大组织内部企业之间的协作性。有了强大的信息系统作为技术支持，各节点企业的核心生产及服务响应将更加灵活，从而提高供应链反应的敏捷性与灵活性，产品或服务的顾客化程度也进一步提高。除此之外，供应链上企业之间更容易形成协调一致的计划。如共同制定物资供应计划、生产计划，及时准确地确定生产方式，还可以实时建立对不确定环境的跟踪与管理，综合考虑供应链上企业内外部的资源状况，实现供应链上企业的优化管理。

(3) 集成管理思想

集成管理的研究始于高科技时代背景下，在计算机和计算机网络系统出现后，现代集成管理思想开始逐渐成熟。相比于相互隔离和分散的"信息孤岛"，集成管理制定了一种能够提供指导方向和灵活性的管理战略，这就在信息孤岛之间架起了桥梁。集成管理思想通过信息技术实现信息效率和信息协同能力，从技术上改变着组织的发展模式。

集成管理的核心是运用集成的思想，提高管理系统的内部联系和整体的协调程度，信息技术的发展导致了项目管理在管理思想、管理方法和管理技术方面发生了重大的变化，同样也影响着项目的组织结构、组织文化和组织战略。集成管理主要提倡多方面的集成，即主要包括组织集成、过程集成、管理智能集成等。集成的作用主要是提高组织的信息效率和信息协同程度，这样有助于时间和成本的节约。由于集成的作用，组织中的个人或部门收集和利用信息的能力加强，人们完成任务的质量和数量提高，作用于个人或部门内部的效果也将进一步增强。集成管理影响着跨部门的交流合作，需要跨职能、跨部门协作时，为了更准确、更经济、更便捷地实现管理目标，可利用集成管理原理，实现信息协同。集成管理由于其在组织中便于实现信息效率和信息协同，因而引起了组织内部方方面面的变化，使组织外在表现为效率与创新。

集成管理更加注重组织在效率、协同和创新能力方面的提高。在组织效率上，集成管理思想强调员工操作效率、管理人员决策效率和组织结构效率的提高；在组织协同上，强调组织内部员工与部门之间的协同及该组织与同行业内的其他组织的协同；而在组织创新能力上，则强调标准化知识库的建立、创新参与人员的协同运作、知识在组织内部循环分配等方面的提高。

(4) 全寿命周期管理思想

全寿命周期管理可以理解为：为建设一个在功能和经济上可行的项目，对其从初期设想一直到建筑物拆除的全过程进行计划、组织、指挥、协调和控制。通过对项目实行全寿命周期管理,以保证在规定的期限内、用有限的投资来顺利完成项目的建设,达到所要求的质量标准,满足投资商、经营商以及最终用户的需要,尽可能地使项目产生有形或无形的收益,并全面控制项目的运行管理、财务管理、空间管理和用户管理。项目的全寿命周期可以大致分为三个阶段:项目策划阶段(主要指项目发起、可行性研究、项目立项、初步设计、设计等)、项目实施阶段(项目的具体实施建设和竣工验收)、项目运营阶段(项目的运营维护直至项目废止)。如果项目的各阶段之间的标准脱节,将会对项目造成极大阻碍。

与传统项目管理思想相比,全寿命周期管理对项目进行全方位的系统透视和全寿命期集成管理,项目全寿命周期管理的内涵主要表现为以下几个方面:

1) 全寿命周期管理在各阶段建立项目的系统逻辑过程,将项目的整个寿命期划分为几个阶段,只有将项目的各部分有机地结合在一起,才能保证项目的目标、子系统、资源和信息的充分整合,按照计划形成一个协调统一的运行综合体。

2) 全部项目管理职能将以项目分解结构为主线进行成本管理、进度管理、质量管理、合同管理、资源管理、责任管理等。全寿命周期管理要求项目管理者必须进行项目全生命期的目标管理,对项目实施综合的计划和控制以及良好的界面管理、组织协调和信息沟通。

3) 全寿命周期管理通过责任体系进行全寿命期的目标设计,对全寿命期的组织责任进行定位,建立基于全寿命周期的项目成功标准,即需要自策划阶段开始将整个项目生命周期的组织、管理、经济、合同、技术等方面的知识和经验进行有效集成,以便于确定的项目成功标准能够得到各阶段相关利益方的统一理解,而不会出现对于同一标准,在各阶段存在理解上的偏差的现象。

4) 全寿命周期管理需要建立共同的项目语言和工作平台,使项目各参与方共享信息,使项目信息在项目全过程、各组织成员和各职能管理部门之间无障碍沟通。为了实现灵活、有效、及时的信息沟通,项目各参与方应积极消除项目组织的短期行为,避免管理信息内容传递的延误或中断,协调项目各参与方之间的关系。

5) 全寿命周期管理的思想要求项目的策划、实施和运营过程一体化。它将集成管理思想运用到传统管理模式中相对独立的策划阶段、实施阶段、运营阶段中,在成功标准、管理理念、管理目标、管理组织、管理方法、管理手段等各方面进行有机集成,充分考虑项目运营的要求,估计项目实施过程中可能出现的问题,明确项目整体管理的思想和目标,将项目的策划、实施和运营各阶段统一管理。

6) 用系统的眼光对项目的成功标准进行界定。传统的项目管理将项目分解成各自独立的阶段性任务,并制定相关的完成标准,但全寿命周期管理充分结合项目的筹备、生产、经营等环节,使项目各参与方用公共的、统一的管理语言和规则协调成功标准,自策划阶段就开始贯彻最终用户的需求,以使项目创造最大的经济效益、社会效益和环境效益。各阶段的项目运作要充分考虑其他阶段的成功标准,并在全寿命周期管理的不同阶段运用动态控制原理进行控制和调整。

项目全寿命周期理论的引入,是社会进步、行业发展的必然产物。全寿命周期管理理念集成了项目的投资管理、进度管理、质量管理、合同管理、风险管理、信息管理等几大目标，对项目进行全面的计划和控制。

7.1.3 工程项目管理模式创新

在工程项目虚拟建设、供应链管理、集成管理和全寿命周期管理思想的影响下，近几年，工程项目管理模式也得到不同程度的创新，主要体现在动态联盟模式、Partnering模式及项目总控模式的推广应用。

(1) 动态联盟模式

动态联盟模式是项目组织管理的新模式之一，这种管理模式不但使各职能部门可根据自己部门的资源与任务情况来调整、安排资源力量，提高资源利用率，还减少了工作层次和决策环节。

动态联盟在组织上分为多级层次，处于联盟顶层的盟主单元称为总盟主，具体由业主方负责。这一层主要发起和组建项目全寿命周期动态联盟，负责建设项目全寿命周期动态联盟的整体运作管理，并制定和实施动态联盟收益和风险分配计划，监督和协调项目总体的运行。在项目的每个阶段，由该阶段主要责任方或提供核心技术支持的联盟企业为阶段盟主，与其他联盟企业、总盟主企业相关成员建立该阶段联盟项目组，并协调管理该阶段联盟项目的运行。在动态联盟运作的过程中，需要建立与动态联盟运作模式相适应的管理模式，这种管理模式保证了项目整体有效的信息沟通，保证项目针对各种跨时段、跨区域、跨专业的信息实施有效沟通，实现客户的需求最大化，有效规避过程风险。

动态联盟的组织结构往往具有以下特点：

1) 项目经理负责制

有一个专职的项目经理负责项目的管理与运行工作，项目经理来自于公司的专门项目管理部门，项目经理直接向最高决策层汇报工作；在公司内部，各职能部门以项目为中心，按照项目进度要求安排各项资源，其首要任务是尽可能满足项目部的需要，为项目部提供资源支持。

2) 全寿命周期工作的连续性

在项目部，除项目经理外，一些重要的、工作连续性强的岗位人员只承担该项目部的工作，其主要作为项目经理的助手，不属于其他职能部门，保证了项目部整体工作的延续性。

3) 动态项目部运作

项目部其他临时性和技术性强的工作则从各职能部门抽调人员，他们与项目经理、项目部成员组成一个动态项目部。动态项目部负责与各阶段盟主企业的联系和沟通，具体工作由动态项目部负责各专业工作的成员完成。

动态联盟要求盟员企业的组织结构形式应在运作模式上满足全寿命周期管理和动态联盟的要求，各个盟员企业可以根据自身的资源情况，采用适当的内部组织结构，以保证动态联盟的有效实施。由于各企业自身核心竞争力、企业文化、产品特点、行业特点等的不同，盟员企业的组织结构形式多种多样，主要有职能式、项目式和矩阵式的组织结构形式。

(2) Partnering 模式

在工程建设领域，Partnering 模式通过建立合作机制实现双赢，不仅对于业主而言在投资、进度、质量控制方面有非常显著的优越性，而且也能提高其他各参与方的利润。因此，项目各参与方均能实现较高的"效率"，达成项目共同目标。Partnering 模式强调资源共享，信息作为一种重要资源对于各参与方必须公开，同时各参与方保持及时、经常和开诚布公的沟通。巴纳德认为："管理责任的独特标志就是管理不仅需要遵从复杂的道德规范，而且需要为其他人创立起道德规范，其中最得到普遍公认的方面是保障、创立和激发组织中的士气，也就是将观念、基本态度、忠诚灌输到组织或协作体系中，引入到客观权威体系中，这样就使得个人利益和个人规范从属于整个协作体系的利益。"业主、承包商、供应商等工程项目的参与者通过建立伙伴关系将一个松散的组织融合成一个协作系统，寻求共同的愿望和目标，加强信息沟通、职业道德规范，从而达到降低成本、减少诉讼和索赔、加快进度等效果。

在工程建设领域引入 Partnering 模式，使项目各参与方建立合作关系，使交易能以连贯的方式进行，减少了为达成企业间协议支付的交易成本，交易的数量和价格能以更便捷的方式调整，也减少了交易成本，实现了如科斯所说的"使外部性内在化"，使交易以更快捷、经济的方式进行。除了减少交易成本，建立 Partnering 模式还发掘了合作性资源的潜在价值。

(3) 项目总控模式

项目总控模式于 20 世纪 90 年代中期在德国首次出现并形成相应理论。项目总控模式的出现反映了项目管理专业化发展的一种新的趋势，即专业分工的细化，它是为适应大型工程项目业主高层管理人员决策需要而产生的。项目总控模式中的项目总控方是业主的决策支持机构，为保证及时、准确地收集项目实施中产生的各种有关信息，项目总控方需要进行与项目目标相符的日常工作管理，科学地对收集到的信息进行分析和处理，将处理结果提供给业主方，使之能够及时有效地进行决策。项目总控模式的核心是以项目信息流处理的结果去指导和控制项目的物质流。对于大型的工程项目而言，在项目建设过程中，一方面形成了项目的物质流；另一方面，项目各参与方之间形成信息传递关系，形成项目的信息流。业主方的管理人员对工程目标的控制实际上是通过掌握信息流来了解项目物质流的状况，从而进行多方面策划和控制决策，使项目的物质流按照预定的计划进展，最终实现工程项目的总体目标。

与以往的项目组织管理模式相比，项目总控模式有着其独特的实践性。

1) 项目总控模式一般适用于大型和特大型工程项目

大型工程项目往往由多个颇具规模和复杂性的单项工程或单位工程组成，在这种情况下，如果不同的单项工程之间出现矛盾，业主是很难作出正确决策的。尽管业主可以委托具备专业优势的咨询公司辅助决策，并对不同的单项工程或单位工程进行项目管理，但关于工程项目的重大问题还需自己进行决策。一般的项目管理咨询单位不能提供这样的服务，因而业主迫切需要高水平的项目总控咨询单位为其提供决策支持服务。

2) 项目总控模式不能作为一种独立存在的模式

由于项目总控模式一般适用于大型和特大型工程项目，而在这些工程项目中往往同时采用多种不同的组织管理模式，这表明，项目总控模式往往是与工程项目组织管理模式中的多种模式同时并存，且对其他模式没有排他性。另外，在采用项目总控模式时，仅在业主与项目总控咨询单位之间签订有关协议，该协议不涉及工程项目的其他参与方。

3) 项目总控模式不能取代工程项目管理

项目总控与工程项目管理所提供的服务都是业主所需要的，在同一个工程项目上，两者是同时并存的，不存在相互替代、孰优孰劣的问题，也不存在领导与被领导的关系。实际上，应用项目总控模式能否取得预期的效果，在很大程度上取决于业主是否得到高水平的工程项目管理服务。项目管理咨询单位的水平越高，业主参与的项目管理工作就越少，面对的决策压力就越小，从而使项目总控咨询单位的工作较为简单，效果就较好。

4) 项目总控咨询单位需要工程项目各参与方的配合

项目总控咨询单位的工作与各参与方有非常密切的联系：信息是项目总控咨询单位的工作对象和基础，而工程项目的各种有关信息都来源于各参与方；另一方面，为了能向业主决策层提供有效的、高水平的决策支持，必须保证信息的及时性、准确性和全面性。由此可见，如果没有工程项目各参与方的积极配合，项目总控模式就难以取得预期的效果。

项目总控方通常由两类人员组成：一类是具有丰富的工程项目管理理论知识和实践经验的人员，另一类是掌握最新信息技术且有很强的实际工作能力的人员。他们不仅能分析和处理工程项目实施过程中产生的各种信息，而且能开发适应业主需求的工程项目管理信息系统，从而可以大大提高信息处理的效率和效果，为业主管理人员提供更好的决策支持，而以往的工程项目管理往往难以满足业主决策的这些要求。从这方面看来，项目总控模式是工程咨询和信息技术相结合的产物，通过全面的信息技术支持，项目总控方辅助业主进行科学合理的决策，并对整个工程项目进行全面的项目管理。

7.2 工程项目组织变革与创新的内容

工程项目组织变革与创新的内容主要探讨组织变革的类型、组织变革的主要形式、组织变革的程序以及组织变革的要素和方法。

7.2.1 工程项目组织变革与创新的类型

依据不同的划分标准，工程项目组织变革与创新可以有不同的类型。如按照变革的程度与速度不同，可以分为激进式变革和渐进式变革；按照组织所处的环境状况不同，可以分为主动性变革和被动性变革。本章按照组织变革与创新的不同侧重,将其分为四种类型:组织体系创新、组织结构创新、组织流程创新和组织文化创新。

(1) 组织体系创新

组织体系创新是对组织的革命性变革,这种变革通常发生在外部环境急剧变化,组织所面临的基本环境正在发生着根本性的变化,所有组织已经进入或者将要进入一个相当长的充满迅速、剧烈、持续变化的时期。这些变化也为组织创新注入了新的变量,并向传统组织赖以存在的基本假设提出了挑战。这种挑战要求人们重新思考组织本身以及组织与组织、组织与环境之间关系的本质,从而对组织实行彻底的变革与创新。虚拟组织、伙伴式组织以及战略联盟等全新组织观念与组织创新形式的出现,正是组织体系创新的反映。

(2) 组织结构创新

组织结构创新是改变组织协调、沟通和联系的方式以及组织责任和义务的分布形式,发展新的组织结构,使之与组织的战略、文化、流程和技术间保持动态协同,进而提高组织结构对超竞争环境的响应能力和组织绩效的过程。

工程项目组织结构创新受到企业组织结构创新的约束。随着信息技术的发展和知识在生产过程中的作用越来越大,企业的组织结构形式从传统的直线职能型组织向顾客导向的水平组织转变,这种转变就要求企业的治理结构也相应地转变,因此,工程项目组织结构创新可以从以下三个方面来进行:一是进行企业治理结构的变革与创新;二是进行企业组织结构的变革与创新;三是进行项目组织结构的变革与创新。通过这三个方面的变革与创新,推动项目组织不断地向前发展。

(3) 组织流程创新

流程是一系列逻辑相关、共同为组织内外顾客创造价值的活动。流程创新是利用信息技术渐进性地改进现有流程或根本性地再设计并实施新流程,以创造顾客价值、提高流程对超竞争网络环境的响应能力和组织绩效的过程。

(4) 组织文化创新

组织文化是一个组织所特有的基本假设、价值观及其物质表现形式。组织文化创新是改变组织的基本假设、价值观及其物质表现形式,发展新的价值观,使组织文化与组织的战略、流程、结构和技术间保持动态协同,进而提高组织文化对超竞争网络环境的响应能力和组织绩效的过程。

7.2.2 工程项目组织变革与创新的主要形式

现代工程项目组织变革与创新主要向流程型项目组织、虚拟项目组织和伙伴式项目组织等形式发展。

(1) 流程型项目组织

流程型项目组织是项目基于流程管理的思想建立起的新型项目组织。在流程型组织中,核心流程是一个非常重要的因素,在项目中占据主导地位,组织的设计都是围绕核心流程进行的。

1) 组织维度分析

组织维度是对组织结构的一种抽象反映，通过组织维度可以描述一个组织内部特征，为衡量和比较组织提供基础。从组织的发展来看，项目组织结构先后经历了职能制、事业部制和矩阵制等形态，组织维度发生了相应的变化，职能制组织结构强调以职能为中心进行项目的集权管理，事业部制组织结构则追求的是以职能为中心的集分权平衡，因此这两种形式都比较单一。后来产生的矩阵型结构虽然已经开始关注项目流程的作用，在进行组织设计时将职能与流程综合考虑，以提高项目管理的柔性，但是归根结底仍是以职能为中心的组织结构，其组织维度是以职能为中心、以流程为辅助的多维形态。

在基于流程管理的组织中，项目的一切活动，包括组织设计、资源配置、管理活动等，均应围绕并服务于流程。这里的流程指的是项目的核心流程，核心流程是组织设计的主要因素，要基于项目核心流程构建流程团队，流程团队成了基于流程的组织的主导维。对核心流程起支持保障作用的职能部门仍然被保留下来，构成企业的职能管理体系，对流程团队起支持作用，职能维度是基于流程的组织的辅助维。任何一个组织都要有一定的保障因素，一个组织能够很好地完成使命，就要有很好的保障体系，基于流程的组织中也要有相应的保障体系，因此组织保障维也是基于流程的组织的一个维度。

通过以上分析，基于流程管理的组织维度有三个：流程团队主导维、职能辅助维和组织保障维。

2) 三维立体组织维度模型

基于流程的组织维度模型是以流程团队为主导维，职能为辅助维，同时考虑组织保障维的三维立体模型，如图 7-2 所示。

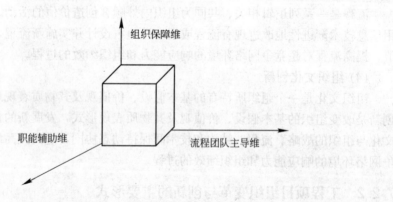

图 7-2 流程型组织维度模型

基于流程的组织结构是以优化后的核心流程为中心的。可能组织结构形式随着项目的内外部环境而千差万别，但结构的内涵却是一致的，都是以优化后的核心流程为中心进行设计。基于流程的组织结构是以流程团队为中心、职能为辅助、面向顾客、扁平化的组织。因此，基于流程的组织结构在构建时应考虑组织以流程维度为主干，每一流程由若干个子流程组成，流程中的基本活动单元是团队，团队拥有高度的自我管理权限；同时，组织围绕流程设计必要的职能管理体系，为基于流程的团队和业务流程的有效进行提供辅助。基于流程管理的流程型组织结构，如图 7-3 所示。

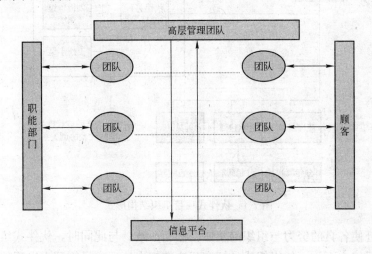

图 7-3 基于流程管理的流程型组织结构

(2) 伙伴式项目组织

伙伴式组织是一种新型的项目组织模式，美国建设行业协会 CII(Construction Industry Institute)较早地给出了伙伴关系的定义，颇具权威性和代表性。它将伙伴关系定义为："两个或更多组织之间的长期承诺关系，目的是通过最大程度利用各合作伙伴资源以达到特定的商业目标。"

伙伴式项目组织要求组织成员之间放弃传统的对立关系，打破彼此之间的界限，建立一种分享文化。合作伙伴在相互信任、资源共享的基础上，达成一种短期或长期的协议，在充分考虑各参与方利益的同时，完成组织的共同目标。伙伴式组织基于以下元素：信任、共同的目标、对合作伙伴的期望和组织价值观。伙伴式组织为确保各自利益得到充分实现，对共同利益的实现作出种种努力，组织中的各方出于自愿性而主动合作，共同组建突破组织界限的合作团队，实现资源的共享、信息的及时沟通以及问题的有效解决。伙伴式组织形式是各方以及整个建筑业追寻降低成本、实现资源有效配置的最终结果的体现。

工程项目伙伴式组织应建立工作小组，及时沟通以避免争议和诉讼的产生，相互合作，共同解决工程项目实施过程中出现的问题，共同分担工程风险和有关费用，以保证各参与方目标和利益的实现。基于工程项目的种种特点，伙伴式项目组织要以贯彻合作伙伴关系作为建立合作组织的基本原则。与传统的工程项目管理方式相比，伙伴式组织可保持分工的效率，并获得合作的好处。伙伴式项目组织的结构形式，如图 7-4 所示。

为最大化地实现各方利益，在建立伙伴式项目组织模式时需注意以下问题：

1) 建立相应的原则，确保组织的有效运行

伙伴之间明确整体一致的目标，确保各参与方都能够认同组织的共同目标，并

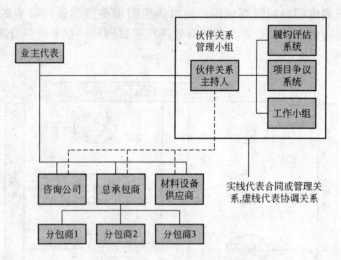

图 7-4 伙伴式项目组织结构形式

会全力以赴使各自的努力与组织的整体目标相一致。与此同时，伙伴式组织在一定程度上进行权力下放，使组织成员拥有相应的权力处理项目管理中出现的问题。如果组织成员得不到相应的权力，或由间接参与人员实施控制，那么组织将在很大程度上难以对出现的问题进行有效控制。

伙伴式组织还要使组织结构安排和人员的配置达到各得其所，实现组织人员的有效整合，充分利用项目的人力、物力资源，搭建项目的信息平台，有效地利用资源共享的条件，尽可能保证组织中各个部门和人员的设置以及各参与方对自身原有组织的人员配置实现精简和有效，考虑各管理层和各工种、工序的分工和设置。与此同时，使项目伙伴遵循自愿原则，在各方都充分认识合作关系和所得利益的基础上，愿意与其他方发展合作的关系，并实现坦诚沟通；在组织中出现不同的观点和意见时，愿意向对方学习并吸收他人更好的建议以实现项目的持续改进；在出现矛盾或争端时，采取公开透明方式积极地解决问题，为参与伙伴合作关系做好心理准备。

2）建立合理的组织结构

伙伴式组织明确了项目的共同目标，使项目各参与方以项目整体利益为目标，弱化了项目参与各方的利益冲突。伙伴式组织突破了传统的组织界限，组织成员不是由业主或承包商的人员单独组成，而是由项目各参与方人员共同组成。伙伴关系管理小组是各参与方在项目上的一个临时共同体，有其特定的目标和职能。伙伴关系主持人是由各参与方共同指定的与项目各方没有利害冲突的第三方，他的主要作用在于策划、准备并主持所有的伙伴关系讨论会，指导形成伙伴关系协议书，指导建立伙伴关系管理小组，包括履约评估系统、争议处理系统和工作小组。伙伴关系主持人同时还要组织合作伙伴关系的培训，并在伙伴关系实施的整个过程中不断地指导和强化伙伴关系。伙伴关系主持人是中立的第三方，其在项目进展过程中，通过召开伙伴关系会议对各参与方起协调作用，不具有指令性的权力。

3) 确保组织工作程序的顺利实施

伙伴式组织相对灵活，在工程项目的生命周期内（如项目策划期、设计期和施工期等）任何阶段均可引入伙伴关系，并建立伙伴式组织。伙伴式组织的工作程序可以大致分为形成、应用、结束与再激活三个阶段，如图 7-5 所示。

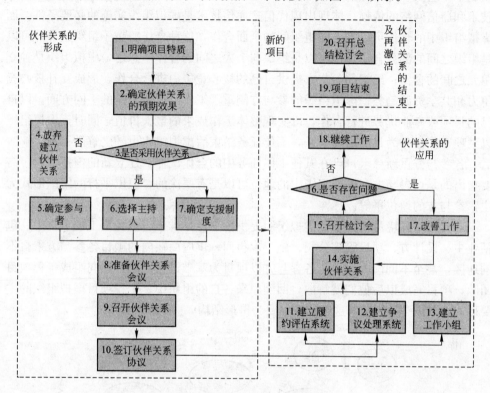

图 7-5　伙伴关系的工作流程

① 在伙伴关系的形成阶段，需要决定伙伴关系成员。在不同的项目采购模式下，参与伙伴关系的单位也将不同。例如，在设计—管理模式下，组织伙伴应包括业主和设计—管理承包商；在设计—建造模式下，组织伙伴包括业主和设计—建造总承包商；在 MC 模式下，应该包括业主和 MC 项目管理顾问公司。

② 在伙伴关系的应用阶段，伙伴关系协议签订后要建立争议处理小组、履约评估小组和工作小组，这三个小组均由项目各参与方共同组成。争议处理小组负责人负责建立并实施项目的争议处理系统；履约评估小组负责人负责建立并实施项目的周期性的评价系统；工作小组对整个项目的具体实施和成功进展负责。在伙伴关系的实施过程中要定期召开检讨会，不断改善工作、加强团队建设，进行伙伴关系的持续改进。对项目的进度、成本情况以及价值体现、资源的使用情况和项目成员的满意度等方面进行评价。

③ 在伙伴关系的结束与再激活阶段，组织内部要召开总结检讨会。总结项目实施过程中的表现，为下一个项目积累经验。同时，将进一步拉近各方之间的关系，为下一次合作打下基础，为伙伴式组织机构和工作流程中出现的争执、冲突以

及争端的解决提供了很好的基础,也为伙伴关系参与方的选择提供参考依据。

(3) 虚拟项目组织

随着网络技术和高新技术的发展,工程项目组织呈现虚拟化特点。这一类型的组织中,组织参与方分别位于不同的地理位置,工作地点离散化。虚拟组织对信息技术和通信网络的依赖,体现出现代信息通信技术是虚拟组织实施的必要条件。而虚拟组织中的合作可以是不同组织间的全面合作,这种合作跨越了组织边界,可以是组织之间的部分合作,也可以是组织与个人之间的合作。总之,虚拟组织是独立单元之间的合作;组织的参与方提供自己的核心竞争力进行合作,形成互补核心竞争力和共享资源趋势;虚拟组织的参与方侧重于工作链或价值链的不同方面,以自己的强项或专业优势进行合作,以实现整体工作成果的最大价值;同时,虚拟组织以某项工作任务为目的组建起来,工作任务结束后虚拟组织也随之解散;组织解散后,各参与方重新寻求自己在其他工作任务中的合作伙伴,建立新的虚拟组织。需要指出的是,参与方在虚拟组织中的地位可以是有层次的,但以平行的组织形式为主,参与方的地位平等。

现代网络环境为工程项目虚拟组织提供了平台,越来越多大型工程项目中,包括业主、设计方、项目管理公司、施工承包商、供应商在内的项目各参与方来自不同地区,甚至不同国家。项目各参与方以项目为基础进行合作,共同组成工程项目团队,项目完成以后他们就解散,回到原来各自的组织中。工程项目虚拟组织的主要形式,如图 7-6 所示,这种形式主要为星形结构。

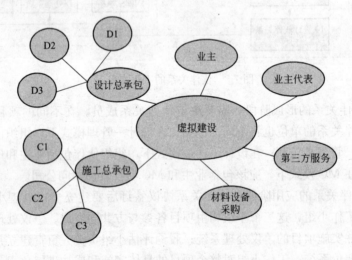

图 7-6　工程项目虚拟组织结构图
D1, D2, D3——设计分包商;C1, C2, C3——施工分包商

7.2.3　工程项目组织变革与创新的程序

为使工程项目组织变革与创新顺利进行,并能达到预期效果,必须先对组织的变革过程有一个全面认识,然后按照科学的程序组织实施。

(1) 组织变革的过程

库尔特·卢因将变革设想为对保持系统稳定力量的改变。任何时候，一组具体行为都是两组力量相互作用的结果——努力维持组织状态的力量和积极推动变革的力量。两组力量维持动态的变动，以保持"准固定平衡状态"。因此，卢因将组织变革过程分为解冻—变革—再冻结三个阶段。

1) 解冻阶段

这是变革前的心理准备阶段。一般来讲，成功的变革必须对组织的现状进行解冻，然后通过变革使组织进入一个新的阶段，同时对新的变革予以再冻结。组织在解冻阶段的中心任务是改变员工原有的观念和态度并消除那些支持旧观念或行为的因素。为此，组织必须通过积极的引导，鼓励员工更新观念，使员工对变革有所准备并参与其中，将妨碍变革的因素减至最少。

2) 变革阶段

这是变革过程中的行为转换阶段。进入到这一阶段，组织上下已对变革做好了充分的准备，变革措施就此开始。组织要把激发起来的改革热情转化为改革的行为，关键是要能运用一些策略和技巧减少对变革的抵制，进一步调动员工参与变革的积极性，使变革成为全体员工的共同事业。

3) 再冻结阶段

这是变革后的行为强化阶段，其目的是要能通过对变革驱动力和约束力的平衡，使新的组织状态保持相对的稳定。由于人们的传统习惯、价值观念、行为模式、心理特征等都是在长期的社会生活中逐渐形成的，并非一次变革所能彻底改变的，因此，改革措施顺利实施后，还应采取种种手段对员工的心理状态、行为规范和行为方式等不断地进行巩固和强化。否则，稍遇挫折，便会反复，使改革的成果无法巩固。

(2) 工程项目组织变革与创新的程序

工程项目组织变革与创性的程序可以分为以下几个步骤。

1) 通过组织诊断，发现变革征兆

组织变革的第一步就是要对现有的工程项目组织进行全面的诊断。这种诊断必须要有针对性，组织成员需要收集组织的原始数据以了解组织内部所面临的问题，对组织的职能系统、业务流程系统、决策系统以及内在关系等进行全面的诊断，通过干预、调查和观察等方法分析搜集来的数据，共同讨论它们对于项目组织变革的意义，寻找项目组织变革的有利机会。组织除了要从收集到的信息中发现对自己有利或不利的因素之外，更主要的是能够从各种内在征兆中找出导致组织或部门绩效差的具体原因，并确立需要进行整改的具体部门和人员。

2) 分析变革因素，制定变革方案

组织诊断任务完成之后，就要对组织变革的有利因素和不利因素进行认真的分析，权衡利弊，对变革可能出现的新问题事先作妥善处理。如职能设置是否合理、决策中的分权程度如何、员工参与组织变革的积极性怎样、流程中的业务衔接是否紧密、各管理层级间或职能机构间的关系是否易于协调等。在此基础上，制定几个可行的变革方案,以供选择。在备选方案中,必须明确问题的性质和特点、解决问题需要的条件、变革的途径、方案实施后可能造成的后果等。

3) 制定并实施变革计划

制定变革方案的任务完成之后,组织需要选择正确的实施方案,然后制定具体的变革计划并贯彻实施。组织在选择具体方案时,要充分考虑到变革的深度和难度、变革的影响程度、变革速度以及员工的可接受和参与程度等因素,制定出一个较为具体、全面的实施计划,包括时间安排、人员的培训与调动以及财力和物力的筹备等内容,做到有计划、有步骤、有控制地进行变革。在实施变革计划时,既要注意选择发起变革的适当时机,又要恰当地选择变革的范围,以便取得较好的变革效果。当变革出现某些偏差时,组织要有备用的纠偏措施及时纠正。

4) 评价变革效果并及时反馈

组织变革是一个包括众多复杂变量的转换过程,再好的变革计划也不能保证完全取得理想的效果。因此,管理者必须对变革计划实施后是否达到变革的目的、是否解决了组织中存在的问题、是否提高了组织的效能等变革结果进行总结和评价,及时反馈新的信息。对于没有取得理想效果的变革措施,应当给予必要的分析和评价,当反馈的信息所揭示的问题较为严重时,需要根据上述步骤再循环一次,直到取得满意的结果为止。

7.2.4 工程项目组织变革与创新的关键要素

实现工程项目组织变革与创新的关键要素主要包括:树立创新理念、有效实施变革计划、注重沟通管理、优化组织流程以及建立人力资源系统等内容。

(1) 树立创新理念

理念引导个人和组织的行为方式。伴随着经济和知识的进步,工程项目组织受到各种项目管理新思想的冲击,组织管理者的理念开始发生一系列变革,工程项目组织也开始挣脱传统管理模式的束缚,逐渐向新型的项目组织转变。

传统组织理论强调的变革要素是组织的资金和规模,但社会的经济结构和市场需求对项目组织提出了越来越多的要求,更多的组织管理者认识到真正决定组织未来命运的是人才和信息。尤其对于工程项目而言,其生产经营过程凝聚了许许多多参与方的智慧和劳动,复杂冗长的管理环节增加了组织中成员的协调难度,由于项目组织成员能力、素质的原因而发生问题将会导致整体效能的下降。因此,从理念上改变组织成员的价值观,使之达成共识,统一意志,采取统一的行动达成项目目标显得尤为重要。组织内部形成的新型的文化价值观、新型的行为规范将极大地影响组织成员的思考方式,使他们从失败中学习和成长。

(2) 有效实施变革计划

工程项目组织变革和创新是一项专业性很强、涉及面很广的工作,任何变革方案都不可能尽善尽美,组织变革在实施中必然遇到来自各个方面的阻力。要使变革取得成功,就需要设法疏导,力求将变革的阻力降至最小,赢得更多人对变革的支持。为保证组织变革计划的有效实施,需要做好以下几个方面的工作:加强变革的宣传力度，使更多的人正确了解变革的动因和目的及其可能产生的绩效和好处；当变革的问题重要、复杂、涉及面广，光靠变革推动者没有把握和能力制定出理想的变革方案时，一定要吸收相关部门和人员参与变革方案的设计，以便集思广益，使变革方案切实可行，行之有效；对变革的有利因素和不利因素进行认真的分析，权衡利弊，对变革可能出现的新问题，事先作妥善的处理，争取绝大多数人对变革的支持；当变革的方案可能影响到某些部门和群体的利益时，应事先找有关方面进行磋商与协调，尽可能使变革的方案兼顾各方面的利益；妥善处理变革与稳定的关系，应该在巩固一项变革的成果后再展开另一项变革；实施变革时，要及时收集可以衡量变革效果的指标信息，对实际成果与预期成果进行比较，及时对偏差采取纠正行动。

(3) 注重沟通管理

在变革的整个过程中都要有充分的沟通，上下级之间、同事之间、团队内部、团队之间都需要沟通。为了达到有效的沟通，对不同的人应该有不同的沟通方法及沟通内容，要注意根据对象及场合对信息进行裁剪，如果沟通方式、策略不恰当，员工还是会对变革有很强的逆反心理，不能创造良好的气氛。对于大规模的变革，为了达到有效的沟通，要求制定明确的沟通目标：第一，沟通要贯穿整个项目；第二，给正确的人提供正确的信息；第三，帮助员工理解并接受变革的好处；第四，理解员工的担心并且鼓励员工的参与，要说明变革也许是痛苦的，但无论对个人还是整个组织来说变革都是值得的；第五，要及时提供项目进度方面的信息，让员工知道项目的进展情况。

(4) 优化项目组织流程

组织的管理更多的是一种流程驱动式管理，在日常的组织运行中，组织管理者需适时对流程进行修正和优化，并在组织内部需求和市场发生巨大变化时，对组织流程进行重新设计。组织中少数关键的业务流程是组织变革实施的关键，因此，必须依据行业特点找出组织的核心技术、服务专长和具有较强竞争力的关键流程，优化配置资源，制定出管理稳定、增值能力强的业务流程，满足组织任务和目标绩效的需要。

(5) 建立人力资源系统

在知识经济时代，个人的知识和创造力被组织视为一种宝贵的资源，组织的任何功能都是通过人来实现的。人力资源是组织实施变革的基础，组织的变革与创新依赖于组织内部员工的能力和素质提升，员工的价值观、智力、理解能力、自控能力提高时，其本身的工作能力和需求就会发生变化，而高素质的员工又可以进一步推动组织制度的不断完善，从而提高组织的决策力。在组织变革与创新过程中，对人力资源的整合是影响组织运行能力的关键，工程项目组织正逐渐走向规范和成熟，组织内部的员工更多地从单技能向多技能转变，员工的工作也从重复性的职能性工作向复杂性的项目性工作转变，项目组织的生产效率与员工能力、动力密切相关。

7.3 工程项目组织变革与创新的趋势

随着工程项目管理思想和管理模式的创新，工程项目组织也不断进行变革和创新，未来的工程项目组织将不断向扁平化、瘦小化、柔性化、弹性化、网络化、虚拟化、分工界限模糊化等方向发展。

(1) 扁平化

按照扁平化的原理变革传统的组织结构，已成大势所趋，势在必行。组织结构由纵高转向扁平已经成为组织结构发展的必然要求。所谓扁平化，就是减少中间层次，增大管理幅度，促进信息的快速传递与沟通。纵高型组织结构的优点是结构严谨、等级森严、分工明确、便于监控等。但是，随着社会的发展和时代的变迁，特别是经济全球化进程的加快和市场竞争的加剧，这种组织结构的弊端已日益显露。

近年来，西方一些发达国家正在着手对这种纵高型的组织结构进行改革，趋势之一就是削减层次，实现组织结构的扁平化。然而，任何事物都具有两重性。扁平型组织结构也有其弊端，如管理跨度加大后使得领导者的负担加重，有可能会出现失控的危险。但扁平型组织结构的优点非常明显，主要体现为：

1) 由于管理层次的减少，管理人员也就相应地会减少，不仅可以大大降低人工费用，同时还有助于实现工作内容的丰富化。

2) 管理跨度加大，迫使领导者必须适度授权，这对开发员工潜能和发挥员工的创造性极为有利。

3) 对管理人员的素质要求会促使上级领导必须十分审慎地选用下属人员，这对改善和提高员工队伍的整体素质极其有益。

4) 削减中间层次，缩短了上下层的距离，既可以提高信息传递的速度，又可以提高领导决策的效率，还可以促进上下级之间的沟通。

5) 更重要的是，层次减少、人员精干后，加大了员工的工作责任，增大了工作职位的挑战性、竞争性，迫使员工自我加压，这有益于人才培养。

组织结构必须具备一定的条件才能实现扁平化，现代信息技术的应用为项目组织结构扁平化提供了条件。信息技术，特别是网络技术的日臻完善，满足了当前项目组织对信息处理和传输的要求。计量工作、监理工程师的指令、业主的文件、设计的变更都可通过网络把各参与方快速、准确、紧密地联系起来；项目组织的各级管理人员都能够通过网络获得与自己业务有关的信息。信息沟通所花的人力、物力、财力将大大减少。技术专业化和管理职业化将推动项目组织向扁平化方向发展。

(2) 瘦小化

扁平化摒弃了高耸化的缺点和不足，但庞大的扁平化也有协调困难、监控不力等弱点。因此，组织还需瘦小化才能适应未来项目组织精干、高效、灵活的要求。

长期以来,很多工程项目在一直追求"组织规模",因为"规模决定级别,级别决定待遇"。时至今日,这种一味追求组织规模的做法已经不合时宜,并且面对日趋复杂多变的信息时代,"精干、高效、灵活"已成为组建现代项目组织的目标。在市场竞争日趋激烈的条件下,众多项目依照"小机构、大社会"的管理理念构建项目组织。可以预料,随着传统观念的逐渐被破除,项目组织结构将会趋向瘦小化。

(3) 柔性化

柔性化是指项目组织应具有适应不确定性环境、并根据可预期变化的意外结果迅速进行调整的能力。柔性化是以可塑性、流动性为基础,对项目组织内部表现为可塑性、流动性。职能部门的设置随工程进展和环境的变化而作适当调整,职能部门间人员的流动有利于促进职能部门间协调、沟通,培养复合型人才。对外部的环境变化,则具有较强的灵活反应的能力。

(4) 弹性化

所谓弹性化,就是指为了实现某一目标而把在不同领域工作的具有不同知识和技能的人集中于一个特定的动态团队之中,共同完成某个项目,待项目完成后团队成员各回原单位的组织管理模式的弹性特征。这种动态团队组织结构,灵活便捷,能伸能缩,富有弹性。弹性化能实现知识共享,人才共用。传统的刚性管理已经不能适应现代工程项目组织的发展,弹性组织便应运而生。这种动态团队的优点是灵活机动,博采众长,集合优势,不仅可以大大降低成本,而且能够促进组织人力资源的开发,还推动着工程项目组织结构的扁平化。

(5) 网络化

组织结构网络化是矩阵式组织结构进一步演变发展而成的一种新形式。项目组织结构网络化是以项目经理为核心,通过各职能部门间关系的改变而实现组织结构协调运行的一种有效形式。组织结构网络化包含两层意思:一是组织网状化。过去纵高型的组织结构特点是直线架构、垂直领导、单线联系,很多机构之间联系甚少。随着市场竞争的加剧,组织结构的庞大规模和臃肿的设置不利于项目组织的有效管理、目标的实现以及企业竞争力的提高。因此,在对项目组织结构进行调整的同时,应对其组织结构进行重构,突破层级制组织的模式,组建以协调为主的网络化组织。二是信息传递网络化。随着网络技术的快速发展和计算机技术的广泛应用,组织的信息传递和人际沟通已逐渐数字化、网络化。

(6) 虚拟化

虚拟化是网络化的更高形式,它是现代化信息网络技术高度发达的结果。所谓虚拟化组织就是项目组织成员根据各自的核心能力来划分虚拟能力团队,并通过网络将虚拟能力团队和虚拟工作团队联结起来的动态的组织结构。虚拟能力团队是指把没有固定组织结构和没有长期协作关系的具有类同能力的管理单位,根据任务需要,形成具备实际功能的小组,所以虚拟能力团队是动态的,而非固定的静态部门。虚拟工作团队是执行任务、完成实际功能的工作团队,这种工作团队随着任务的结束而自行解体。虚拟化组织主要有结构虚拟型和功能(资源)虚拟型两种形式:

前者没有有形的结构，找不到办公地点，通过信息网络和契约关系把相关的、分布于不同地方的资源联结而成；后者在运作时也有完整的功能产生，如财务、计划、计量、质量、成本、控制、试验等，但在项目组织内部却没有完整执行这些功能的部门，这类组织结构仅在组织体内保留本身的核心或关键功能，而其他功能则精简，根据业务需要，借助外部企业实现这些功能。

(7) 分工界限模糊化

以前的项目组织受传统组织理论的影响，追求职能部门间的专业分工精细化。这样的分工虽然能使各职能部门责任明确、质量保证、效率较高，但精细的分工使部门间协作关系复杂化、管理难度增大、过程的可靠性降低，同时也使管理人员缺乏激情，严重阻碍创造力的发挥，不利于人才的培养。随着科学技术和信息技术的迅猛发展，项目面临的是越来越复杂的市场和社会环境，知识的作用日趋重要，管理人员的素质要求越来越高，"复合型"人才、"通才"的需求也与日俱增。这些变化，将促使未来的组织打破传统的分工界限，大力提倡"整体化原则"，推崇"分工界限模糊化"。

案例分析：虚拟组织在S水利建设项目质量管理中的应用

(1) 工程概况

S水利建设项目于2003年11月18日正式开工，计划至2005年年底工程竣工，设计排涝标准为20年一遇，流量580m³/s，概算4508.52万元。该项目是L市质量在线管理信息系统安装前半年开工的一个水利建设项目，考虑到该建设工程管理力量较强，办公条件较好，故作为试点单位。该项目的设计单位是L市水利勘测设计院，施工单位为L市水利建设公司，监理单位是SY监理中心。在S项目实施质量在线信息管理前的组织结构，如图7-7所示。

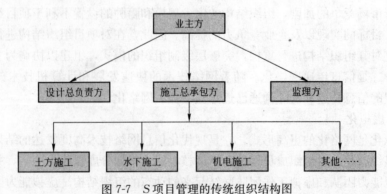

图7-7 S项目管理的传统组织结构图

(2) S项目质量管理虚拟组织的构建

2003年，L市水利局开发了L市水利工程质量在线管理信息系统，系统软件安装在L市水利局政府机关网站服务器上，由L市水利工程质量监督站牵头维护，专人担任系统管理员,以实现政府、建设单位、监理单位、施工单位四位一体的工程建设项目质量控制与管理。为此,构建了 S 项目质量管理虚拟组织,如图7-8所示。

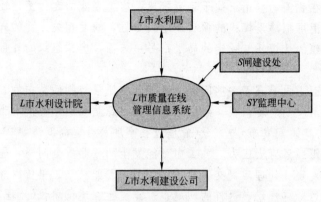

图 7-8　S 项目虚拟组织结构图

(3) 虚拟组织在 S 项目质量管理中的应用

S 项目系统硬件平台由工地现场监控与办公局域网、建设(监理)单位办公局域网和水利系统内部局域网及相应办公设备组成。工地现场与建设(监理)单位之间通过无线网桥接,交换质量管理与监控数据,并分别通过电信部门提供的 ADSL 网络接入服务进入互联网,登录到设在水利系统内部局域网上的质量在线管理信息系统网站。

系统管理员为相关管理人员建立档案、设立账户、分配权限。随后,管理人员即可随时随地通过互联网登录系统,按照其担任的角色(测量员、质检员、监理员等)与分配的权限使用系统提供的网络环境下的电子评定、签证(包括电子签名)手段进行质量管理。

在使用过程中,参与工程项目质量管理的各方通过对系统的使用而紧密相连,可以使最终的工程项目评定实现分责任、分权限的有序操作,从而达到科学有效的管理目的。同时使得 S 项目的施工质量一直处于双重控制之下,从各个环节保证工程的质量,确保工程质量目标的控制与实现。

(4) 虚拟组织质量管理在 S 项目的运行反馈

1) 虚拟组织在 S 项目质量管理中应用带来的好处

虚拟组织模式很好地解决了横向职能管理和纵向项目管理的协调与交叉问题,同时也避免了团队管理人员不能充分发挥能力之不足。质量在线管理信息系统为 L 市水利建设质量管理的标准化、规范化搭建了工作平台,利用这个平台可以消除实施过程中随意性对项目的影响,并对关键点进行有效监控。

在 L 市 S 项目的质量管理中,虚拟组织的应用带来的好处是:能实现企业有限资源的优化配置;组织形式灵活,风险分散;在提高效率的同时,缩短了工期,确保工程在 2004 年汛前水下工程完工,如期发挥了工程效益。S 项目的应用结果表明,虚拟组织的网络化平台为管理信息的便捷获取提供了可能,由于沟通的充分，管理效率极大提高。

2) S项目虚拟组织质量管理应用中存在的问题

从运用情况来看，人们对虚拟组织的理解还不完全到位。究其原因，一方面是因为虚拟组织在我国的应用正处于起步阶段，虚拟企业的运行基础还比较薄弱，严格意义上的采用虚拟建设模式的项目还比较少见，缺乏相关方面的知识和指导，因而，对虚拟组织的认识还有一定的局限；另一方面，虚拟组织的外部环境建设还有待完善。

从管理层面上也暴露了一些问题，主要是在质量控制活动中的责任主体与受控对象，特别是承包商表现消极。经过分析，其根源是在于系统使用带来的管理信息的便捷(管理信息瞬间发布)与充分(管理过程高度公开、高度透明)沟通，对责任主体与受控对象形成了巨大压力。施工中可能发生的一些质量问题，原来可能在施工单位内部得到发现并处理后提交验收的，而现在可能被施工单位以外的人员过早发现，使施工单位颇感被动。这样的问题也可能发生在建设单位(监理单位)、设计单位甚至基层质量监督单位。因此，这样一个虚拟的网络化的组织与管理平台，除最终的质量受益者以外，其他成员内在的积极性还有待提高。所以，需要制度与法规或其他形式的强制力来推动。

思考与讨论

1. 工程项目组织变革与创新的现实背景有哪些？这些背景要素对工程项目组织变革与创新各自起到什么作用？
2. 流程型项目组织有什么特点？如何构建流程型项目组织？
3. 伙伴式项目组织有什么特点？如何评价与选择合适的工程项目合作伙伴？合作伙伴之间应该建立哪些合作机制？
4. 虚拟项目组织有什么特点？采用虚拟项目组织应该做好哪些工作？如何构建虚拟建设信息平台？
5. 实现工程组织变革与创新的关键要素有哪些？
6. 目前工程项目组织变革与创新呈现哪些趋势？

参考文献 References

[1] 田金信. 建筑企业管理学 [M]. 北京：中国建筑工业出版社，2007.
[2] 丁士昭. 工程项目管理 [M]. 北京：中国建筑工业出版社，2006.
[3] 成虎. 工程项目管理(第二版). 北京：中国建筑工业出版社，2001.
[4] 余志峰，胡文发，陈建国. 项目组织 [M]. 北京：清华大学出版社，2001.
[5] 戚安邦. 项目管理学 [M]. 天津：南开大学出版社，2004.
[6] 卢有杰. 现代项目管理学 [M]. 北京：首都经济贸易大学出版社，2004.
[7] 余凯成. 组织行为学 [M]. 大连：大连理工大学出版社，2001.
[8] (美)加雷斯·琼斯，珍妮弗·乔治. 管理学基础 [M]. 北京：人民邮电出版社，2004.
[9] 陈宪. 工程项目组织与管理 [M]. 北京：机械工业出版社，2008.
[10] 马新建. 管理学教程 [M]. 大连：大连海事大学出版社，2002.
[11] (法)克劳德·梅纳尔. 制度、契约与组织 [M]. 刘刚，冯健等译. 北京：经济科学出版社，2003.
[12] (美)斯蒂芬·P·罗宾斯. 组织行为学 [M]. 孙健敏，李原译. 北京：中国人民大学出版社，1999.
[13] (美)丹尼尔·A·雷恩. 管理思想的演变 [M]. 孙耀君，李柱流，王永逊译. 北京：中国社会科学出版社，2000.
[14] (英)罗尼·特纳. 项目的组织与人员管理 [M]. 戚安邦，冯海，罗燕江译. 天津：南开大学出版社，2005.
[15] 李海春. 工程总承包及工程项目管理条件下的组织结构设计——以呼和浩特白塔机场扩建工程为例 [D]. 内蒙古大学硕士学位论文，2006.
[16] 汤华勇. 水电工程施工阶段业主项目管理组织结构分析与设计 [D]. 国防科学技术大学硕士学位论文，2008.
[17] 注册咨询工程师考试教材编写委员会. 工程项目组织与管理 [M]. 北京：中国计划出版社，2003.
[18] 许云龙，徐帆. 业主委托的工程项目管理 [M]. 北京：中国建筑工业出版社，2005.
[19] 翟松涛. 项目——如何进行有效的项目管理 [M]. 天津：南开大学出版社，2004.
[20] (美)项目管理协会. 项目管理知识体系指南(第三版) [M]. 卢有杰，王勇译. 北京：电子工业出版社，2005.
[21] 王长峰，李建平，纪建悦. 现代项目管理概论 [M]. 北京：机械工业出版社，2008.
[22] JD·费雷姆. 组织机构中的项目管理 [M]. 郭宝柱译. 世界图书出版公司，2000.
[23] 李博. 基于流程再造的业主方项目组织结构及运作关系研究 [D]. 中南大学，2005.
[24] 沈朋. 组织结构设计理论的研究与实践 [D]. 西南交通大学，2005.
[25] 谷伟，李渊. 建筑设计企业组织结构选择 [J]. 企业管理，2007.

[26] 任伟民,赵禹骅. 项目组织结构的设计问题研究 [J]. 东方电气评论,2002.
[27] 张月英,岳鹏飞. 项目组织结构选择研究 [J]. 合作经济与科技,2009.
[28] J. Rodney Turner. on the nature of the Project as a temporary organization [J]. International Journal of Project Management 2003, 21(1-8)
[29] Stephen K, Parker, Martin Skit more. Project management turnover: causes and effects on project performance [J]. International Journal of Project, 2005, Vol. 23(No. 3)
[30] (美)理查德·L·D. 组织理论与设计(第7版)[M]. 王凤彬,张秀萍译. 北京:清华大学出版社,2002.
[31] 方统法. 组织设计的知识基础论 [D]. 复旦大学博士学位论文.
[32] 陆彦. 工程项目组织的制度结构研究 [D]. 东南大学博士论文.
[33] 陈剑,冯蔚东. 虚拟企业构建与管理 [M]. 北京:清华大学出版社,2002.
[34] 何清华. 建设项目全寿命周期集成化管理模式的研究 [D]. 同济大学,2000.
[35] 周坤惠. 企业团队运行机制研究 [D]. 河海大学,2004.
[36] 丁士昭. 关于建立工程项目全寿命管理系统的探讨——一个新的集成DM、PM和FM的管理系统的总体构思 [C]. 1999年海峡两岸营建业合作交流研讨会论文集,北京,1999.
[37] 刘洪海. 建设项目目标控制系统集成管理研究 [D]. 武汉理工大学,2006.
[38] 张劲文. 大型交通建设项目管理集成研究 [D]. 中南大学,2005.
[39] 陈江红,苏振民. 工程项目管理虚拟组织的构建及运行 [J]. 基建优化,2003,24(6).
[40] 郑磊. 虚拟建设及其实施的理论问题研究 [D]. 东南大学,2005.
[41] 彭勇,邢文. 虚拟建设——新型的工程项目管理组织模式 [J]. 建筑管理现代化,2001,02.
[42] 刘唐勇. 中小企业技术创新网络联盟组建和运行机制研究 [D]. 新疆大学,2007.
[43] 王学旺. 代建制企业大型项目组织管理模式及运行机制研究 [D]. 天津大学,2008.
[44] 袁剑波. 公路建设项目管理模式与方法研究 [D]. 中南大学,2006.
[45] 姚兵. 文化建设与思想政治工作 [M]. 北京:新科教月刊社,2009.
[46] 卢汝生,王孟钧,罗甲生,陈辉华. 政府投资项目管理模式与总承包管理实践 [M]. 北京:中国建筑工业出版社,2009.
[47] 王孟钧,张少锦,黄成造,王青娥. 公路工程建设执行控制体系理论与应用 [M]. 北京:人民交通出版社,2008.
[48] 黄昂,丁士昭,喻国斌,王孟钧等. 卷烟厂工程建设与管理 [M]. 北京:中国建筑工业出版社,2007.
[49] 俞冠军. 业主方项目人力资源管理体系设计与实施研究 [D]. 中南大学,2005.
[50] 刘轶. 工程项目执行力和执行文化建设研究 [D]. 中南大学,2007.
[51] 周勇. 项目管理中的项目文化建设研究 [D]. 南京理工大学,2004.
[52] 郝彤琦. 建筑企业项目文化建设与文化营销 [D]. 武汉理工大学,2002.
[53] 金铁龙. 基于竞合理念的项目文化研究 [D]. 中南大学,2008.
[54] 王志林. 如何推进项目文化建设 [J]. 上海企业,2008.
[55] 王孟钧,刘轶. 工程项目执行控制文化的理念与建设 [J]. 道路企业管理,2007.
[56] 刘颖,杨文堂. 绩效考核制度与设计 [M]. 北京:中国经济出版社,2005.
[57] 石金涛. 绩效管理 [M]. 北京:北京师范大学出版社,2007.
[58] 刘伟. 绩效计划的制定流程 [J]. 中国劳动,2005,04.
[59] 李国立,程淼成. 绩效目标与绩效标准对比分析 [J]. 科技与管理,2004,1

[60] 刘兴涛. 企业绩效目标的探讨 [J]. 山东纺织经济, 2007, 5
[61] 吴进强, 方渐能. 企业绩效实施和考核过程的设计 [J]. 经济研究导刊, 2008, 4
[62] 祁伟, 康宁. 绩效管理的重要环节——绩效沟通 [J]. 煤炭企业管理, 2003, 11
[63] 李芝山. 有效绩效沟通的基本策略 [J]. 中外企业家, 2006, 10
[64] 宋昊, 杜清玲. 浅析绩效考核中的绩效反馈 [J]. 企业家天地, 2007, 3
[65] 刘伟. 绩效反馈面谈有技巧 [J]. 中国劳动, 2005, 05
[66] 陈朝晖. 结果驱动: 绩效改进的动力分析 [J]. 科技进步与对策, 2003, 3
[67] 刘军胜. 绩效考评工具评析 [J]. 企业改革与管理, 2007, 11
[68] 于浩飞, 李业昆. 绩效考评内容与考评方法分类 [J]. 商业现代化, 2007, 12
[69] 常慧芬. 绩效管理发展及制度设计研究 [D]. 华北电力大学, 2006.
[70] 周健. MK公司绩效管理研究 [D]. 昆明理工大学, 2007.
[71] 周敏, 汪霄. 大型工程项目信息化管理与组织结构变革 [J]. 基建优化, 2004 (25).
[72] 赵长歌. 大型工程项目组织结构研究 [D]. 西安建筑科技大学, 2006.
[73] 王华. 现代工程项目管理的组织创新研究 [D]. 天津大学, 2005.
[74] 纪凡荣, 成虎. 大型建设项目组织设计研究 [J]. 建筑技术, 2007(38)
[75] 卢勇. 工程建设项目的虚拟组织 [J]. 基建优化, 2003(24)
[76] 成虎, 戴洪军, 陈彦. 工程项目组织与项目管理组织的辨析 [J]. 建筑经济, 2008(8)
[77] 孙皓琦. 基于虚拟组织的工程项目伙伴关系研究 [D]. 天津大学, 2006.
[78] (美)理查德·H·霍尔. 组织: 结构、过程及结果 [M]. 张友星, 刘五一, 沈勇译. 上海: 上海财经大学出版社, 2003.
[79] (美)托马斯·卡明斯, 克里斯托弗·沃里. 组织发展与变革精要 [M]. 李剑锋等译. 北京: 清华大学出版社, 2003.
[80] (美)雷蒙德·E·迈尔斯, 查尔斯·C·斯诺. 组织的战略结构和过程 [M]. 方洁译. 北京: 东方出版社, 2006.
[81] 徐友全, 虚拟建设模式的研究 [D]. 上海同济大学博士学位论文. 2000.
[82] 刘国靖, 邓韬. 21世纪新项目管理——理念、体系、流程、方法、实践 [M]. 北京: 清华大学出版社. 2003.
[83] 刘荔娟, 李风云, 现代项目管理 [M]. 上海: 上海财经大学出版社, 2003.
[84] 刘国冬, 王雪青. 工程项目组织与管理 [M]. 北京: 中国计划出版社, 2003.
[85] 白思俊. 现代项目管理 [M]. 北京: 机械工业出版社, 2003.
[86] 阎红梅. 虚拟组织在L市水利建设项目管理中的应用研究 [D]. 电子科技大学, 2005.

尊敬的读者：

感谢您选购我社图书！建工版图书按图书销售分类在卖场上架，共设22个一级分类及43个二级分类，根据图书销售分类选购建筑类图书会节省您的大量时间。现将建工版图书销售分类及与我社联系方式介绍给您，欢迎随时与我们联系。

★ 建工版图书销售分类表（详见下表）。

★ 欢迎登陆中国建筑工业出版社网站www.cabp.com.cn，本网站为您提供建工版图书信息查询、网上留言、购书服务，并邀请您加入网上读者俱乐部。

★ 中国建筑工业出版社总编室　电　话：010—58337016
　　　　　　　　　　　　　　　传　真：010—68321361

★ 中国建筑工业出版社发行部　电　话：010—58337346
　　　　　　　　　　　　　　　传　真：010—68325420
　　　　　　　　　　　　　　　E-mail：hbw@cabp.com.cn

建工版图书销售分类表

一级分类名称（代码）	二级分类名称（代码）	一级分类名称（代码）	二级分类名称（代码）
建筑学（A）	建筑历史与理论（A10）	园林景观（G）	园林史与园林景观理论（G10）
	建筑设计（A20）		园林景观规划与设计（G20）
	建筑技术（A30）		环境艺术设计（G30）
	建筑表现·建筑制图（A40）		园林景观施工（G40）
	建筑艺术（A50）		园林植物与应用（G50）
建筑设备·建筑材料（F）	暖通空调（F10）	城乡建设·市政工程·环境工程（B）	城镇与乡（村）建设（B10）
	建筑给水排水（F20）		道路桥梁工程（B20）
	建筑电气与建筑智能化技术（F30）		市政给水排水工程（B30）
	建筑节能·建筑防火（F40）		市政供热、供燃气工程（B40）
	建筑材料（F50）		环境工程（B50）
城市规划·城市设计（P）	城市史与城市规划理论（P10）	建筑结构与岩土工程（S）	建筑结构（S10）
	城市规划与城市设计（P20）		岩土工程（S20）
室内设计·装饰装修（D）	室内设计与表现（D10）	建筑施工·设备安装技术（C）	施工技术（C10）
	家具与装饰（D20）		设备安装技术（C20）
	装修材料与施工（D30）		工程质量与安全（C30）
建筑工程经济与管理（M）	施工管理（M10）	房地产开发管理（E）	房地产开发与经营（E10）
	工程管理（M20）		物业管理（E20）
	工程监理（M30）	辞典·连续出版物（Z）	辞典（Z10）
	工程经济与造价（M40）		连续出版物（Z20）
艺术·设计（K）	艺术（K10）	旅游·其他（Q）	旅游（Q10）
	工业设计（K20）		其他（Q20）
	平面设计（K30）	土木建筑计算机应用系列（J）	
执业资格考试用书（R）		法律法规与标准规范单行本（T）	
高校教材（V）		法律法规与标准规范汇编/大全（U）	
高职高专教材（X）		培训教材（Y）	
中职中专教材（W）		电子出版物（H）	

注：建工版图书销售分类已标注于图书封底。